スッキリ考え、1秒で説得
図解の極意
PowerPoint／Word／Excelで自由自在

ビジネス極意シリーズ

久恒 啓一
Keiichi Hisatsune

■本書について
・本書は2005年発行の「Visioでマスターする図考プレゼン実践の極意」(株式会社アスキー刊)に加筆修正を加え、新たに再編集したものです。
・操作はウインドウズXP、Office 2003の画面を基本に説明しています。

■操作解説のアイコンについて
・操作解説ページでは右上に以下のアイコンで使用できるOfficeのアプリケーションを示しています。

Pp ‥‥PowerPoint 2003で可能
W ‥‥Word 2003で可能
E ‥‥Excel 2003で可能

■商標
・Microsoft、Windows、Office、PowerPoint、Word、Excel、Visioは、米国 Microsoft Corporation の、米国、日本およびその他の国における登録商標または商標です。
・そのほか、本文で使用するシステム名、製品名は一般に各開発メーカーの登録商標です。
・本文では、TM、コピーライト表記はしておりません。

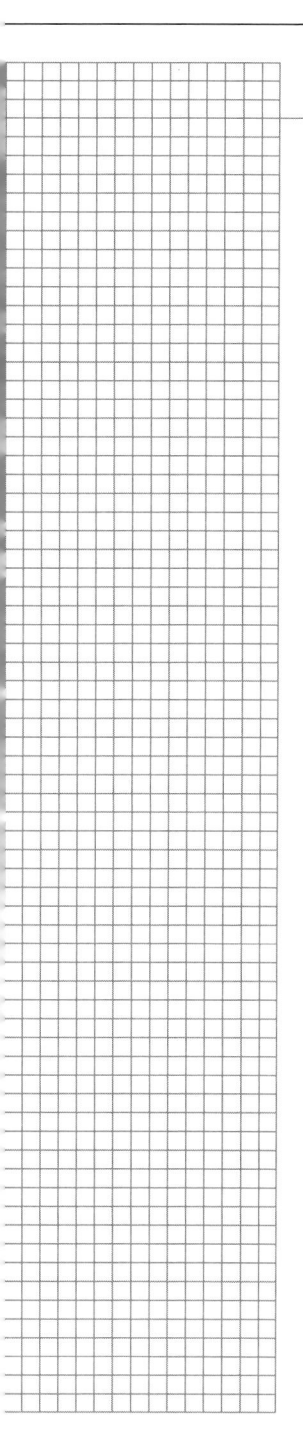

はじめに

いままで「図解コミュニケーション」に関するかなりの冊数の本を執筆してきました。原論・考え方・技術・応用と、その展開領域は拡大しつつあります。しかし図解の技術に関しては、焦点を絞った書籍を出す機会がなかなかありませんでした。また、私自身の関心が社会のあらゆる分野への応用にあったこともあり、タイトルに「技術」を掲げた書籍もありますが、技術に焦点を絞ったものにはなりきれませんでした。

それはひとつには、本来「技術」とは、誰もが一定の順序を踏めばあるレベルに到達できるものを指しているのですが、あまりにも細かい技術論にはまり込むことによって、枝葉末節に気を取られ本質から遠ざかるという風潮に違和感を持っていたためでもあります。

今回はソフトウェアを用いて図を描く技術を紹介するという本の執筆依頼を受けて、日常の仕事の中で極めて有力な武器である図解の技術を中心に解説する機会を得ました。本書の特徴のひとつは、図解の事例をふんだんに盛り込んでいることです。仕事のさまざまな場面で役に立つ図解事例を参考にしていただけると思います。

創造・構想・企画・表現という分野は、現在の日本が最も大事にしなければならない分野です。「考える力」を養うことが求められているわけです。図を描くという行為は、新しい考え方を創り出すことです。いま、日本のあらゆる分野で、"マネ"が横行していますが、必要なのは自分の頭で物事の本質について考え抜く力です。そのための武器として図解は大きな力を持っています。図解コミュニケーションの考え方について、さらに関心のある方は、拙著『図で考える人は仕事ができる』(日本経済新聞社刊)など、一連の書籍も参考にしてみてください。

どのようなソフトウェアも、ただ使用法の書かれたマニュアルだけでは使いこなすことはできません。目的があり、それを達成するために使用する道具がソフトウェアなのです。本書は図を描くという使う人の目的から入って、その過程でソフトウェアの技術を身に付けようとするものです。このような考え方は随分と前から私自身は持っていましたが、ようやく時代が追いついてきたのだろうと感じています。コンピュータソフトウェアの分野では、今後このような企画が増えてくることでしょう。

図解力の向上と「考える力」の養成に本書を役立てていただければ幸いです。

2009年4月
久恒 啓一

目 次

はじめに ……………………………………………………………………… 3

概要編 Part 1　図を描くと考えがまとまる、話がまとまる ……………………7
　01　図解するとコミュニケーションがうまくいく ……………………8
　02　「マル」と「矢印」で図解は描ける ……………………………10
　　　■作図機能を使う ……………………………………………12
　　　■図形をグリッドに配置する …………………………………13
　03　図解する習慣を身につけよう ……………………………………14
　04　「わかる図解」で理解力を深めよう ……………………………16
　　　■矢印を描く ……………………………………………………18
　　　■線の太さを設定する …………………………………………19
　05　「考える図解」でアイデアをまとめよう ………………………20
　06　「伝える図解」で説得力をアップしよう ………………………22
　　　■画面を拡大表示する …………………………………………24
　　　■画面をスクロールする ………………………………………25
　07　「図解」すれば問題解決の道筋が見えてくる …………………26
　　　■点線の図形を描く ……………………………………………28

基礎編 Part 2　マルと矢印の使い方を覚えて、まずは描いてみよう ………29
　01　図解の基本は「関係の表現」にあり ……………………………30
　02　何度も描き直して「良い図解」を目指そう ……………………32
　　　■組織図の作り方 ………………………………………………34
　03　図解作りの基本はホップ、ステップ、ジャンプ！ ……………36
　　　■マルと矢印で関係を表す ……………………………………39
　04　マルで構造と位置関係を表現する ………………………………40
　　　■図形の上下を入れ替える ……………………………………43
　05　矢印で関係と流れを表現する ……………………………………44
　　　■半透明の図形を描く …………………………………………47
　06　「良い図解」には2つの視点が必要 ……………………………48
　　　■交差円の描き方 ………………………………………………50

応用編 Part 3　一歩上を行く図解のアイデアとテクニック ………………51
　01　基本を活かして図解を発展させる ………………………………52
　　　■「黒地に白抜き文字」を作る ………………………………54
　　　■動きのある矢印を作る ………………………………………55
　02　「広がり」を表現するためのテクニック ………………………56
　　　■同心円図形を描く ……………………………………………60
　　　■曲線矢印を描く ………………………………………………61
　　　■十字矢印を描く ………………………………………………62
　　　■矢印と図形を結ぶ ……………………………………………63
　03　「縮まり」を表現するためのテクニック ………………………64
　　　■図形を楕円状に配置する ……………………………………68
　　　■45度矢印を描く ………………………………………………69
　　　■書式を別の図形にすばやく設定する ………………………70
　　　■ぼかした表現を作る …………………………………………71
　04　マルの形を描き分け別概念を表現 ………………………………72
　　　■図に影を付ける ………………………………………………74
　　　■位置を微調整する ……………………………………………75
　05　強調テクニックは最後の仕上げ …………………………………76
　　　■点線枠を描く …………………………………………………78

		■星形を描く ……………………………………………………………………	79
	06	「マジックセブン」でわかりやすい図解に …………………………………	80
		■簡単に円を増やす …………………………………………………………	82
		■2色に分かれた円を描く …………………………………………………	83
	07	わかっている部分から描きはじめればいい ………………………………	84
		■グループ化して部分から全体図を作る …………………………………	86
		■エンピツ型矢印を描く ……………………………………………………	87
		■影の位置などを調整する …………………………………………………	88

実践編 Part 4　理解力を深める「わかる図解」の描き方 ……………………… **89**

	01	何がわかっていないかも図解すれば見えてくる …………………………	90
		■矢印を大きくする …………………………………………………………	92
		■図形にグラデーションをかける …………………………………………	93
	02	図解の第一歩はキーワードの抜き出しから ………………………………	94
		■文字の位置を揃える ………………………………………………………	96
		■箇条書きを作成する ………………………………………………………	97
	03	キーワードを分類して、その関係性を考える …………………………	98
		■図形を整列する …………………………………………………………	100
		■吹き出し矢印を描く ……………………………………………………	101
	04	2ランク上の視点から全体像を見通してみよう ………………………	102
		■文字の角度を調整する …………………………………………………	104
		■変形した点線枠を作る …………………………………………………	105
	05	重要ポイントを中心に描くことで図解に骨組みができる ……………	106
		■色の階調で塗りつぶす …………………………………………………	108
		■人物の形の図形を作る …………………………………………………	109
	06	すべてのキーワードが関連づけされているか見直そう ………………	110
		■字間を調整する …………………………………………………………	112
		■図形の重なり部分の色を変える ………………………………………	113
		■吹き出しボックスの吹き出し位置を変える …………………………	114

Part 5　発想力を磨く「考える図解」の描き方 …………………………… **115**

	01	図解は描けば描くほど自然に企画力が培われる ………………………	116
		■複数の図形を左右対称に配置する ……………………………………	118
		■斜めの文字を入力する …………………………………………………	119
	02	図解の中に自分が思ったことを書き加えよう …………………………	120
		■吹き出しの位置を移動する ……………………………………………	122
		■折れ線になった引き出し矢印を作る …………………………………	123
	03	現状、数字、感想…あらゆる材料をまずは書き出す …………………	124
		■ツリー状の図形を作る …………………………………………………	126
		■矢印にグラデーションを付ける ………………………………………	127
	04	仮図解を作って、足りない情報を集める ………………………………	128
		■箇条書きの行間を広げる ………………………………………………	130
		■枠の形を後から変える …………………………………………………	131
	05	図解するとキーワードの「重み」や「質」が見えてくる ……………	132
		■バクハツマークを作る …………………………………………………	134
		■線上に円の中心を揃える ………………………………………………	135
	06	自分の言葉に置き換えるとテーマが見えやすくなる …………………	136
		■図形を中心から等間隔に揃える ………………………………………	138
		■楕円を斜めに配置する …………………………………………………	139
	07	図解の骨格を固めてアイデアを膨らませよう …………………………	140
		■斜線パターンで図形を塗りつぶす ……………………………………	142
		■引き出し元をわかりやすくする ………………………………………	143
	08	アイデアが浮かばないときは図を動かしてみる ……………………	144

	■きれいな逆方向の2本の矢印を描く	146
	■動きのある矢印を作る	147
09	浮かんだアイデアを書き込めば「考える図解」の完成	148
	■L字型の矢印を作る	150
	■ピラミッド型の図形を作る	151
	■図形にぼかした背景を加える	152

Part 6　説得力を増す「伝える図解」の描き方 …153

01	図解はコミュニケーション促進ツール	154
	■文字を矢印の中に形よく収める	156
	■矢印を斜めに配置する	157
02	図の中心に何を置くか相手によって変えよう	158
	■＋（プラス）記号を作る	160
	■同じ図形を等間隔に配置する	161
03	複雑な図解には読む順番を明示する	162
	■丸付き数字を作る	164
	■4つのボックスをバランス良く配置する	165
04	最も伝えたい部分を目立たせる工夫をする	166
	■二重枠を作る	168
	■横長の六角形を作る	169
05	数字を入れると図解の説得力が増す	170
	■Excelで作ったグラフをPowerPointで利用する	174
	■PowerPointでグラフを作る	175
06	イラストを使うのは最後の仕上げの段階で	176
	■双方向に矢印のあるボックスを作る	178
	■イラストを貼り付ける	179
07	バランスのいい図解は読む気にさせる	180
	■3つの円を塗り分ける	182
	■図形を左右対称に配置する	183
08	結論はコメントや文章になってもいい	184
	■コメントの文字を揃え読みやすくする	186
	■コメントに背景色を付ける	187
09	相手の興味を引き出すタイトルを付ける	188
	■放射型図形を描く	190
	■図形を立体的に見せる	191
	■矢印の方向性を強調する	192

活用編　Part 7　ビジネスシーン別図解実践のポイント …193

01	ビジネス全般①議事録図解で論点が明確に	194
02	ビジネス全般②プロジェクトの図解でアイデア創出	195
03	ビジネス全般③スケジュールの図解で進捗状況確認	196
04	経営部門①「ビジョン」の図解で会社の意思統一	197
05	経営部門②「戦略」の図解で社内改革推進	198
06	営業部門①「企画」の図解でプレゼン成功	199
07	営業部門②「提案」の図解で交渉を有利に	200
08	「現状」の図解で問題改善	201
09	「商品力」の図解で訴求力アップ	202
10	「マネジメント力」の図解で管理者教育	203

索引 … 204

概要編

Part 1

図を描くと考えがまとまる、話がまとまる

01 | 図解するとコミュニケーションがうまくいく

「図解」は、あらゆる事象や物事の全体構造と仕組み、
また、個々の部分同士の関係を明らかにすることができます。
図解によるコミュニケーションには、さまざまな利点があります。

図解は誰でも簡単に描ける

　世の中の物事はすべて何らかの関連性を持って存在しています。ですから、物事をきちんと理解したり、誰かに伝えたりするには、その原因や周りの状況も同時に理解し、コミュニケーションすることが必要です。しかし、物事を文章で正確に伝えることはとても難しい作業です。

　そこでお勧めするのが「図解」です。図解は、文章では表現しにくい物事の関係性や全体像、背景などをひと目でわかるように表現することができます。

　図解の技術は、決して難しいものではありません。基本を押さえて何度も練習すれば、誰でも身に付けることができます。

　簡単に描けて多くの人を惹き付け、相手に納得してもらって、意見を出し合うことができる手段。それが「図解コミュニケーション」です。

「北風と太陽」を図解する

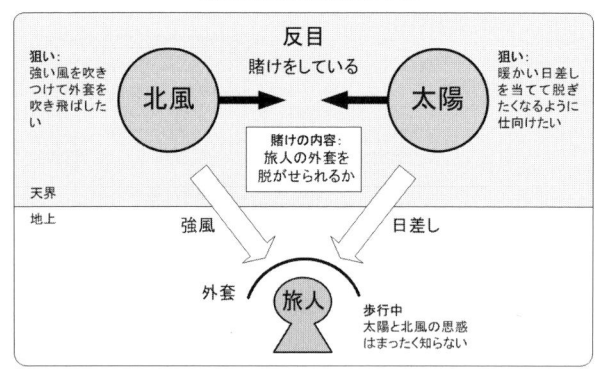

反目
賭けをしている

狙い：強い風を吹きつけて外套を吹き飛ばしたい　　北風 → ← 太陽　　狙い：暖かい日差しを当てて脱ぎたくなるように仕向けたい

賭けの内容：旅人の外套を脱がせられるか

天界
地上　　強風　　日差し

外套　旅人　歩行中　太陽と北風の思惑はまったく知らない

■図解はひと目で関係を明らかにできる
イソップ物語の「北風と太陽」を図解してみる。文章にすると長くなってしまうこのシーンも、図解にしてみると「北風」「太陽」「旅人」の関係を一目瞭然に表すことができ、物語の全体像をすばやくつかむことができる。

> **❶ ワンポイント　本書が目指すもの**
> "図解は難しいもの"と思っている初心者にも、安心して取り組むことができるように、基本的な図解作成法をステップで紹介している。また、「良い図解」を描くためのコツやテクニックを、数多くの図解例を用いて解説している。図解で思考し、図解で表現することで、よりすぐれたコミュニケーション能力を高めることができる。

図解でビジネスの効率&効果をアップ

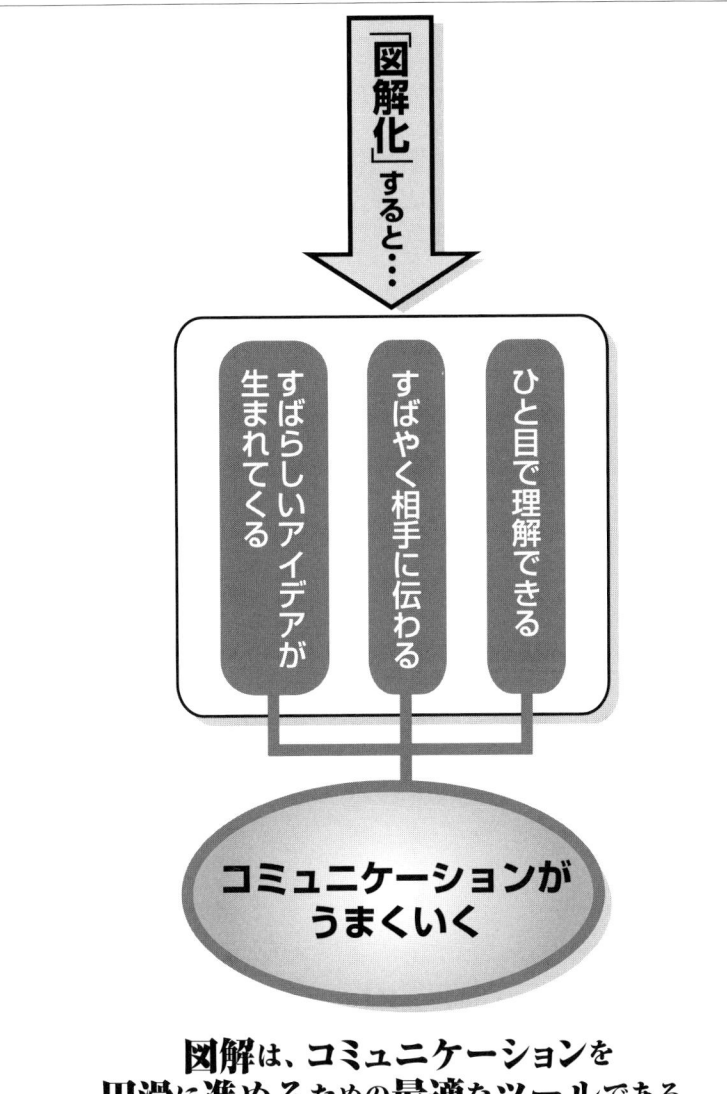

「図解化」すると…

- ひと目で理解できる
- すばやく相手に伝わる
- すばらしいアイデアが生まれてくる

↓

コミュニケーションがうまくいく

図解は、コミュニケーションを
円滑に進めるための最適なツールである。

> **ワンポイント　図解コミュニケーションの目的**
> 図解することで、物事や情報をすばやく理解する能力、斬新なアイデアを発想する能力、ひと目で相手を納得させるプレゼンテーション能力を高めることができる。

02 | 「マル」と「矢印」で図解は描ける

図解は「○（マル）」と「→（矢印）」の2つが基本です。
この2つの部品を使って「構造」と「関係」を表すことができます。
目的に応じて形を変えれば、多彩な表現をすることができます。

基本は「マル」で囲み、「矢印」でつなげるだけ

　図解の基本は「マル」と「矢印」です。図解で必要なのは、それぞれの物事同士の関係がどうなっているか、物事のどちらが大きいのか、そして重要なのは何か、ということです。その関係性と大きさ、重要性を示すためには、マルと矢印があれば十分です。

　マルは、正確にいうと「囲み」ですが、物事同士の位置関係、全体の構造を表す場合に用います。複数のマルを重ねたり離したりして配置することで、たいていの構造は表現することができます。

　矢印は、マル同士をつないで、物事の関係や動き、流れ、方向を表す場合に用います。図解は構造と関係を表現するものなので、その関係を示す矢印の使い方は重要です。うまく矢印を使いこなしましょう。

日本・中国・韓国の貿易規模

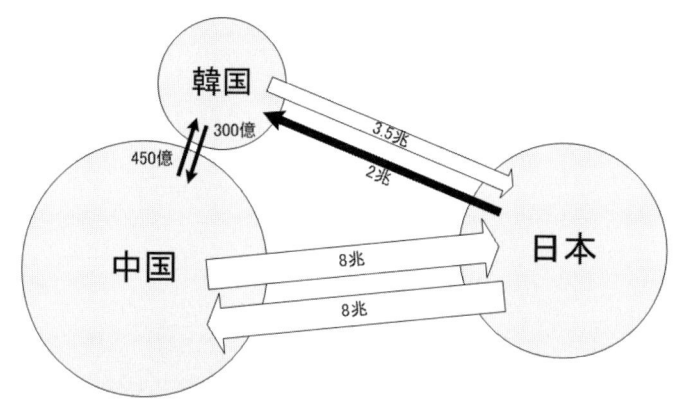

■マルと矢印で「構造」と「関係」を表す
近年の中国・韓国・日本の貿易規模を表した図解例。マルの大きさで各国の貿易規模と全体の構造を表し、輸出入と貿易額を矢印の向きや大きさを変えることで、それぞれの関係性を表している。3国間の貿易状況をひと目で理解できる。

> **ワンポイント** 詳細は【Part2】へ（P.29）
> マル同士には基本的な組み合わせがあり、矢印にもまた基本的な使い方がある。それぞれの基本形を具体的に見ていく。また、図解を描くためのステップを紹介し、「良い図解」を描くための重要な2つの視点について解説する。

「マル」と「矢印」にはさまざまな表現法がある

マルのバリエーション

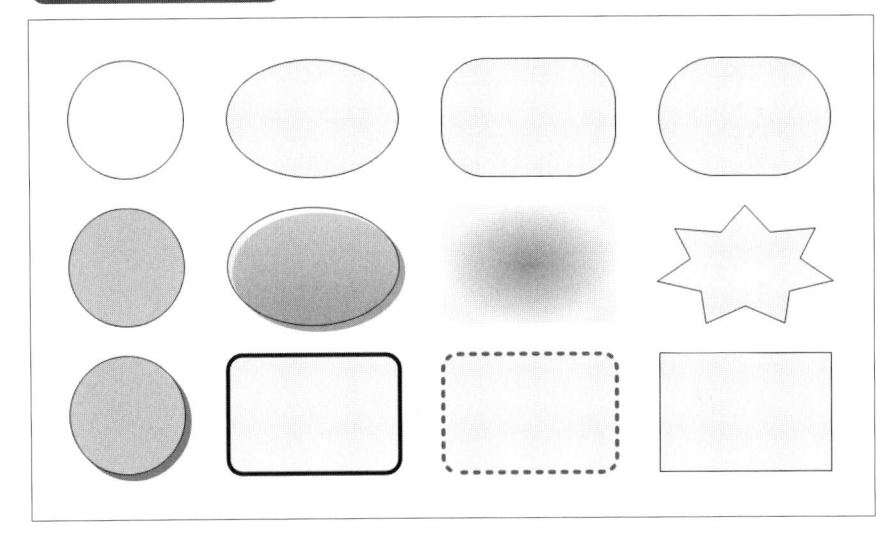

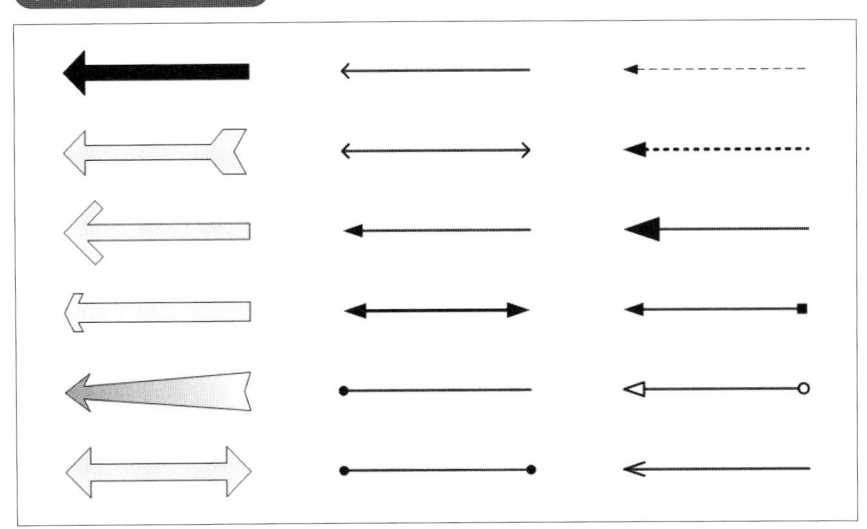

矢印のバリエーション

> **⚠ ワンポイント** 目的に応じて表現を変える
>
> マルと矢印は、使い方次第で多彩な表現ができる。太さを変える、アミをかける、影を付ける、点線にする、矢尻の大きさを変えるなど、物事の因果関係や意味の違い、また強弱など、目的に応じて表現を変える。

作図機能を使う　Ｗ Ｅ

作図をするには [図形描画] ツールバーを利用します。PowerPointでは、初期設定で [図形描画] ツールバーが表示されていますが、WordやExcelの場合は、起動後に表示します。

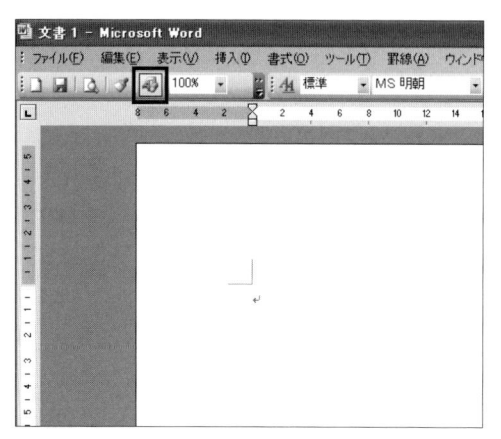

1 [図形描画] ボタンをクリック

[標準] ツールバーの [図形描画] ボタンをクリックします。

> **● ワンポイント　Excelでの操作**
> Excelでも同様に、[標準] ツールバーの [図形描画] ボタンをクリックします。

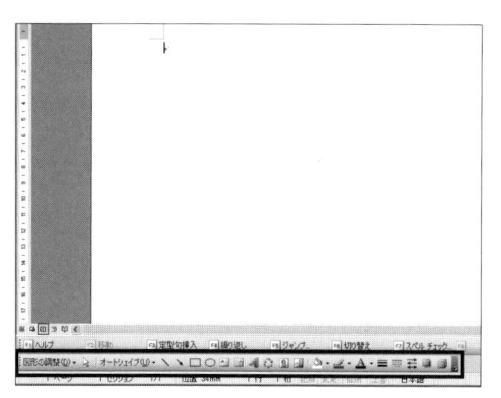

2 [図形描画] ツールバーの表示

[図形描画] ツールバーが、画面下部に表示されます。

> **● ワンポイント**
> **[図形描画] ツールバーのオン／オフ**
> [標準] ツールバーの [図形描画] ボタンをクリックするごとに、[図形描画] ツールバーのオン／オフが切り替えられます。

コラム　メニューから表示する

[表示] メニューの [ツールバー] − [図形描画] をクリックして、[図形描画] ツールバーを表示することもできます。

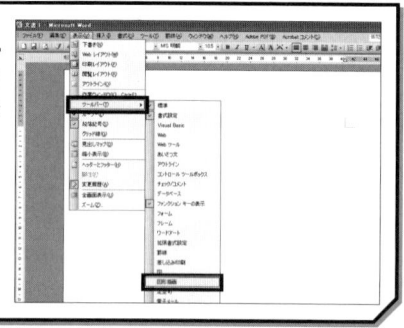

図形をグリッドに配置する

図形を配置する際は、基準としてグリッドやガイド線を表示すると、配置しやすくなります。グリッド線を表示しましょう。

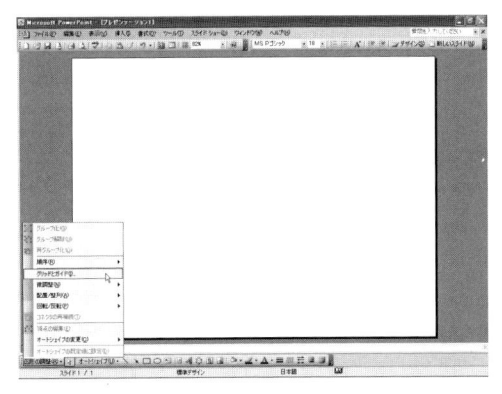

1 グリッドとガイドの表示
[図形描画]ツールバーの[図形の調整]ボタンをクリックし、[グリッドとガイド]を選択します。

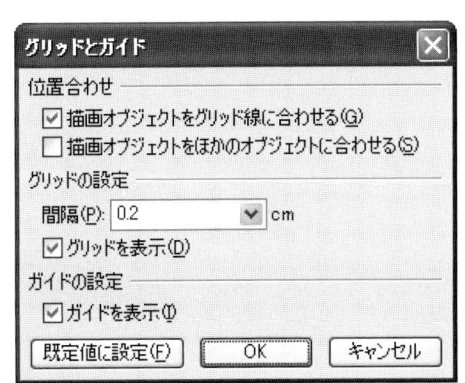

2 グリッドとガイドの設定
[グリッドを表示]、[ガイドを表示]のチェックボックスをオンにします。

❶ ワンポイント
グリッド線に合わせる
[描画オブジェクトをグリッド線に合わせる]のチェックボックスをオンにしておくと、グリッド線の近くに図形を描画したときに、グリッド線に合わせて配置できます。

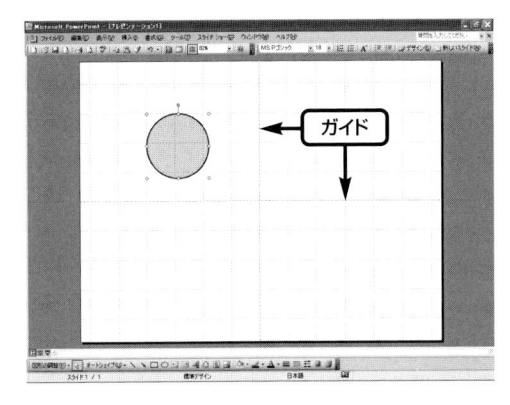

3 図形を描画
グリッドやガイドを参考に、図形を描画します。

❶ ワンポイント
グリッドの表示／非表示
[標準]ツールバーの [グリッドの表示／非表示]ボタンをクリックして、グリッドの表示を切り替えられます。

03 | 図解する習慣を身につけよう

図解作成の基本形を活用すると、図解はさらに発展します。
マルや矢印を、それぞれの内容のレベルに応じて描き分けたり、
ポイントとなる部分を強調すると、立体的な図解が作成できます。

図解には基本はあっても、正解はない

　図解に正解はありません。ですから、このように描かなければならないという公式もありません。とはいえ、基本はあります。
　図解の初心者は、まず、図の基本的な形を覚えましょう。そしてこれを応用すると、簡単に図解を描くことができます。あとはその図解を何度も描き直していけば「良い図解」になっていきます。
　また、マルや矢印を、内容のレベルに応じて形や色を変えたり、強調したりすることも重要なテクニックです。
　いろいろな人の図解を参考に、自分で取り入れられる部分は真似してみたり、自分で描いた図解を他者に見てもらって反応を聞いてみたり、本書で紹介するテクニックを使って、図解する習慣、そして自分なりの図解の描き方を体得しましょう。

「広がり」の基本形
「拡散」

「縮まり」の基本形
「集中」

■マルと矢印を使った図解の基本形の一例
このような形を思い描きながら、文章やテーマを考えていくと内容がまとまりやすい。しかし、これらはあくまでも基本形として捉え、自分で図的に考えを集約させていくことが重要である。

ワンポイント　詳細は【Part3】へ（P.51）
図解の基本形を活用しながら、図解を発展させるテクニックを見ていく。キーワードのレベルに応じたマルの使い分け、図解で最も重要なポイントを強調するテクニック、図同士を組み合わせて大きなテーマを図解する方法がわかる。

Part1●図を描くと考えがまとまる、話がまとまる

まず基本形を描き、そこから図解を発展させる

基本形で考える

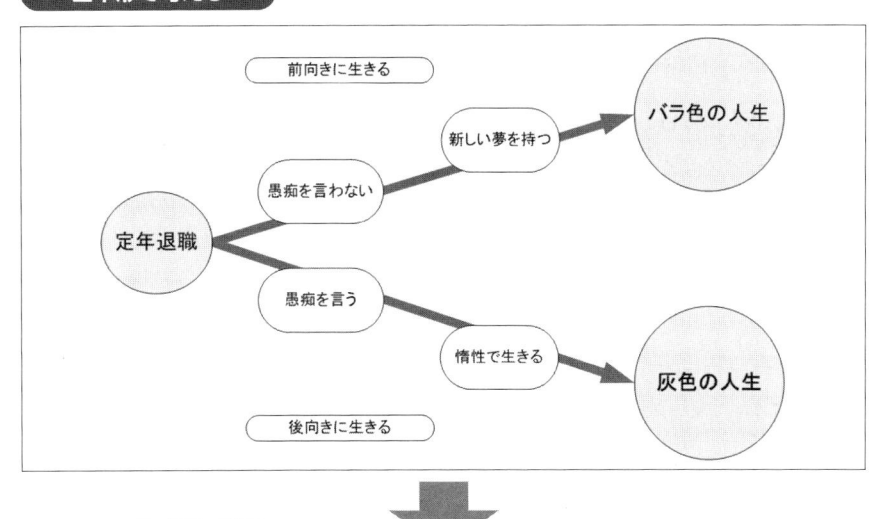

マルを使い分ける

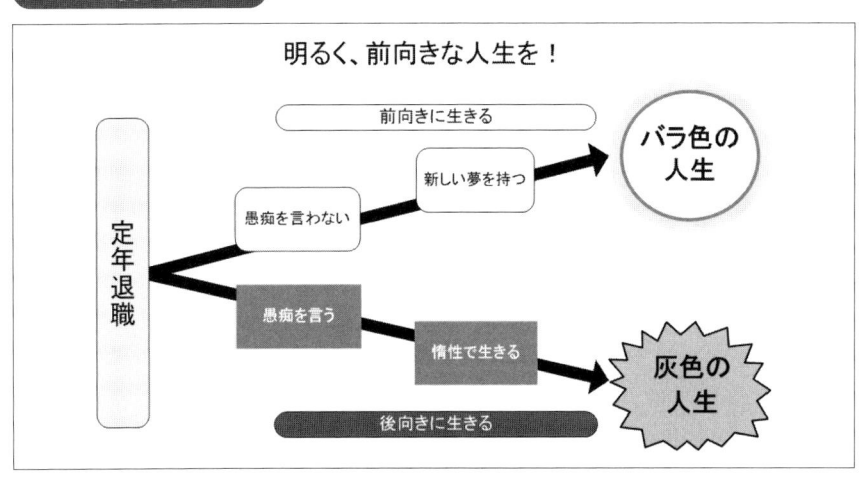

明るく、前向きな人生を！

❗ ワンポイント　強調のテクニックを使う

「定年退職後」の生き方について、「広がり」の基本形の「分散①」(P.58参照)を基に考えてみる。上図は、キーワードは並べてみたものの、ポイントが明らかになっていないため、訴求力に欠けている。この図を基に強調のテクニックを使ってみる（下図）。内容に応じてマルの形を変えてレベルの違いを表し、形や色を変えて強調することで、前向きに生きることと後向きに生きることの最終結果の違いを明確に表すことができる。

04 |「わかる図解」で理解力を深めよう

「わかる」とは、物事の全体構造が明らかになることです。
重要と思われるキーワードを抜き出し、関係性を見ることで、
さまざまな情報の構造や事実関係を深く理解することができます。

図解で物事の全体構造を明らかにする

　ビジネスコミュニケーションは、人の話や自分が置かれている状況を「わかる」段階、自分で「考える」段階、それを他者に「伝える」段階、という3つのステップの循環によって成り立っています。

　図解はどの段階においても有効な手段ですが、それぞれの段階で必要とする技術が異なります。

　「わかる」ということは、対象となる物事の事実関係や全体構造を明らかにし、正しく的確に理解することです。まず、重要と思われるキーワードを抜き出し、そのキーワード同士のつながりや関係性を明確にしていきます。

　ビジネスにおけるさまざまな情報を深く、しかも、すばやく理解するのに図解はとても有効です。

[図：私の仕事　〜Aプロジェクトのメンバーです〜
営業部の部長から主任へ「仕事の指示」、Aプロジェクトの主任から同僚・同僚・私へ「指示」、私から後輩へ「指示」]

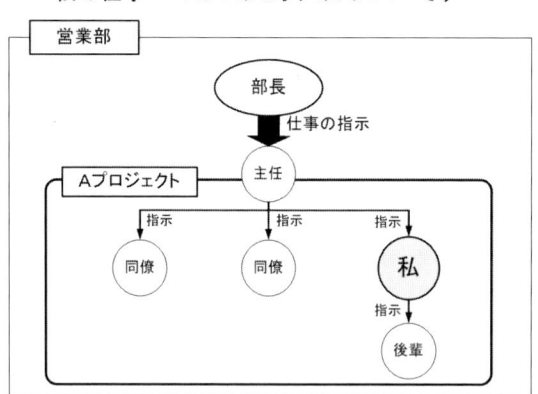

■**自分の仕事を理解する**
現在、プロジェクトチームに属している自分は、部長からの仕事の指示のもと、主任から自分、そして後輩社員へ指示を出すという構図が描けた。このように自分の仕事について図解すると、自分の立場がわかり、仕事への理解が深まる。

> **ワンポイント**　詳細は【Part4】へ（P.89）
> 図解によって物事を正しく理解するための方法を見ていく。文章を「図読」して内容を深く読み解く、自分の仕事を図解して現状を理解するなど、図解して理解力を鍛えるための方法がわかる。

Part1●図を描くと考えがまとまる、話がまとまる

ビジネスコミュニケーションの第一歩は「理解」すること

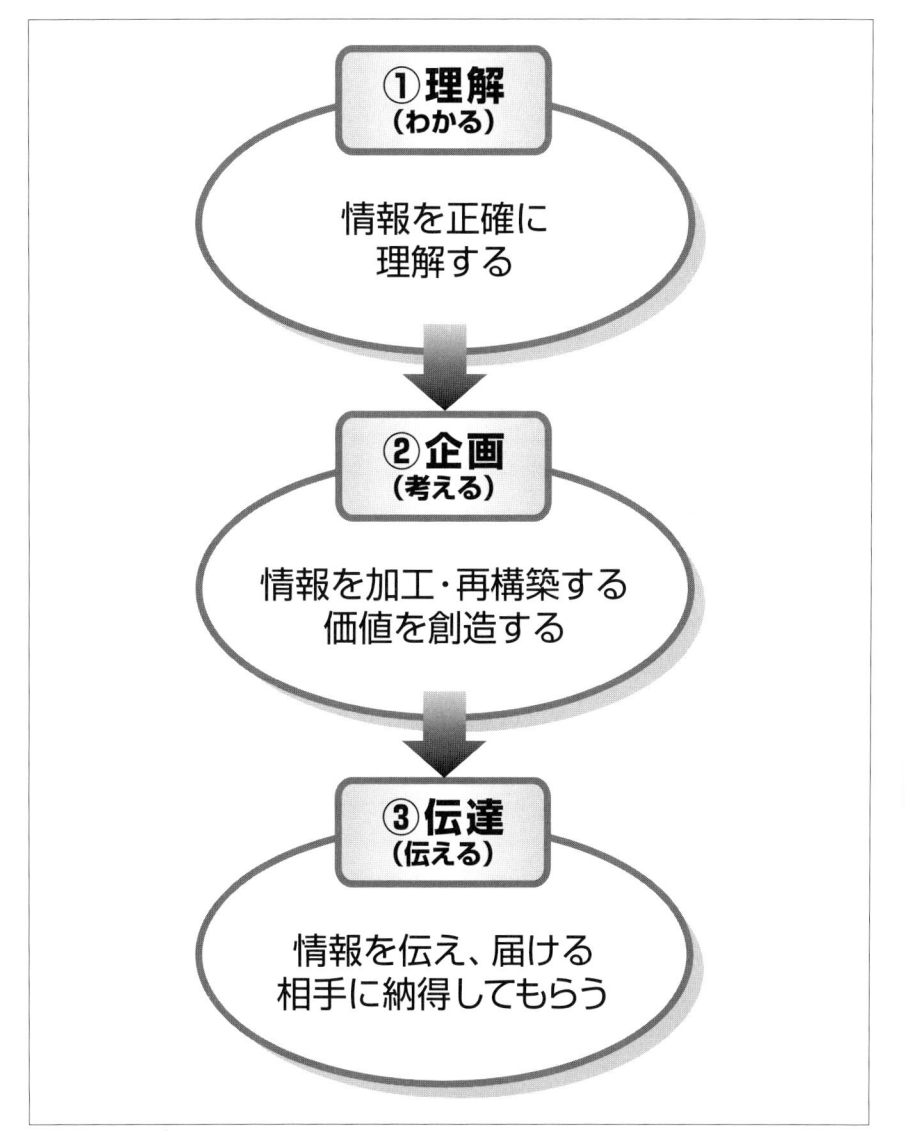

①理解
（わかる）

情報を正確に
理解する

↓

②企画
（考える）

情報を加工・再構築する
価値を創造する

↓

③伝達
（伝える）

情報を伝え、届ける
相手に納得してもらう

> **❶ ワンポイント** ビジネスコミュニケーションの流れ
> ビジネスコミュニケーションの3つのプロセスでは、最終的に③「伝達」から①「理解」へと戻って循環する。これら3つの手段を正しく把握し、その場面にふさわしい能力を発揮することが、コミュニケーションを円滑に進めるカギとなる。

矢印を描く

PP W E

矢印を作図するには、[図形描画]ツールバーの矢印を利用して描きます。矢印の向きや形などは、描いた後に変更できます。

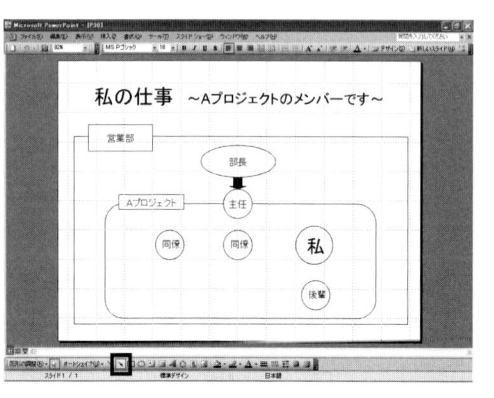

1 矢印の選択
[図形描画]ツールバーの ↘ [矢印]ボタンをクリックします。

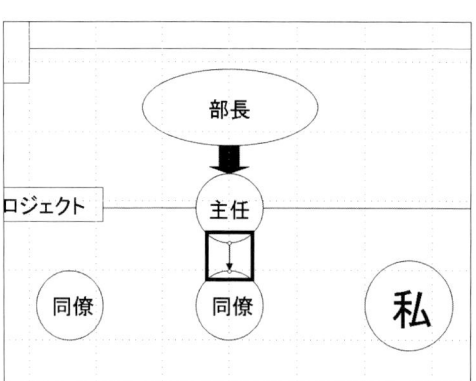

2 矢印の描画
矢印を描画したい場所でドラッグします。

> **❶ ワンポイント**
> **矢印を水平・垂直に描画する**
> [Shift]キーを押しながら縦または横方向へドラッグすると、垂直または水平に矢印を描画できます。

> **❶ ワンポイント　矢印の形を変更する**
> ❶[図形描画]ツールバーの [矢印のスタイル]ボタンをクリックして、一覧から矢印の向きや形を変更できます。
> ❷また、オートシェイプの[ブロック矢印]にも、矢印が用意されています。「部長」から「主任」へ向かう矢印は、ブロック矢印で描画しています。

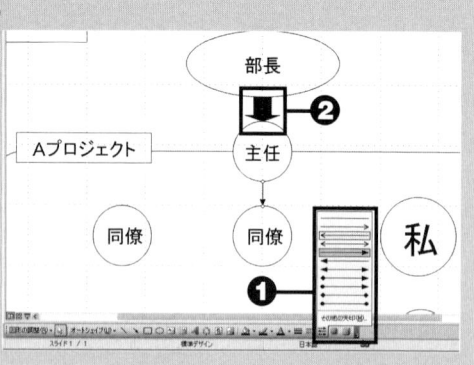

018

線の太さを設定する

Pp W E

図形の線の太さを変えることで、その図形を強調でき、メリハリのきいた図を作ることができます。ここでは「Aプロジェクト」を囲む角丸四角形の線を太くしています。

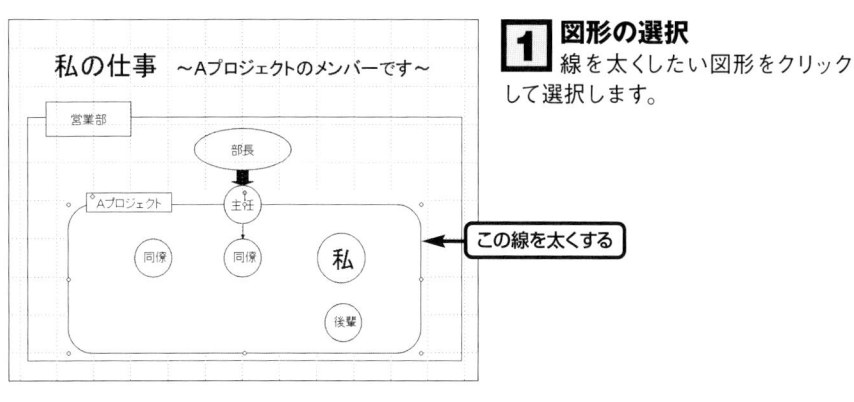

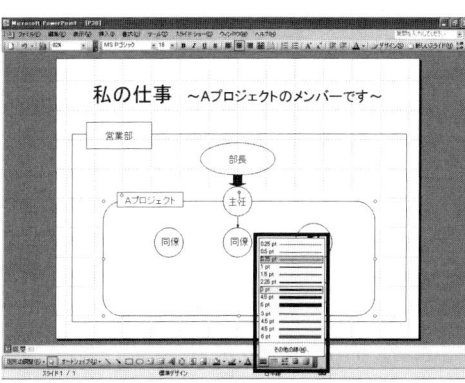

1 図形の選択
線を太くしたい図形をクリックして選択します。

※この線を太くする

2 線のスタイルの選択
[図形描画]ツールバーの ≡ [線のスタイル]ボタンをクリックし、太さを選択します。

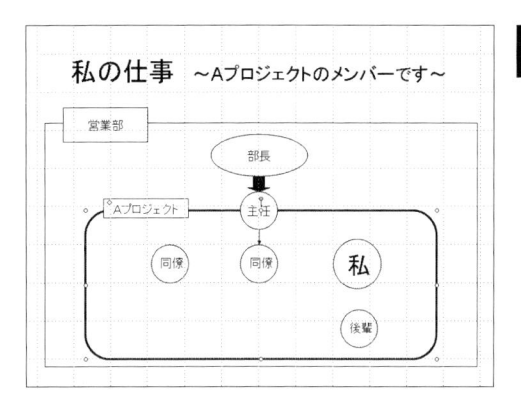

3 太さが変更
線の太さが変更されます。

05 | 「考える図解」でアイデアをまとめよう

「考える」とは、理解したことを踏まえて、自分自身と対話を行い、
試行錯誤を重ねて、新たなアイデアや発想を生み出すことです。
図解を用いて、理解した内容を編集・再構築してみましょう。

図解すると自然と新しいアイデアが浮かぶ

　前節の「わかる」の段階では、自分を取り巻く状況や事実関係について正しく理解することを述べました。次のステップでは、それらについて自分の意見を持つ「考える」段階に移っていきます。

　「考える」とは、図解で明らかになった現状について、自分または自分たちは今後どうすべきかを、再び図解を用いて議論し、試行錯誤を重ねながら新たな発想を生み出すことです。

　現状を図解し理解すると、「この関係はこうしたほうがいい」「この構造ではうまくいかないのではないか」といった具体的な考えが、図解の空白部分に自然と浮かんできます。これが文章と図解の違いです。このように、図解は非常に参画性の高いコミュニケーションツールなのです。

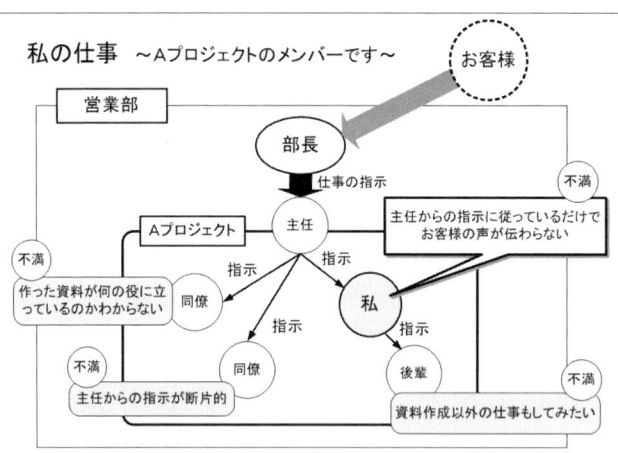

```
私の仕事　～Aプロジェクトのメンバーです～

                              お客様
        営業部
                     部長
                    仕事の指示
                                    不満
              Aプロジェクト   主任    主任からの指示に従っているだけで
                                    お客様の声が伝わらない
        不満           指示  指示
  作った資料が何の役に立  同僚              私
  っているのかわからない         指示         指示
                       同僚          後輩
        不満                                 不満
  主任からの指示が断片的              資料作成以外の仕事もしてみたい
```

■自分の仕事について考える
前節の「わかる」で作成した仕事の図解に、プロジェクトチーム内での問題点や不満を書き足したもの。チーム内での共通の問題点は、上司の先にいる「お客様」の声が現場に伝わらない、ということが明らかになった。

> **❗ ワンポイント**　詳細は【Part5】へ（P.115）
> 図解することは、自分の意見を持つことが目標でもある。そして自分の考えを進化させるには、自分との対話を行うことが不可欠となる。その結果、新しいアイデアを生み出すことにつながる。

Part1 ●図を描くと考えがまとまる、話がまとまる

「わかる図解」を「考える図解」に描き直し問題発見

「わかる」図解

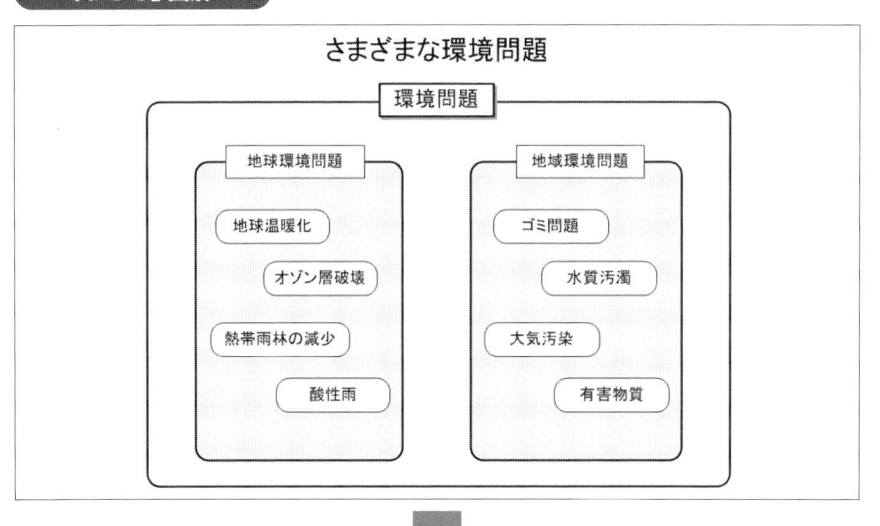

さまざまな環境問題

- 環境問題
  - 地球環境問題
    - 地球温暖化
    - オゾン層破壊
    - 熱帯雨林の減少
    - 酸性雨
  - 地域環境問題
    - ゴミ問題
    - 水質汚濁
    - 大気汚染
    - 有害物質

⬇

「考える」図解

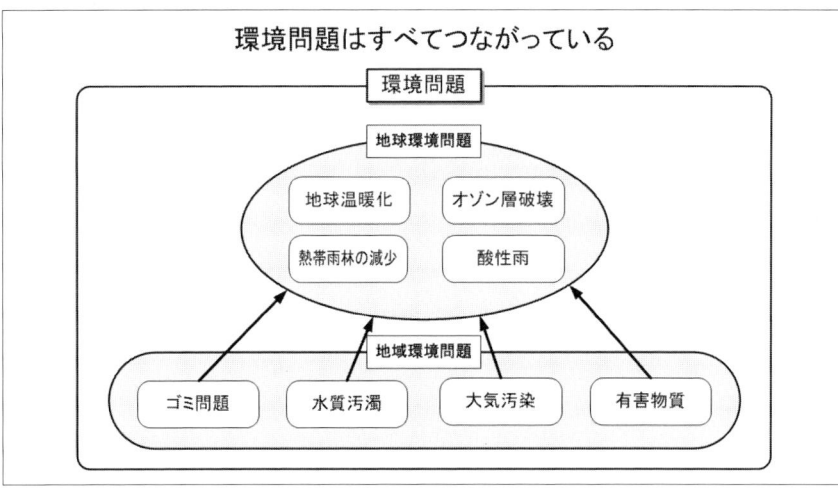

環境問題はすべてつながっている

- 環境問題
  - 地球環境問題
    - 地球温暖化
    - オゾン層破壊
    - 熱帯雨林の減少
    - 酸性雨
  - 地域環境問題
    - ゴミ問題
    - 水質汚濁
    - 大気汚染
    - 有害物質

⬇

「伝える」図解へ
（P.23参照）

06 「伝える図解」で説得力をアップしよう

他者と円滑にコミュニケーションを進めるためには、
伝える相手の視点に合わせて、表現や見せ方を工夫します。
理解度・納得度の高い資料へと図解を発展させることができます。

伝えたい相手によって表現方法を工夫する

「わかる」「考える」のステップで明らかになった事柄を人に伝えることで、ようやく他者とのコミュニケーションが成り立ちます。

これまでの図解は、いわば自分とのコミュニケーションのための「図解」。自分の考えをまとめ上げるためのコミュニケーションツールでした。

しかし、人に伝え、人の行動を促し、納得してもらうための図解とするには最終的な「仕上げ」が必要です。そのためには、伝える相手に合わせた表現方法を工夫することが求められます。

「伝える」は、ビジネスコミュニケーションにおける最後のステップです。そして、伝えたときに明らかになったことを、「わかる」のステップへと循環させることによって、コミュニケーションが円滑に進むようになります。

将来の私の目標
チーム内のモチベーションアップのために

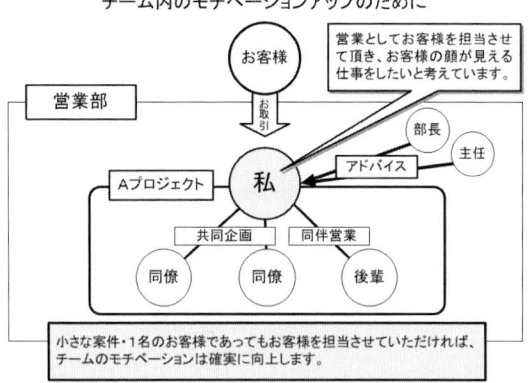

（図：お客様、営業部、私、部長、主任、Aプロジェクト、共同企画、同伴営業、同僚、同僚、後輩）

営業としてお客様を担当させて頂き、お客様の顔が見える仕事をしたいと考えています。

小さな案件・1名のお客様であってもお客様を担当させていただければ、チームのモチベーションは確実に向上します。

■**自分の仕事を伝える**
前節まで作成してきた仕事図を踏まえ、チーム内の不満を解決する方法を上司に伝えるための図解。「わかる」「考える」のステップを踏んでいるからこそ、どこが問題で何を上司に伝えるべきかがクリアになっている。

> **ワンポイント** 詳細は【Part6】へ（P.153）
> 他者に物事を的確に伝えるための図解法を見ていく。伝える相手の視点を意識しながら、図解を読みやすくする流れ方や順番付け、強調方法、グラフの作成法、明快なコメントやタイトルの付け方などがわかる。

「誰に」「何を」伝えたいかを明確にする

「伝える」図解

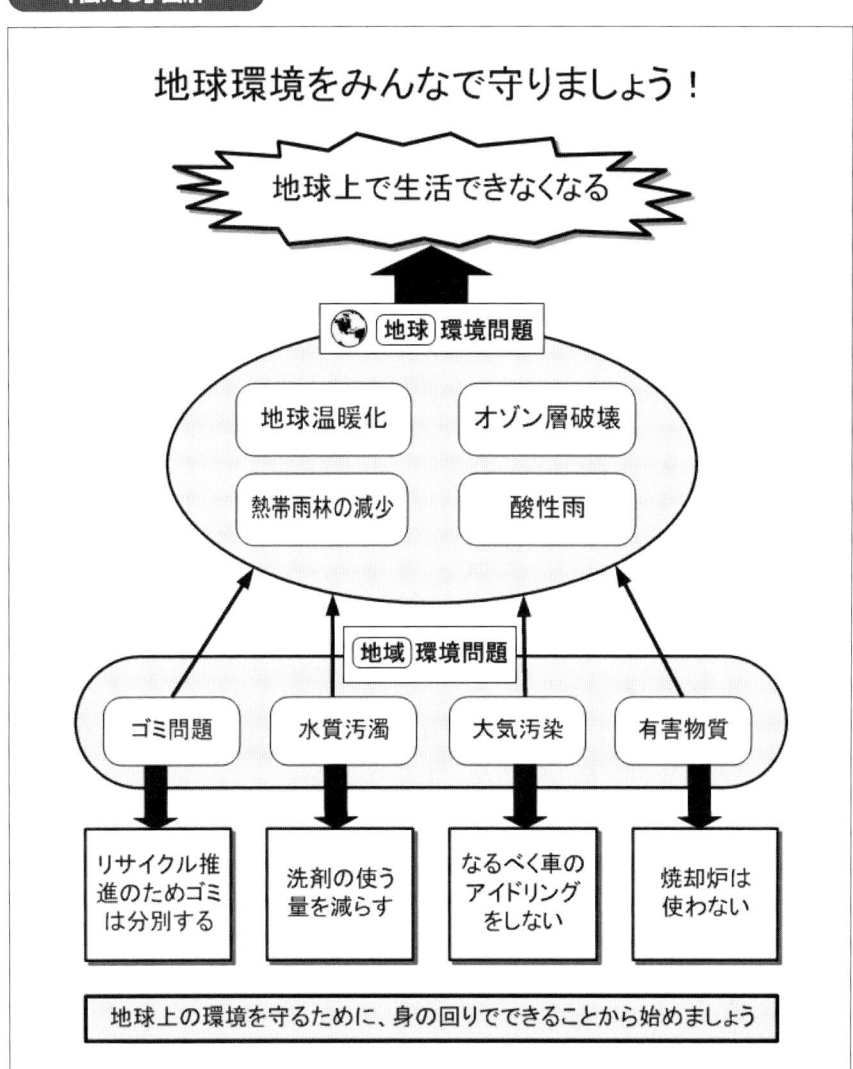

```
地球環境をみんなで守りましょう！

        地球上で生活できなくなる
              ↑
     ┌─────────────────────┐
     │  🌐 地球 環境問題        │
     │  ┌──────┐  ┌──────┐  │
     │  │地球温暖化│  │オゾン層破壊│  │
     │  └──────┘  └──────┘  │
     │  ┌──────┐  ┌──────┐  │
     │  │熱帯雨林の減少│ │酸性雨│  │
     │  └──────┘  └──────┘  │
     └─────────────────────┘
       ↑    ↑    ↑    ↑
     ┌─────────────────────┐
     │  地域 環境問題          │
     │ ┌───┐┌────┐┌────┐┌────┐│
     │ │ゴミ問題││水質汚濁││大気汚染││有害物質││
     │ └───┘└────┘└────┘└────┘│
     └─────────────────────┘
       ↓    ↓    ↓    ↓
  ┌──────┐┌──────┐┌──────┐┌──────┐
  │リサイクル推││洗剤の使う││なるべく車の││焼却炉は │
  │進のためゴミ││量を減らす││アイドリング││使わない │
  │は分別する  ││        ││をしない   ││        │
  └──────┘└──────┘└──────┘└──────┘

  地球上の環境を守るために、身の回りでできることから始めましょう
```

❶ ワンポイント　環境問題について「伝える」

環境問題について考え、明らかになった情報を、町内の回覧を目的に作成した図解例。多くの住人の理解を得て行動に移してもらうため、身の回りでできることや環境問題が進むとどうなるかを書き加えている。このように伝える相手を意識すると、図解はさらに進化する。

画面を拡大表示する　PpWE

複雑な図は、画面表示の倍率を上げて、部分的にズームアップすると、作図しやすくなります。

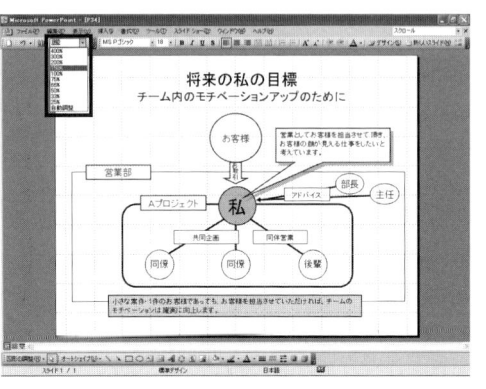

1 倍率の選択
[標準]ツールバーの[ズーム]の▼をクリックして、倍率を選択します。

❶ ワンポイント
ズームしたい場所の選択
先に図形を選択してからズームで倍率を拡大すると、選択した図形を中心にズームアップできます。

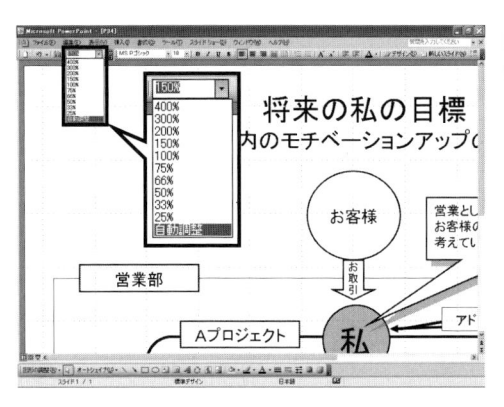

2 画面表示を自動調整する
[標準]ツールバーの[ズーム]の▼をクリックして、[自動調整]を選択します。

❶ ワンポイント
Word、Excelでの操作
[自動調整]はPowerPointのみの機能です。WordやExcelの場合は、倍率を指定するか、[ページ全体を表示](Word)、[選択範囲](Excel)などを利用してください。

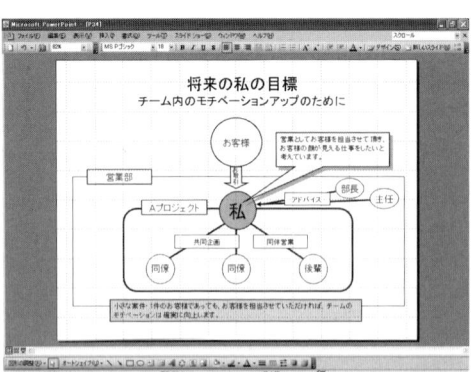

3 自動調整される
画面の表示倍率が自動調整され、全体が見える大きさになります。

画面をスクロールする

PpWE

拡大した画面の別の場所を見たいときは、スクロールします。スクロールバー上で右クリックしてショートカットメニューを表示すると、表示位置を素早く変更できます。

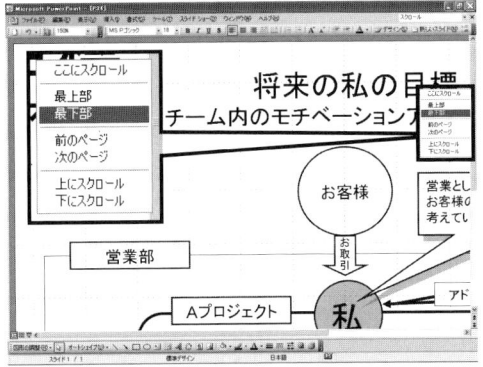

1 表示位置の指定
スクロールバーの上で右クリックします。ショートカットメニューが表示されたら、表示したい位置を選択します。

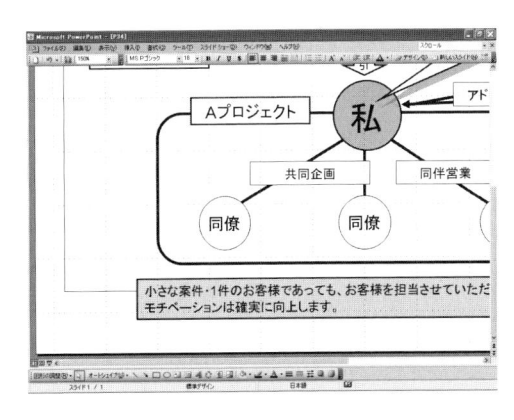

2 表示位置が変更
表示位置が変更されます。

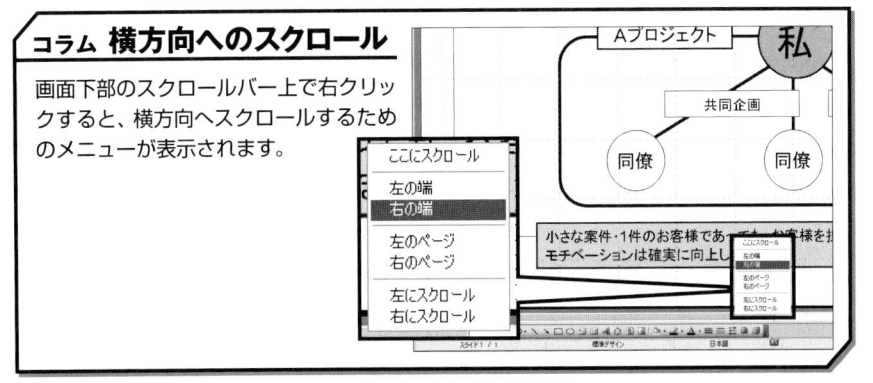

コラム 横方向へのスクロール
画面下部のスクロールバー上で右クリックすると、横方向へスクロールするためのメニューが表示されます。

025

07 │「図解」すれば問題解決の道筋が見えてくる

図解は自分の考えをまとめ上げるために有効な手段です。
そして、相手の納得や合意を得るのに有効なツールとなります。
ビジネスコミュニケーションでは、図解が大きな威力を発揮します。

図解によりさまざまな「可能性」を掘り下げよう

　後述するPart7では、本書で紹介している図解の技術を用いた実例を掲載しています。実際に図解を用いることで、自分の仕事への理解を深めた例や、今後の活動の指針を描いた例などが紹介されています。

　今後、仕事のあらゆる場面や、自分の生き方を図解する場面に遭遇し、行き詰まってしまったら、Part7で紹介している図解例を参考にして、「こんな描き方もあったのか！」「自分の図解ではここをこう変えてみよう！」といったヒントにしてください。

　最初は他者が描いた図解を真似てみたり、基本形に沿った図解でも構いません。少しずつ、"自分の図解の描き方"というものを体得してください。図解は描けば描くほど上達します。

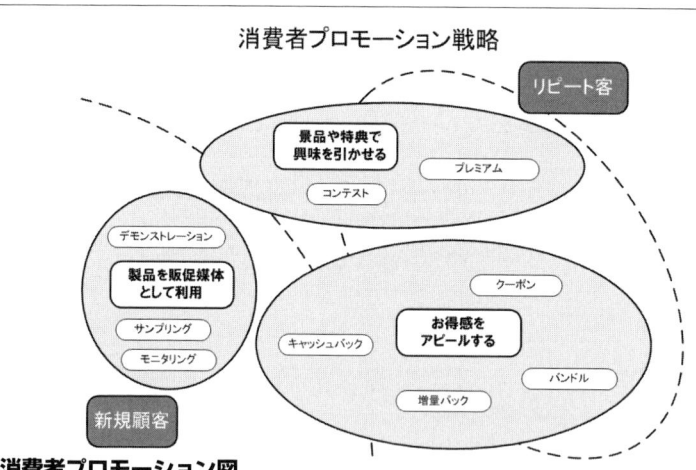

消費者プロモーション戦略

- リピート客
- 景品や特典で興味を引かせる
  - コンテスト
  - プレミアム
- デモンストレーション
- 製品を販促媒体として利用
  - サンプリング
  - モニタリング
- お得感をアピールする
  - クーポン
  - キャッシュバック
  - 増量パック
  - バンドル
- 新規顧客

■消費者プロモーション図
さまざまな広報手段について図解したもの。顧客にとっての訴求ポイントごとに、プロモーションの方法を3つに大別している。現在行っている広報手段が、顧客にとってどういった訴求力を持っているかが明らかになる。

> **ワンポイント　問題解決に図解を活用する**
> 図解による問題解決の方法は、本書で述べている図解の技術と同様である。図解は、試行錯誤しながら物事の関係や位置付けを明らかにできる。そのため、自問自答を繰り返し、さまざまな可能性について深く考えながら、問題を掘り下げた解決策は、切れ味の鋭い汎用性の高いものになる。

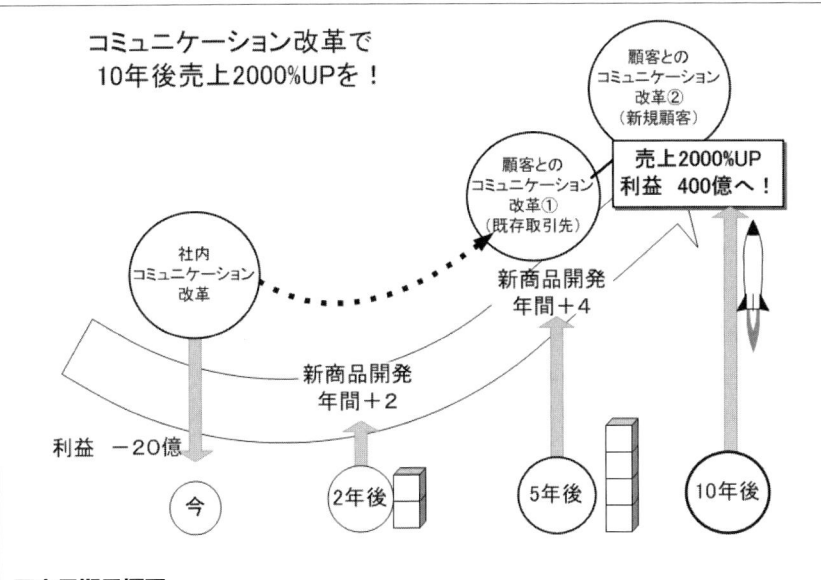

Part1●図を描くと考えがまとまる、話がまとまる

■中長期目標図
ある会社の中長期目標を図解したもの。コミュニケーション改革を図りながら売上を伸ばす、という今後の目標を図解にすることで、社内はもちろん、取引先にもわかりやすくなっている。

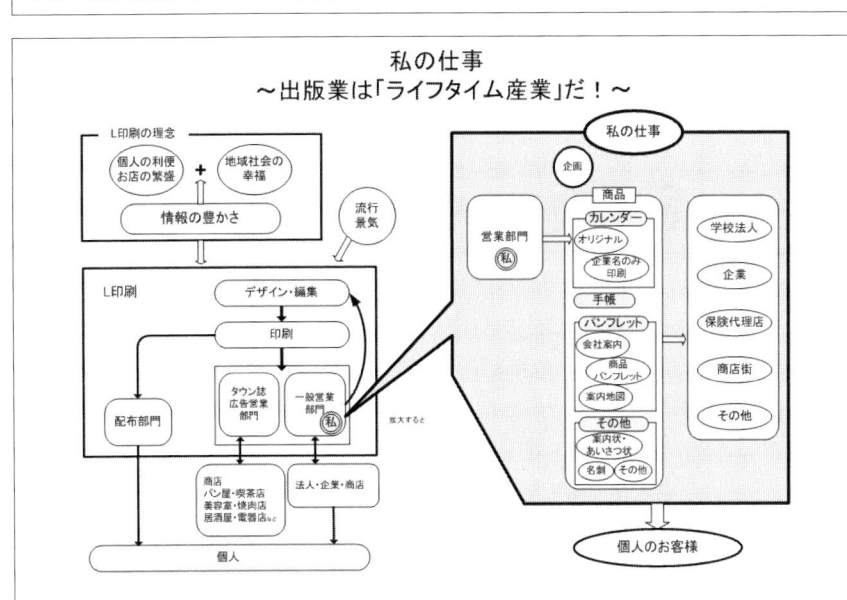

■自分の仕事図
印刷会社で営業・企画を担当している社員の仕事図。このように自分の仕事を図解することで、自分の社内のポジション、顧客に提供しているものの流れなどが、ひと目でわかるようになる。

点線の図形を描く

PP W E

点線の図形を組み合わせると、図解に変化をつけることができます。点線の図形を描くには、図形を描画したあとで線のスタイルを変更します。

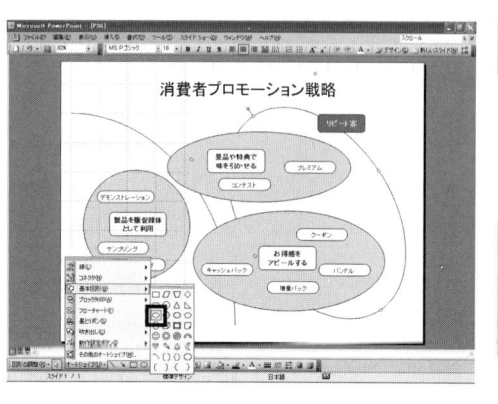

1 円弧と楕円の描画
[図形描画] ツールバーの [オートシェイプ] ボタンをクリックし、[基本図形] で円弧を選択して描画します。同様に、[基本図形] から楕円を選択して描画し、回転します。

> **ワンポイント　図形の回転**
> 図形は、緑色のハンドルをドラッグして回転することができます。図形の回転については、P.139を参照してください。

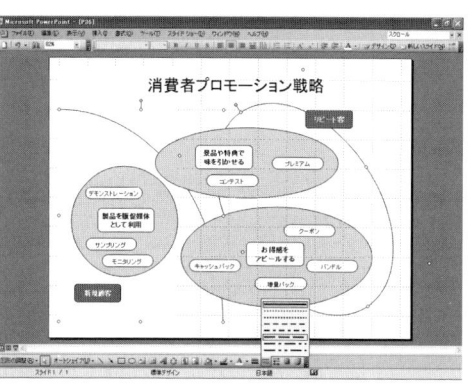

2 線のスタイルの設定
楕円が選択されていることを確認し、[Ctrl] キーを押しながら円弧をクリックして、楕円と円弧の2つの図形を選択します。[図形描画] ツールバーの [実線/点線のスタイル] ボタンをクリックし、点線を選択します。

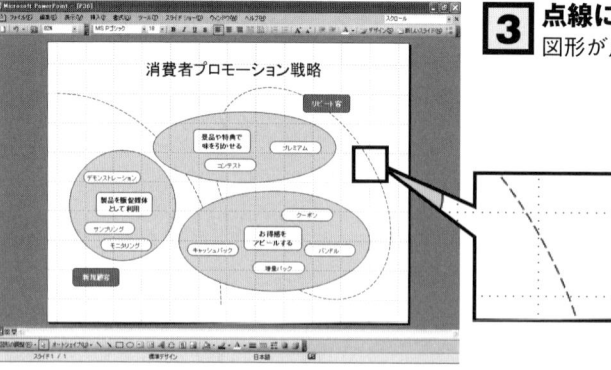

3 点線に変更
図形が点線に変わります。

基礎編

Part 2

マルと矢印の使い方を覚えて、まずは描いてみよう

01 | 図解の基本は「関係の表現」にあり

図解は基本的に「○（マル）」と「→（矢印）」からできています。
この2種類の組み合わせで、図解を多様に表現することができます。
まずは、マルと矢印の果たす役割とその概要から始めましょう。

マルは構造、矢印は関係

　図解の部品にはいろいろな形がありますが、基本的にはキーワードを囲むマルと、マル同士をつなぐ矢印の2種類の部品からできています。四角や三角はマルの変形ですし、マル同士をつなぐ破線や実線は矢印の変形といえます。したがって、マルと矢印をどう使うかが、図解の基本になります。

　まずマルです。2つのマルがあった場合、大きさや配列、重なり具合など、マルの組み合わせによって、物事の構造や部分同士の関係を表現できます。

　一方、マルをつなぐ矢印の使い方も重要です。矢印の向きや太さを使い分けることによって、さまざまな関係や流れが表現できます。図解は関係を表現するので、その関係を表す矢印が重要であり、また関係を上手に表した矢印を使いこなせば、「良い図解」になります。

マルの配置で物事の構造を表す

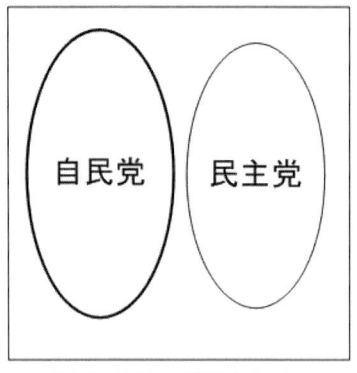

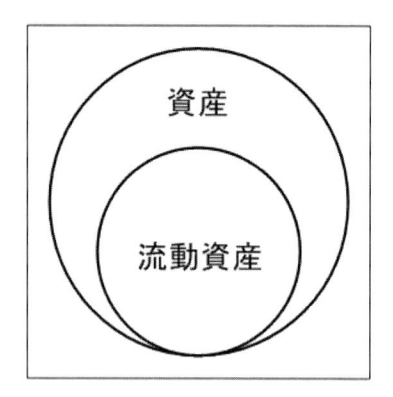

■マルの配置で物事の構造を表す
マルの大きさと配置を工夫することで、ひと目で物事の構造を表すことができる。左側は、自民党と民主党が対峙しつつも自民党のほうが大きいことを表し、右側は、資産の中に流動資産が含まれている構造を表している。

> **❗ワンポイント　マルと矢印が果たす役割**
> これから図解を作成するうえで、重要となる2種類の部品の役割をここで理解しておこう。基本的に、マルは物事の「構造」を表し（P.40参照）、矢印は物事同士の「関係」を表す（P.44参照）。

Part2●マルと矢印の使い方を覚えて、まずは描いてみよう

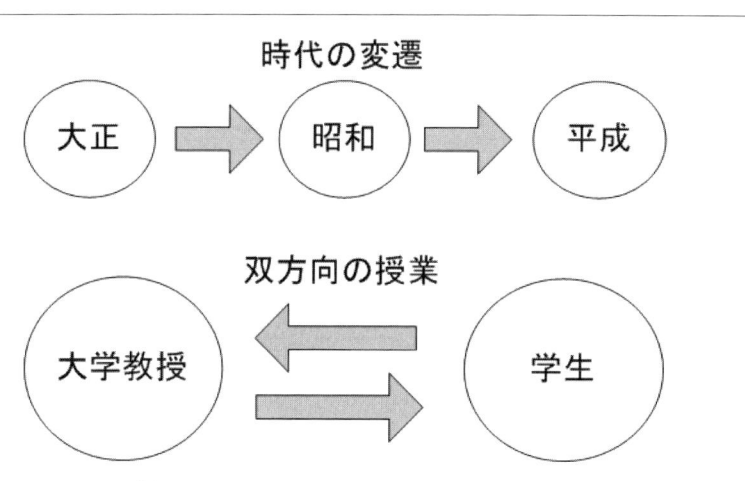

時代の変遷

大正 → 昭和 → 平成

双方向の授業

大学教授 ⇄ 学生

■矢印でつないで関係を明らかにする

矢印の使い方で、物事同士のさまざまな関係を表すことができる。図の上側のように、一方向に並べると時間の流れが表現でき、因果関係を表すことができる。下側のように、2つの逆向きの矢印でつなぐと双方向性を表現できる。

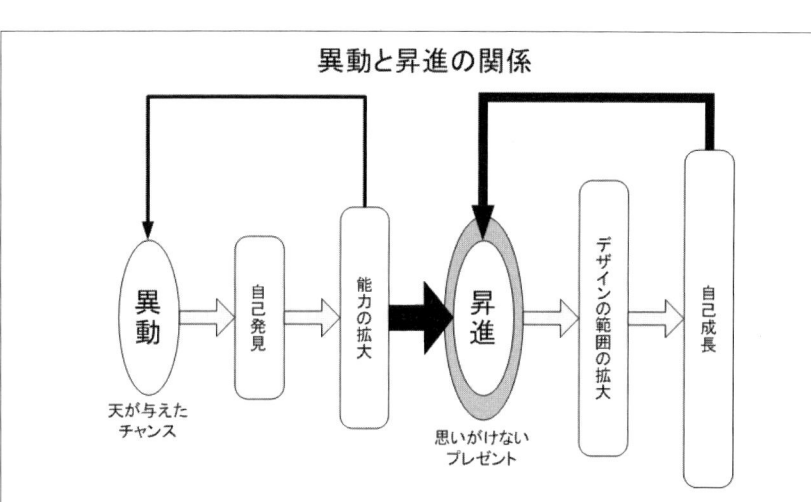

異動と昇進の関係

異動 → 自己発見 → 能力の拡大 → 昇進 → デザインの範囲の拡大 → 自己成長

異動：天が与えたチャンス
昇進：思いがけないプレゼント

■マルと矢印を使って図解が完成

マルと矢印を組み合わせると、物事の関係が複雑に絡まっているようなテーマでも、すっきりと表現できる。この図は、異動を能力拡大のチャンスと捉え、昇進を自己成長のためのプレゼントとして捉えている。

> **❶ ワンポイント　矢印のサイズを調整する**
>
> 図面ページに追加したブロック矢印は、サイズを調整して配置する。太さの調整は、上下どちらかの選択ハンドルを上下にドラッグする。長さの調整は、左右どちらかのハンドルを左右にドラッグする。

031

02 | 何度も描き直して「良い図解」を目指そう

図解の描き始めは、完璧なものを描こうと神経質に考えがちです。
しかし、あせらずにその時点で最も良いと思う図解で構いません。
図解に終わりはないので、何度も描き直していくことが大切です。

「完璧な図解」などない！

　図解にはもともと「良い図解」と「悪い図解」しかありません。しかし、図解を作成するうえで心に留めておかなくてはならないのは、「完璧な図解などはない」ということです。同じ題材を対象に図解しても、人によって表現方法や関心のある部分が異なるため、さまざまな図解ができあがるものです。

　このように図解のでき映えというのは相対的なものなので、何度も描き直すことによって、より「良い図解」になっていきます。ですから、肩肘張らずに楽な気持ちで描いてみましょう。

　パワーポイントをはじめとしたOfficeソフトには、組織図のテンプレートやフローチャートを描くためのパーツが豊富に用意されています。

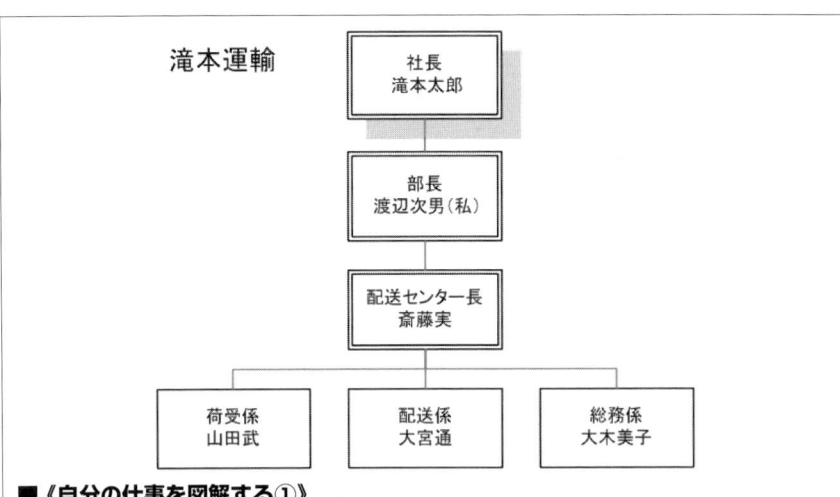

```
滝本運輸

         社長
         滝本太郎
            │
         部長
         渡辺次男（私）
            │
         配送センター長
         斎藤実
      ┌─────┼─────┐
   荷受係   配送係   総務係
   山田武   大宮通   大木美子
```

■《自分の仕事を図解する①》
自分の仕事をテンプレートを使って図解した。しかしこれでは、図解に必要な視点の「部分同士の関係」と「部分と全体との関係」がはっきりと表現されていない。

> **❶ ワンポイント**　「Microsoft Office Visio」について
> Visioはビジネス文書を作成するためのソフトで、ビジネスシーンで多用される組織図やフローチャートなどのテンプレートのほか、「マスタシェイプ」と呼ばれる図形も豊富に用意され、簡単に図形を描くことができる。

滝本運輸

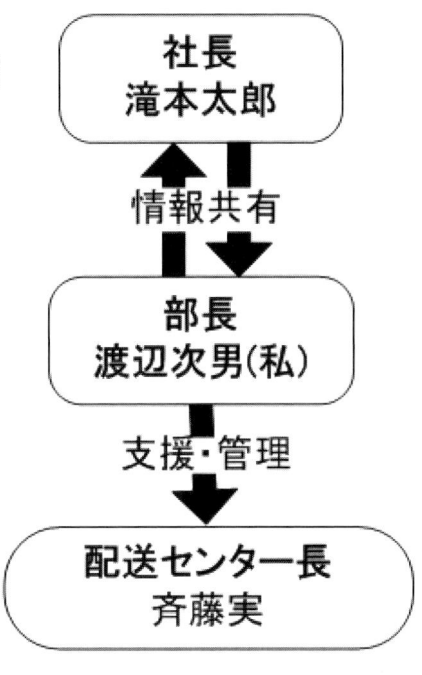

```
    社長
    滝本太郎
       ↑↓  情報共有
    部長
    渡辺次男(私)
       ↓  支援・管理
    配送センター長
    斉藤実
```

■《自分の仕事を図解する②》部分同士の関係性を付け加える
左ページの図解を、自分と直接つながっている人同士の関係性を明らかにして描き直した。社長との「情報共有」、配送センター長との「支援・管理」など、役割を付け加えることで、①の組織図から進化した。

ワンポイント 図形を変形する
黄色い◇の形をしたコントロールハンドルを持つ図形は、このハンドルをドラッグして変形することができる。物事を差別化して表現する場合など、改めて作図し直す必要がないので便利に使える。

組織図の作り方

階層を示す組織図は、四角形や直線を使っても作図できますが、[図表ギャラリー]を使えば効率的です。組織の構成要素の増減や、図形の変更なども、後から簡単に行えます。

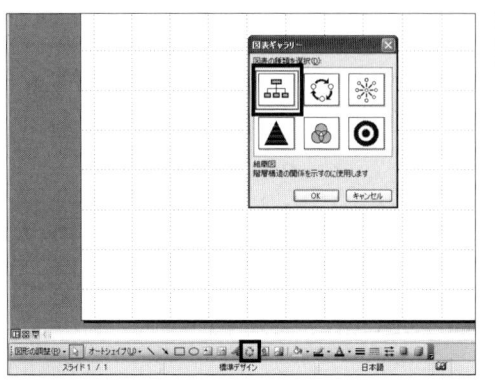

1 組織図の選択

[図形描画]ツールバーの[図表または組織図を挿入します]ボタンをクリックします。[図表ギャラリー]ダイアログボックスが表示されたら、「組織図」を選択して[OK]をクリックします。

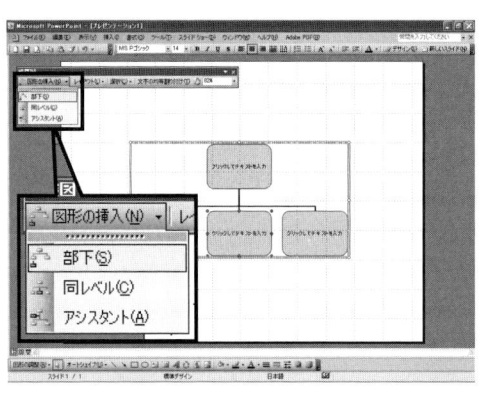

2 図形の追加

図形を選択し、[組織図]ツールバーの[図形の挿入]ボタンの▼をクリックし、[部下]を選択します。選択した図形の下に、図形が追加されます。

ワンポイント　文字の入力
肩書きや氏名などは、図形をクリックして入力します。

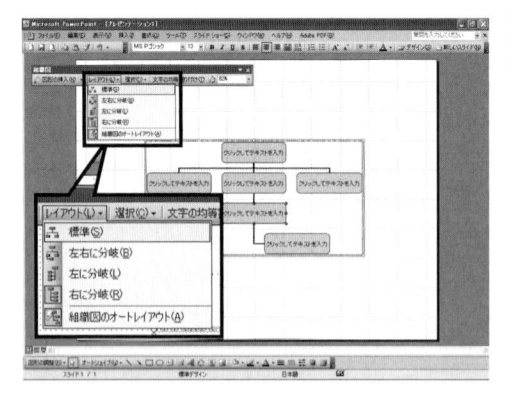

3 レイアウトの変更

図形を追加するうちにレイアウトが変わった場合は、[組織図]ツールバーの[レイアウト]ボタンの▼をクリックし、[標準]を選択します。なお、左の画面のように、上から3番目の図形を選択したまま再度[部下]を挿入すると、一番下と同レベルの図形が作成されます。

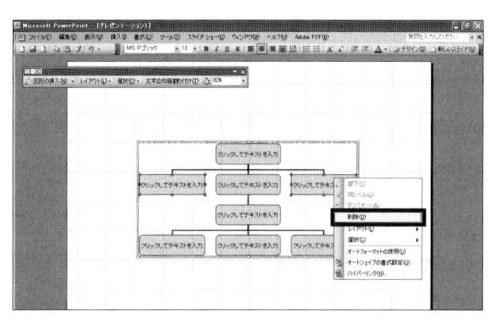

Part2●マルと矢印の使い方を覚えて、まずは描いてみよう

4 図形の削除
削除したい図形を選択します。右クリックしてショートカットメニューを表示させ、[削除]を選択します。

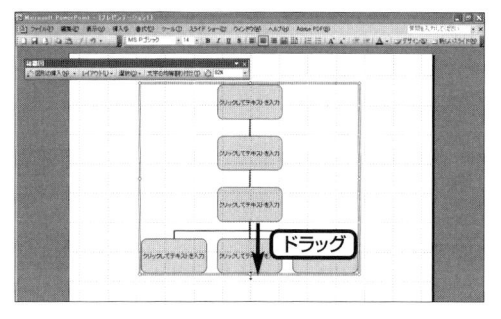

5 組織図のサイズ変更
組織図の枠のハンドルをドラッグし、組織図を拡大します。

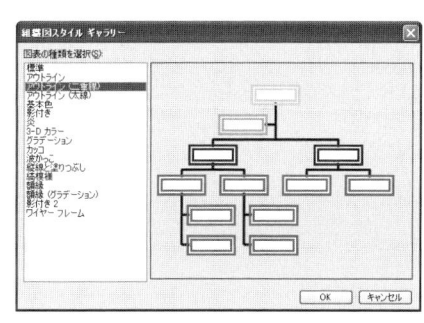

6 図形の変更
図形のスタイルを変更するときは、[組織図]ツールバーの [組織図スタイルギャラリー] ボタンを選択します。

コラム 図形の色の変更

図形の線や塗りつぶしの色を変更するには、図表組織図の上で右クリックし、[オートフォーマットの使用]をクリックしてオフにします。[図形描画]ツールバーを利用して、図形の色などを変更できるようになります。

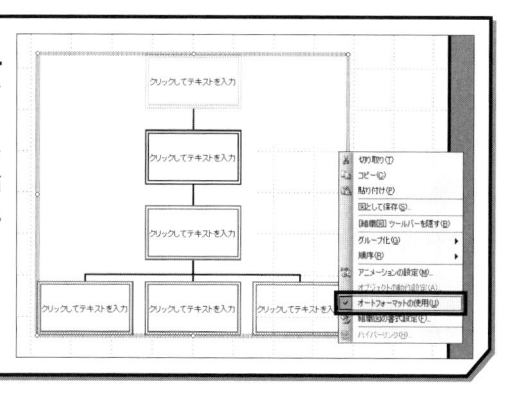

03 | 図解作りの基本はホップ、ステップ、ジャンプ！

部分同士の関係、全体と部分との関係を表すテクニックなど、
図解の基本を知っておかないと、「良い図解」は作れません。
描き始める前に、図解作りの基本ステップをマスターしましょう。

抜き出し、並べ替えたら、後は仕上げ

　「良い図解」を描くためには、3つの基本ステップがあります。文章を図解する場合で考えるとわかりやすいので、それを例として説明します。

　まずは、文章をひと通り読みながら、重要だと思う部分にマーカーを引きます。そして、マーカーを引いたキーワードをパワーポイントなどに書き出し、それを大まかに並べ、大きく線で囲んでいくつかのブロックを作ります。

　次に、それぞれのブロックがどういった関係なのかを考えながら、重ねたり、線や矢印でつなげたりします。そして、ブロック同士の関係がわかったら、ブロックの中の関係も同様にして描いていきます。

　最後に、全体を見渡して、線の太さや矢印の形を直していきます。重要な関係は太く、それほどでないものは細くするなど、工夫して仕上げます。

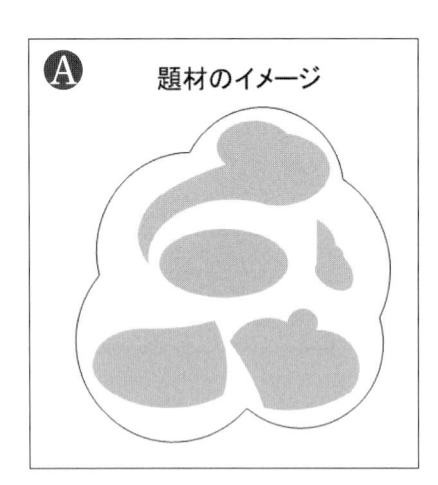

Ⓐ 題材のイメージ

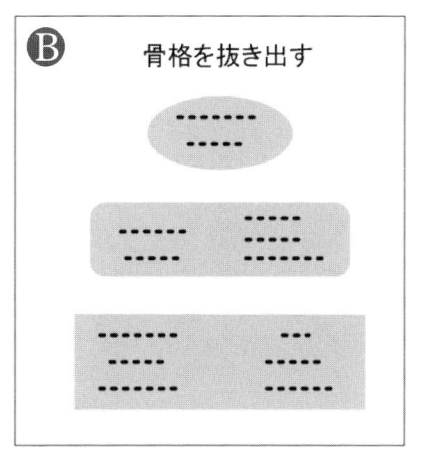

■《ステップ①》：全体の骨格を大まかにつかむ
図解の第一歩は、題材 Ⓐ から重要でない部分を削除して骨格だけを取り出し Ⓑ 大まかな見取り図を作ること。この作業では細部をあまり意識せず、大胆に割り切ってしまうことがポイントとなる。

❗ ワンポイント　図解作りの基本
前節でも説明したように、図解に完璧なものはなく、描き方にも決まった法則はない。しかし、初心者にとっては、どのように描いていいのかまったくわからない場合もあるだろう。ここでは、図解作りの基本的な方法を提示している。

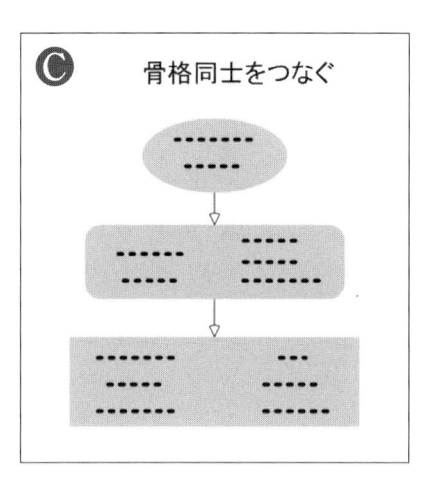

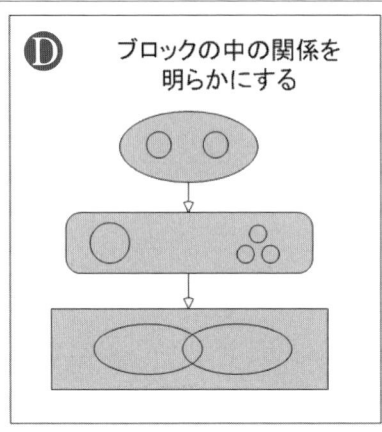

■《ステップ②》：ブロック同士、ブロックの中の関係を明らかにする
次にブロックとブロックを矢印でつないで関係を明らかにしていく❸。ブロック同士の関係がある程度できたら、それぞれのブロックの中身も小さいマルで囲んで関係を明らかにする❹。

❗ワンポイント 箇条書きを体系的に関連付ける
大まかな骨格ができても、抜き出したキーワードは箇条書きのままなので関係が表現できていない。どの要素がより大きな概念なのか、どれとどれが関係を持っているのか、などを考えながら行う。

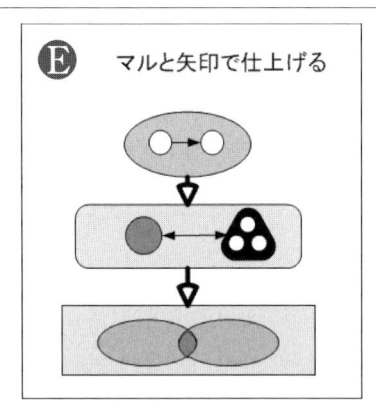

■《ステップ③》：マルと矢印で全体を仕上げる
最後にマルと矢印を使って仕上げていく。一度、線で囲っただけのブロックを、マルや角マルで描き直し、配置を見直して全体の構造を明確にしていく。また、矢印の向きや太さを工夫して、ブロック同士の関係性も描き直す❺。

❗ワンポイント マルと矢印は基本型で考える
マルと矢印で全体を仕上げる場合、すぐあとの節で説明する「基本的なマルの組み合わせ」(P.41参照)と「基本的な矢印の使い方」(P.45参照)を考えながら図解を仕上げることが大切。

マルと矢印で関係を表す

おおまかにブロック同士の関係を描いたら、色や形などを変更し、矢印を追加して関係を表します。矢印の向きや種類に変化をつけましょう。

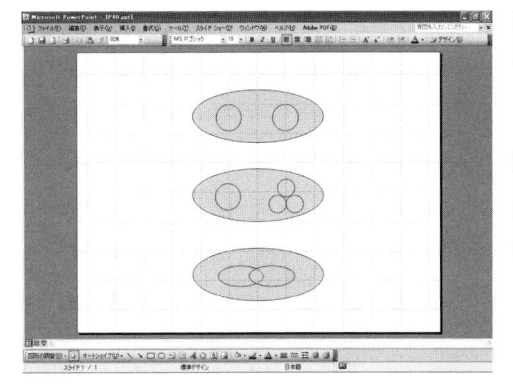

1 ブロックの描画

[図形描画]ツールバーの ◯ [楕円]ボタンをクリックし、ドラッグして描画します。

> **❶ ワンポイント** 正円の描画
> [Shift]キーを押しながらドラッグすると、正円が描画できます。

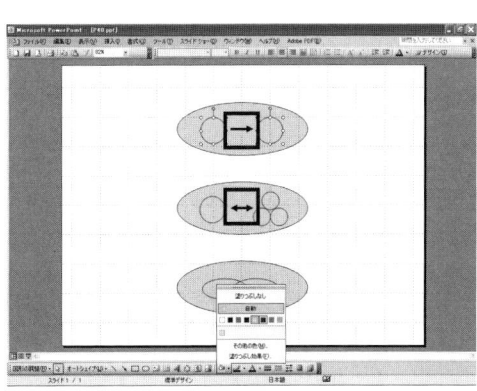

2 矢印の描画と色の変更

[図形描画]ツールバーの [矢印]ボタンをクリックして矢印を描画し、≡[線のスタイル]ボタンをクリックして太さを変更します。図形を選択し、[塗りつぶしの色]ボタンの▼をクリックして、色を変更します。

> **❶ ワンポイント** 複数の図形の選択
> 複数の図形を選択するときは、[Ctrl]キーを押しながら図形をクリックします。

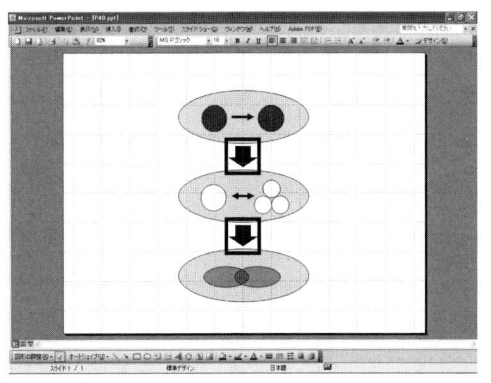

3 ブロック矢印の描画

[図形描画]ツールバーの[オートシェイプ]ボタンをクリックし、[ブロック矢印]−[下矢印]をクリックして描画し、ブロック同士の関係を表します。

04 | マルで構造と位置関係を表現する

言葉では正確に表しにくい関係も、マルを使えば的確に表現できます。
物事を構成している要素を抜き出し、それぞれをマルで囲みます。
マルの配置により、物事の「構造」がはっきりと見えてきます。

配置だけでなく、マルの大きさも重要

　図解を作成するためには、まず、もともとの文章からキーワードを抜き出し、それをマルで囲んでキーワードのグルーピングをします。次にそのグループ同士の関係を考えていきます。「これとこれはどういう位置関係なのか」を考えながら、それぞれのキーワードをマルで囲んで配置していきます。

　マルの配置には、いくつかの基本があります。たとえば、図解の中に2つのマルがある場合、その2つのどちらが大きいのか、どちらがどちらを含んでいるのかという関係を考えながら、2つの物事の構造を表現していきます。

　文章で表現された複雑な関係も、ここで紹介する基本的なマルの組み合わせを使って図解することで、内容を整理し単純化して構造をわかりやすく表現することができます。

大きく変わる金融業界

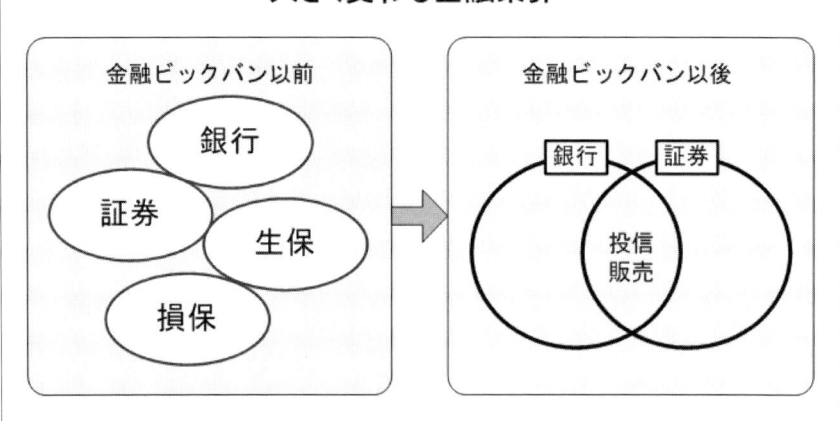

金融ビックバン以前：銀行、証券、生保、損保

金融ビックバン以後：銀行・証券（交差）→ 投信販売

■「隣接」と「交差」の組み合わせ図解例
マルを組み合わせた基本的な図解をいくつか組み合わせることで、テーマ全体を見渡せる図解が作成できる。組み合わせる際は、全体が1つの体系になるようにレイアウトを工夫する。

❶ ワンポイント　四角ではなく、なぜ「マル」を使うのか？
人間の心理面から、角張った四角よりも丸い図形のほうが受け入れやすい。そのため、四角を使う場合でも、なるべく角の丸くなった四角を使うことをお勧めする。

6つの基本配置パターンを覚えよう

❶ 並列

2つのマルを並べて、2つの物事の関係を表す。この例ではアメリカの二大政党制の拮抗した状態を表している。マルの大きさを変えると、大きさの比較を表すことができる。

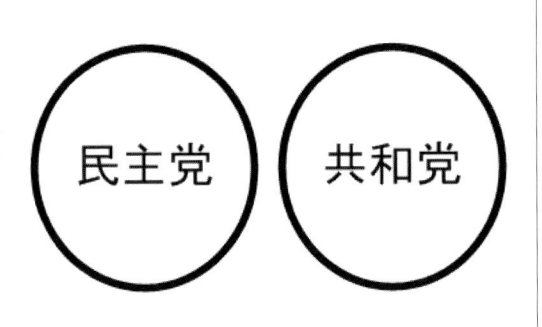

民主党　共和党

❷ 分離

マル同士が離れているのが分離関係で、互いに独立した関係を表す。この例では三権分立の互い同士が等距離に離れ、バランスがとれていることがわかる。

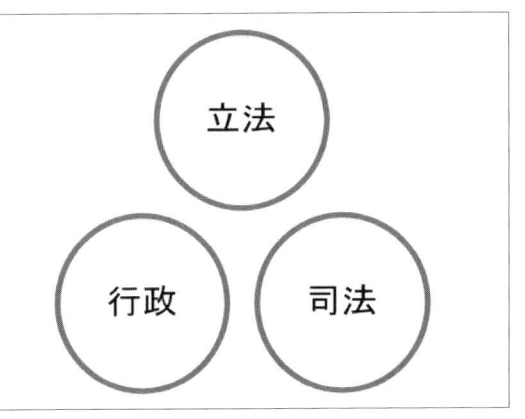

立法　行政　司法

❸ 包含

物事の上位概念と下位概念、数学の集合の関係を表す。この例のように、大きいマルが小さいマルを含んでいる構造では、大きさを変えると、比率を表すことができる。

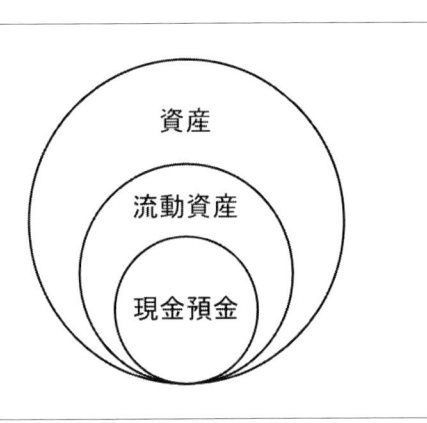

資産　流動資産　現金預金

❹ 隣接

各キーワードが接点を持ちながらくっついている構造。この例ではビックバン以前の金融業界が重なり合わずに、隣接している状態を表している。

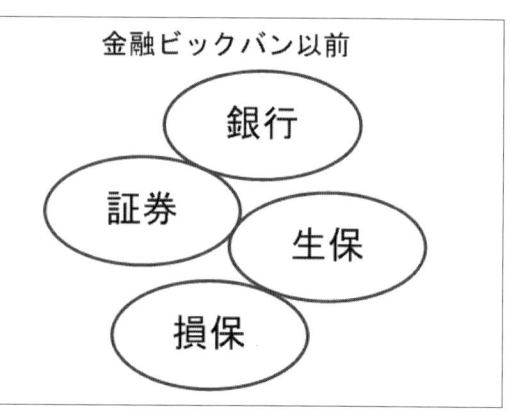

金融ビックバン以前

- 銀行
- 証券
- 生保
- 損保

❺ 交差（重なり）

マルが交差して重なっている構造。重なりの部分を意識することで、マル同士の関係が明らかになる。重複、集合、合同などの関係を表すことができる。

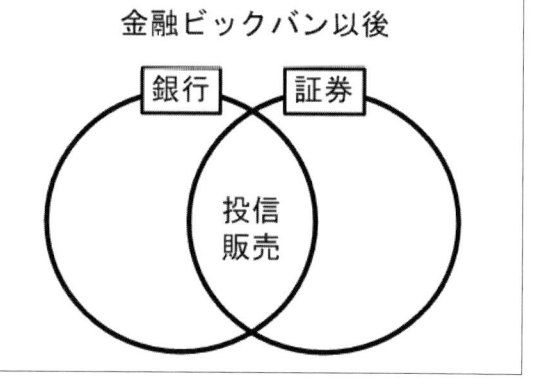

金融ビックバン以後

銀行 / 証券 — 投信販売

❻ 集合・群立

マルが集合して群れをなしている構造。例として親会社と関連会社といった企業グループの関係を示す。マルの大きさを変えると、全体の比率をひと目で把握することができる。

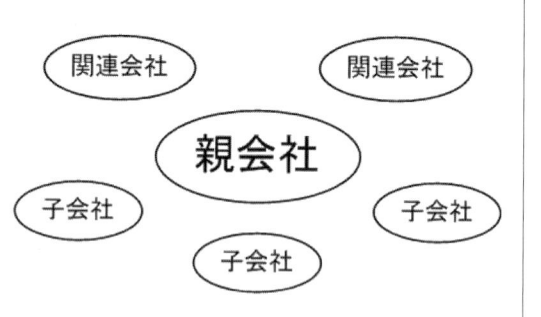

関連会社／関連会社／親会社／子会社／子会社／子会社

❗ワンポイント 覚えておこう

これらのマルの組み合わせを知っていれば、ほとんどの構造は表現できる。図解を始めたら、どのマルの組み合わせが適当かを考えながら作図してみよう。

図形の上下を入れ替える　PpWE

先に描画した図形は、後から描画した図形と重なると下に隠れてしまいます。図形の順序を入れ替えれば、隠れた図形を表示できます。

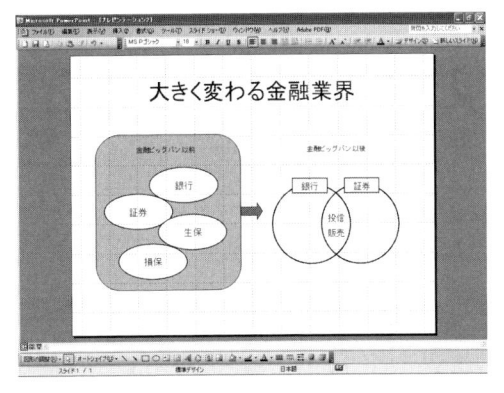

1 図形を描画する
左の画面のように、ベン図（交差円型の図表）を描画します。

> **ワンポイント　ベン図の描画**
> 交差した円の描画方法については、P.50も参照してください。

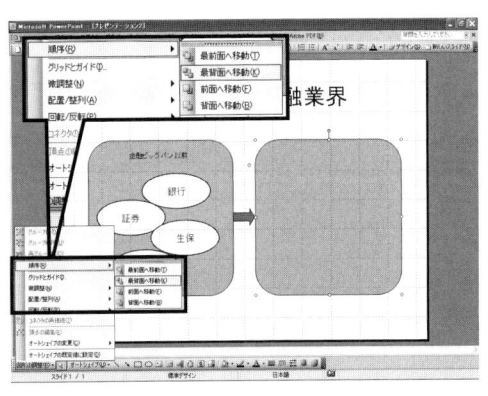

2 図形の上下を入れ替える
ベン図の上に角丸長方形を描画すると、先に描画したベン図が下になり、隠れてしまいます。後から描画した角丸長方形が選択されていることを確認し、[図形描画]ツールバーの[図形の調整]ボタンを選択して[順序]－[最背面へ移動]を選択します。

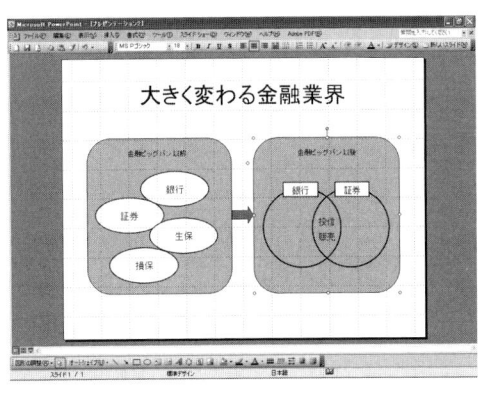

3 ベン図が上に表示される
後から描画した角丸長方形が最背面へ移動し、先に描画したベン図が上に表示されます。

05 | 矢印で関係と流れを表現する

マルを配置して構造を作ったら、次は矢印を使います。
マル同士を矢印でつなぐと、物事の「関係」がはっきりします。
矢印は使い方次第で、関係・流れ・方向を表現することができます。

形や色を変えれば「意味」の違いも表現可能

　マルを配置して物事の構造を作ったら、次は矢印でマルとマルをつなぎます。矢印はそのバリエーションによって、それぞれのマル同士の因果関係や物事の動き、方向性、そして図解全体の時間の流れなど、さまざまな事柄を表現することができます。

　たとえば、時間の流れを矢印を使って表現する場合、過去から現在までの流れは太くして、現在から未来への流れは点線や破線などを使い、不確実性な未来を表現することもできます。また、矢印にアミや影、ぼかしなどを入れて、因果関係や意味の違いを表現することもできます。

　矢印は、部分同士の関係を直接的、意識的、積極的に表現します。そして、マル同士の関係を強調する役割を担っているのです。

当社売上の推移と目標

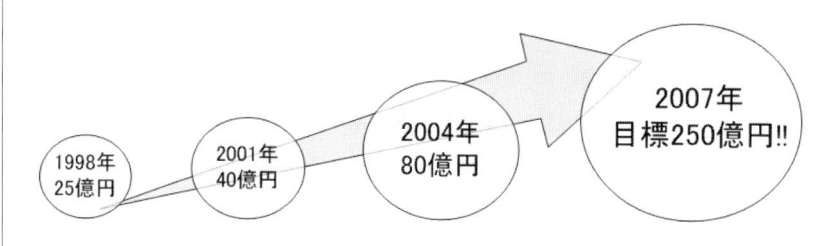

- 1998年 25億円
- 2001年 40億円
- 2004年 80億円
- 2007年 目標250億円!!

■**時間の流れを表現する**
売上の推移と目標を、過去から未来へ向けた矢印で表している。売上高が年々向上している様子を、矢印を徐々に太くして表現し、さらに右上がりに角度をつけて将来性を強調している。

> **❶ ワンポイント** 矢印の効果をさらに高める
> 矢印だけで関係や流れなどの意図がうまく伝わらないと感じた場合は、関係を捕う短いコメントや、「ゆえに」「しかし」「したがって」などの接続詞を矢印に添えて表現すると効果的である。

矢印を組み合わせればこんな関係も表現できる

① 連続性（直線）

矢印で、AからBへ、BからCへという連続的な流れを表す。図解で最も多く使われるのがこの連続性の矢印。因果関係や時間的な連続性がある場合に用いる。

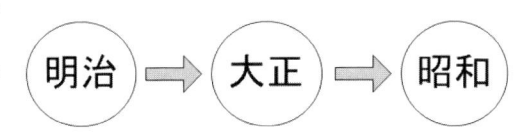

明治 ⇒ 大正 ⇒ 昭和

② 連続性（サイクル）

このビジネスコミュニケーションのプロセスのように、連続性をサイクルで表すこともできる。「理解」から「企画」そして「伝達」へ。さらに「伝達」から「理解」へと再び戻ってくる。

ビジネスコミュニケーションのプロセス

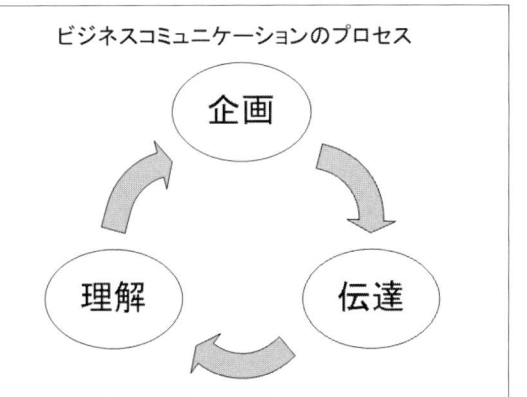

企画 → 伝達 → 理解 → 企画

③ 場面の展開

矢印によって、場面の展開を表すことができる。この例ではバブル崩壊が金融再編を促し、その結果、銀行の行く末が2つの方向に展開していく様子を表している。

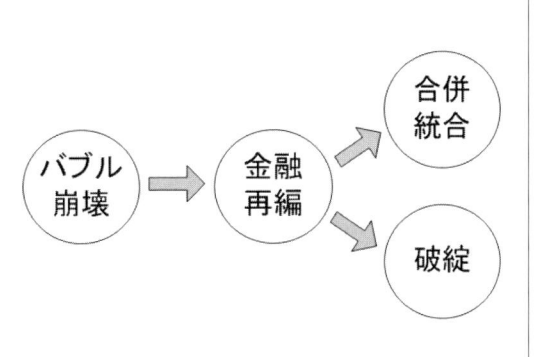

バブル崩壊 ⇒ 金融再編 ⇒ 合併統合 / 破綻

❹ 対立

矢印の始点と終点の両方の端点に矢尻を付けて、物事の対立を表している。この例では、機会平等と結果平等を対立した概念として表現している。

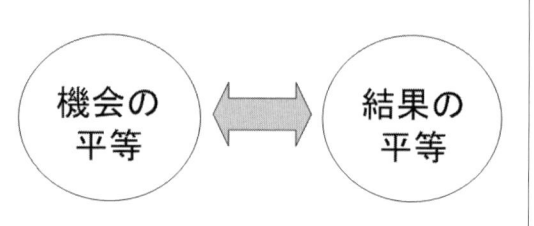

機会の平等 ⇔ 結果の平等

❺ 双方向性

2本の矢印を逆向きで平衡に並べると、双方向性を表現できる。この例では企業と顧客の関係を双方向性で表している。コミュニケーションに関してよく使われる。

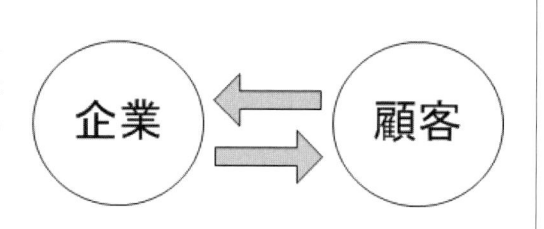

企業 ⇄ 顧客

❻ 収斂

周囲から中心に向かった矢印を使うことで、収斂を表している。この例では「米の不作とその原因」のように、複数の原因から1つの結果が生まれるときなどに使用する。

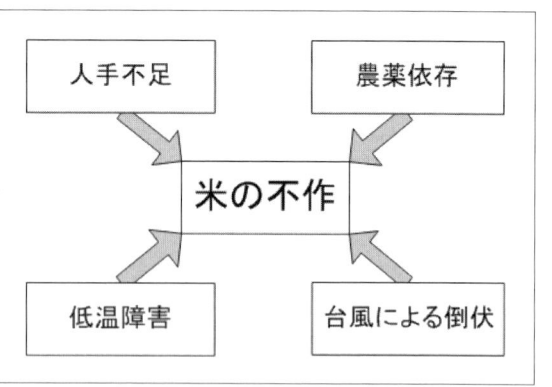

人手不足、農薬依存、低温障害、台風による倒伏 → 米の不作

❗ ワンポイント 覚えておこう

これらの矢印の使い方を知っていれば、物事の関係はほとんど表現できる。マルを使って構造を作ったら、どの矢印の使い方が適当かを考えながら作図してみよう。

半透明の図形を描く

上に重ねた図形を半透明にすると、下の図形が透けて見え、視覚効果の高い図を作成することができます。

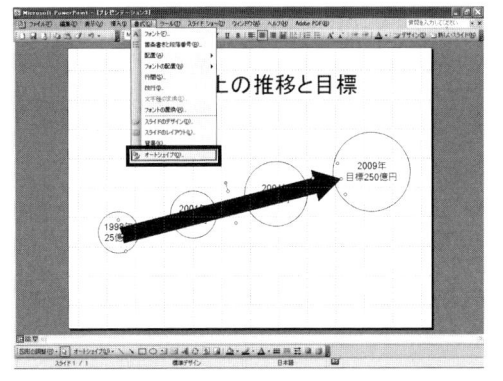

1 図形の書式設定の表示
図形を描画し、[書式]－[オートシェイプ]を選択します。

> **ワンポイント** 図形の回転
> ここでは[オートシェイプ]－[ブロック矢印]－[右矢印]を選択して描画し、矢印を回転しています。図形の回転については、P.139を参照してください。

2 透過性の設定
[透過性](Excelの場合[透明])のスライドバーをドラッグするか数値を指定して、透明度を設定します。

> **ワンポイント** 図形の書式設定
> 図形をダブルクリックしても、[オートシェイプの書式設定]ダイアログボックスを表示することができます。

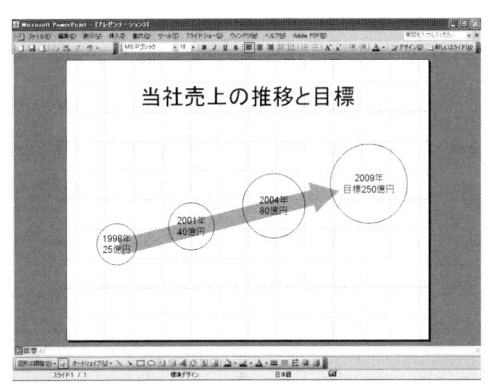

3 図形が半透明になる
図形が半透明になり、下の図形が透けて見えます。

06 | 「良い図解」には2つの視点が必要

マルと矢印で作った図解をより良いものにするには、
「鳥瞰的に見る視点」を持って、自分と全体との関係を考え、
「他人の視点」を持って、読み手がわかる図解に仕上げることです。

あなたの図解は独りよがりになっていないか

これまでの説明で、マルと矢印で図解を描けることはわかったと思います。でもそれだけでは、図解は独りよがりで実はわかりにくいものになってしまいます。そのワナに陥らないためには、次の2つの視点が必要です。

1つ目は、図解を描いている自分と全体との関係を「鳥瞰的に見る視点」です。たとえば、私と会社との関係、私と私が暮らす日本との関係……など、鳥の視点で上空から見渡すように、自分と全体との関係を意識してみましょう。いままで見えていなかった本質がわかり、図解の深みが増します。

2つ目は、この図解を見る「他人の視点」です。自分にしかわからない図解になるのを避けるため、読み手が見てもわかるかどうか、図解を仕上げるときに意識しましょう。

ビジネスマンを取り巻く世界

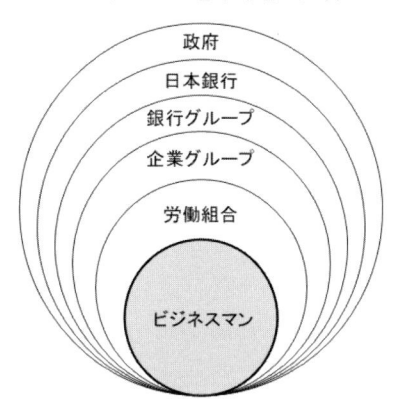

政府
日本銀行
銀行グループ
企業グループ
労働組合
ビジネスマン

■**自分と全体との関係を図解する**
ビジネスマンの視点に立って、自分と全体との関係を意識して図解すると、ビジネスマンの周りには幾重にもわたって取り巻く世界があることがわかる。ここでは、基本図解の「包含」を使って表現している。

> **❗ ワンポイント** 大胆に、そして細心に
> 図解の最初は「木を見て森を見ず」のように、細かい部分に捉われすぎるとなかなか良い図解にはならない。したがって、大きな視点で全体を把握することが大切である。まずは余分な要素は切り落として大きな構造を考え、その後、細かい部分を補うことがポイントとなる。

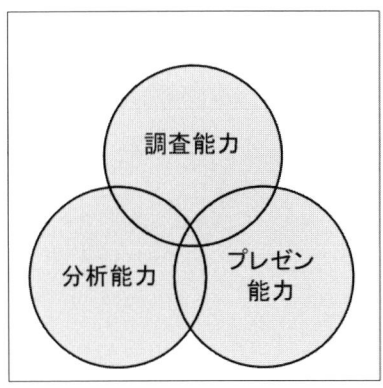

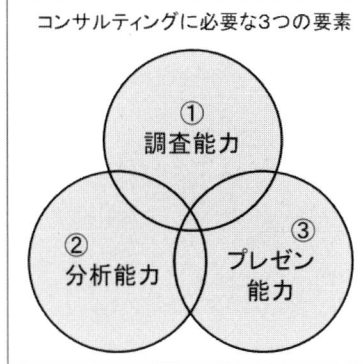

タイトルを付けて、図解の内容を明確にする

(左図) 調査能力／分析能力／プレゼン能力

(右図) コンサルティングに必要な3つの要素
① 調査能力　② 分析能力　③ プレゼン能力

■**タイトルを付けて、図解の内容を明確にする**
左側の図は何についての図解なのか目的がわからないが、右側の図のようにタイトルを付けると、図解の目的がはっきりする。また、図に順番を付けると、どのブロックから読めばいいのかさらに明確になる。

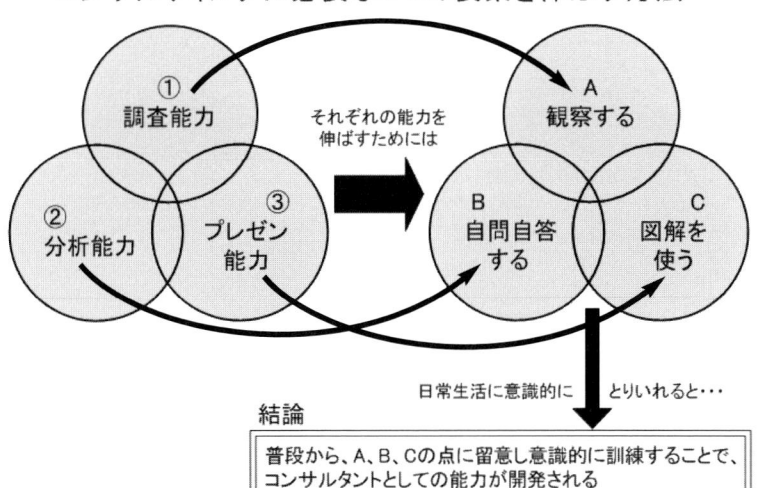

コンサルティングに必要な3つの要素を伸ばす方法

① 調査能力　② 分析能力　③ プレゼン能力

それぞれの能力を伸ばすためには →
A 観察する　B 自問自答する　C 図解を使う

日常生活に意識的にとりいれると…

結論
普段から、A、B、Cの点に留意し意識的に訓練することで、コンサルタントとしての能力が開発される

■**読み手の関心を高める、タイトルとコメント**
先ほどの図解に、さらに目的のはっきりしたタイトルを付け、内容を表すコメントを矢印に添えた。こうすることで図解全体として訴求力が増し、読み手の納得感を大きく高めることができる。

交差円の描き方

交差した円を作図するときは、[図表ギャラリー]を利用すると簡単です。いくつ円を交差させても、常にバランスよい図形が作成できます。

1 組織図の選択

[図形描画]ツールバーの [図表または組織図を挿入します]ボタンを選択します。[図表ギャラリー]ダイアログボックスが表示されたら、「ベン図形型図表」を選択して[OK]をクリックします。

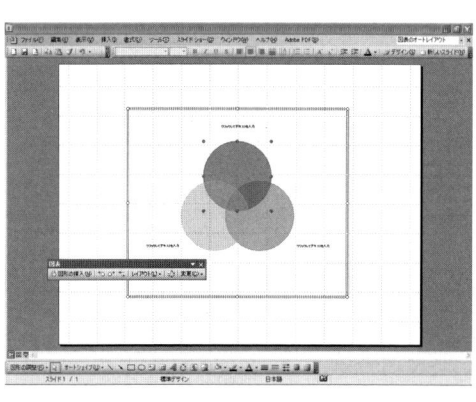

2 ベン図の作成

ベン図(交差円形の図表)が表示されます。[図形描画]ツールバーのアイコンを利用して、図形の塗りつぶしや線の色を変更したり、周囲のテキストボックスをクリックして修正したりします。

ワンポイント 透過性
ここで作成される円は、半透明(透過性が設定)となっています。透過性についてはP.47を参照してください。

ワンポイント 円の追加と削除
円を追加するには、[図表]ツールバーの [図形の挿入]ボタンをクリックします。円を削除するときは、円をクリックして[Delete]キーを押します。

コラム テキストボックスの移動

円の周囲のテキストボックスを円の上などに移動したいときは、[図表]ツールバーの [レイアウト]ボタンをクリックし、[図表のオートレイアウト]をクリックしてオフにします。

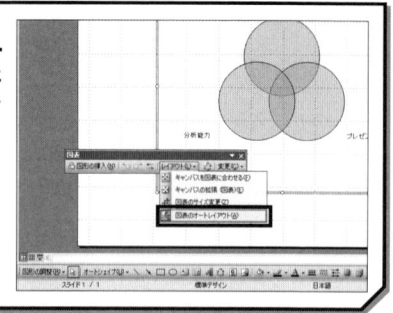

応用編

Part 3

一歩上を行く図解のアイデアとテクニック

01 | 基本を活かして図解を発展させる

マルと矢印を使うだけで基本的な図解は作成できますが、
本格的な図解を描くためのテクニックは、まだまだあります。
マルと矢印を使った、典型的な使用例と活用法を見てみましょう。

図解の骨格を作る2つのテクニック

　図解はマルと矢印で構成されていることは、これまでのパートで述べてきましたが、ここでは、その基本を活かすテクニックを紹介します。

　図解で実際によく使われるのは、マルと矢印の活用型である「広がり」感覚の図解と、「縮まり」感覚の図解です。この2種類の図解テクニックを覚えておくと、図解の骨格を作りやすくなります。また、キーワードの種類に応じて「マルの使い分け」を行い、レベルの違いを明確にする方法や、図解の重要なポイントを「強調」するテクニックなどは、図解の基礎となります。

　これらのテクニックを知っておくと、1つの図として完成された図解同士を関連付け、組み合わせて、より大きなテーマの図解や複雑な図解もわかりやすく作成することができます。

「広がり」感覚の図解例　　　　　「縮まり」感覚の図解例
演繹（えんえき）法　　　　　　　帰納（きのう）法

（中心：一般的・普遍的法則／周囲：事実）

■「広がり」感覚と、「縮まり」感覚の比較
「広がり」感覚の図解（上左）は、中心のキーワードから周囲に向かって視野を広げていく方法で、矢印は外側に向く。一方、「縮まり」感覚の図解（上右）は、周囲から中心のキーワードに向かって焦点を絞り込んでいく方法で、矢印は中心に向く。

> **ワンポイント　何度も見直す**
> 図解を描くためのテクニックには、さまざまな方法がある。いろいろと駆使してできあがった図解も、時間の経過とともに改良したい点が出てくるので、何度も見直して修正作業を重ねていく。すると図解は次第に満足のいくものになる。

Part3●一歩上を行く図解のアイデアとテクニック

米の不作は天候不順が原因！

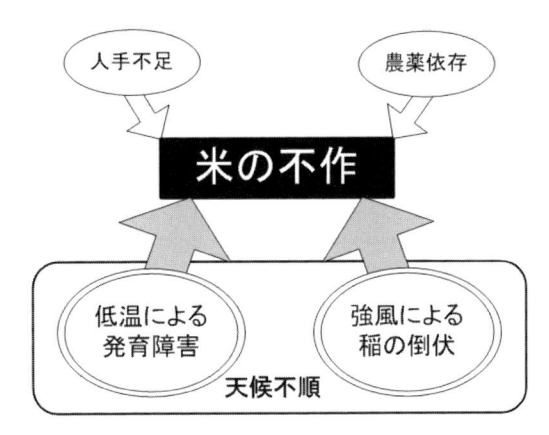

（人手不足）　（農薬依存）
↓　　　　　↓
【米の不作】
↑　　　　　↑
（低温による発育障害）（強風による稲の倒伏）
　　　　天候不順

■「マルの使い分け」と強調
マルは目的に応じて形を変えるとわかりやすい。この図解では、マルは原因を表し、四角（「米の不作」）は結果を表している。天候不順による影響が大きかった下の2つの原因は、二重マルにして枠を付けて強調し、上の2つと区別している。

マネジメントは生産の「動力」である

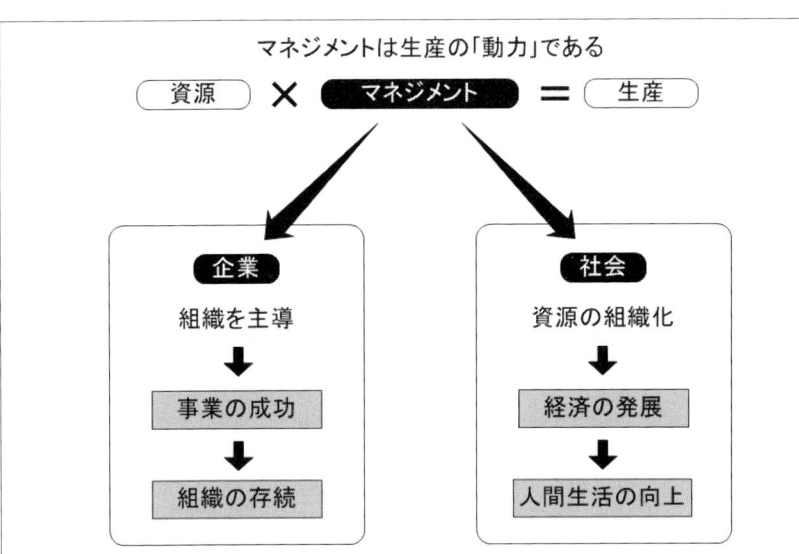

（資源）× 【マネジメント】＝（生産）

┌─────────────┐　┌─────────────┐
│　　企業　　　│　│　　社会　　　│
│　組織を主導　│　│　資源の組織化 │
│　　↓　　　　│　│　　↓　　　　│
│　事業の成功　│　│　経済の発展　│
│　　↓　　　　│　│　　↓　　　　│
│　組織の存続　│　│　人間生活の向上│
└─────────────┘　└─────────────┘

■図と図を組み合わせて、1つの図解を作る
複雑な図解は、部分的に図解を作り、それらを組み合わせることで、大きなテーマの図解が作成できる。この図は企業と社会におけるマネジメントの役割を、3つの部分図解を組み合わせて表している。

「黒地に白抜き文字」を作る

PP W E

黒い図形に白い文字を組み合わせた図は、強力なインパクトがあります。強調したい部分にこういった文字を使うと効果的です。

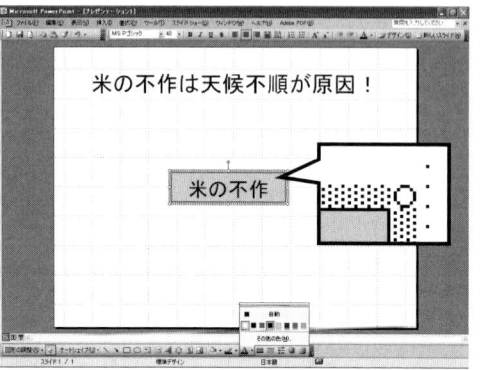

1 文字色の変更

長方形を描画し、文字を入力します。文字を入力後、図形が「斜めの線」で囲まれている場合は、枠をクリックして「点」で囲まれた選択状態にします。[図形描画]ツールバーの [フォントの色]ボタンの▼をクリックして、白(「背景色に合わせる」)をクリックします。

2 塗りつぶしの色の変更

[図形描画]ツールバーの [塗りつぶしの色]ボタンの▼をクリックして、黒(「テキストと線の色に合わせる」)をクリックします。

3 「黒字に白抜き文字」の完成

「黒地に白抜き文字」が完成します。

> **ワンポイント 文字の強調**
> 太字や、太いフォントを使うと、よりはっきりした印象となります。

Part3●一歩上を行く図解のアイデアとテクニック

動きのある矢印を作る

PpWE

塗りつぶしをした図形を組み合わせれば、図のイメージに合ったさまざまな図形を作ることができます。組み合わせた図はグループ化をしておくと、移動や回転などが楽にできます。

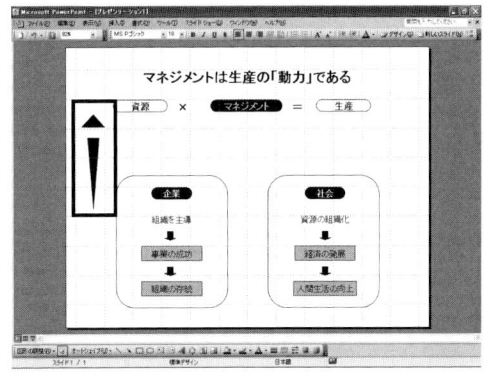

1 二等辺三角形の描画

[図形描画]ツールバーの[オートシェイプ]ボタンをクリックし、[基本図形]で二等辺三角形を選択して描画します。矢印の尾となる三角形は細長く描画し、[図形の調整]ボタンをクリックして、[回転／反転]－[上下反転]で反転します。

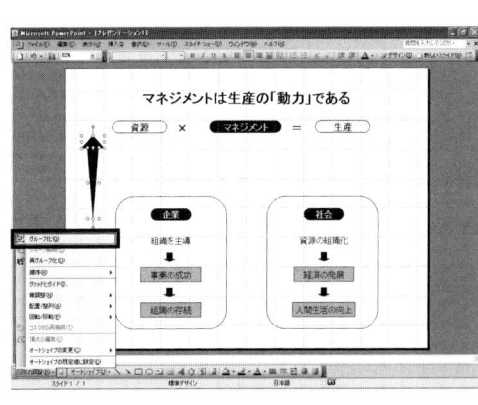

2 図形のグループ化

2つの三角形を矢印の形になるように合わせ、[Ctrl]キーを押しながらそれぞれをクリックして2つとも選択します。[図形の調整]ボタンをクリックして、[グループ化]を選択します。

> **❶ ワンポイント 線の色**
> 複数の図形を組み合わせて1つの図形を作るときは、線の色を「なし」にするか、塗りつぶしの色と同じにしておくとよいでしょう。

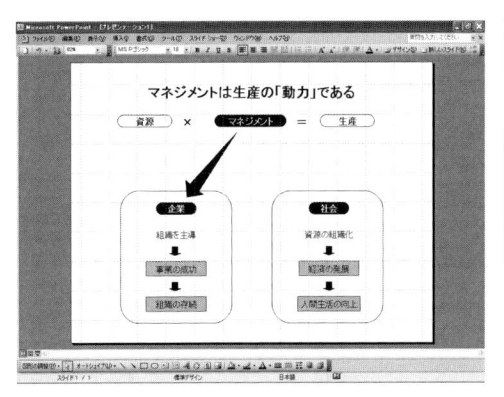

3 図形の移動と回転

図形を移動したり回転したりして、位置を調整します。

> **❶ ワンポイント 図形の回転**
> 図形は、緑色のハンドルをドラッグして回転します。図形の回転については、P.139を参照してください。

02 「広がり」を表現するためのテクニック

人は図を目にすると、自然と視線を中央に向ける習性があります。
これを利用した「広がり」感覚の図解は、波紋の広がりのように
物ごとが進展・発展していく様子を表現するのに適しています。

同心円を使いこなして表現力アップ！

　中心から矢印が遠心的に伸び、「広がり」を感じる図解は、概念図やシステム図を描く場合によく使われます。また、ある事柄からさまざまな要因が引き起こされていく場合にも適しています。

　中心に重要なキーワードを置き、マルと矢印を用いて関連事項を周囲に展開していくことで、広がりのある図解となります。基本的な種類に「拡散」、「分散」、「伝播」などがあります。具体的な用法として、たとえば、同心円状の「拡散」では、達成したい目標を中心に置き、その外側に戦略を、またその外側に戦略に対する戦術や作戦を配置する図形などが作成できます。

　図解を見る側からすると、初めに中心のキーワードを見て、次にその周囲に配置された関連のキーワードを見ることになるので、自然と関心が広がり、図解の趣旨を深く理解できるようになります。

広がりの図解例：「伝播」

Windowsの歴史

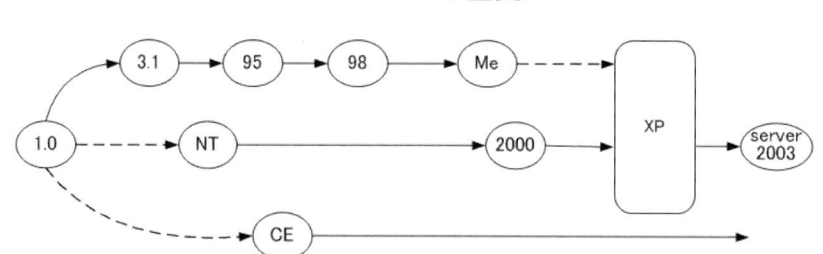

■《広がりの図解例》：「伝播」
「伝播」は、さまざまな系図や何段階もの因果関係を表す場合に適している。この図解例は、Microsoft社のOSであるWindowsが体系的に枝分かれし、それぞれがバージョンアップしていく様子を左から右に時系列で表している。

> **ワンポイント**　「広がり」感覚の図解
> 「広がり」感覚の図解は、中心に重要なキーワードを置き、周囲に向かって視野を広げていく方法。基本的な種類には「拡散」、「分散」、「伝播」などがある。

Part3●一歩上を行く図解のアイデアとテクニック

広がりの図解例:「拡散①」

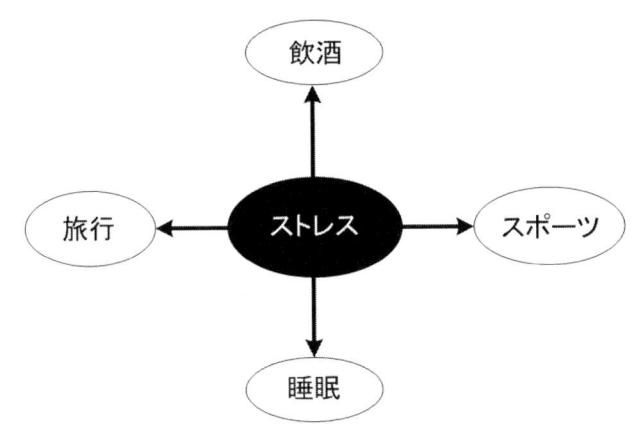

（中心に「ストレス」、四方向に「飲酒」「旅行」「スポーツ」「睡眠」）

■《広がりの図解例》:「拡散①」
「拡散」は、重要なキーワードを中心に、その周囲の四方に関連した具体的な情報を拡散させることができる。この図解例は、ストレスを解消するためのさまざまな方法を端的に表している。

広がりの図解例:「拡散②」

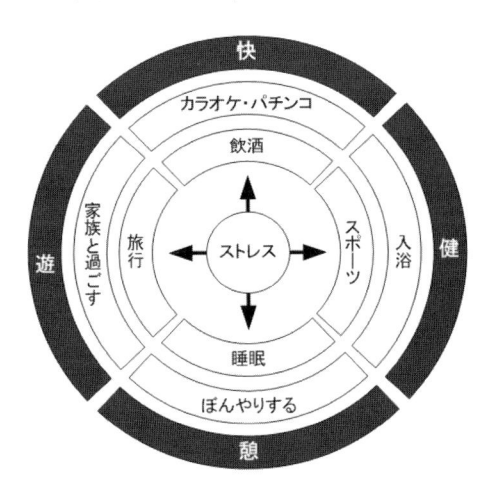

（同心円状に「ストレス」を中心として、内側に「飲酒」「旅行」「スポーツ」「睡眠」、その外側に「カラオケ・パチンコ」「家族と過ごす」「入浴」「ぼんやりする」、最外周に「快」「健」「憩」「遊」）

■《広がりの図解例》:「拡散②」
「拡散」は、同心円状に展開させることができるので、何段階にもわたってテーマを系統立てて整理することができる。この図解例は、「拡散①」の図解を、より発展的に「拡散」させて、ストレスの解消方法をテーマごとにまとめている。

広がりの図解例:「分散①」

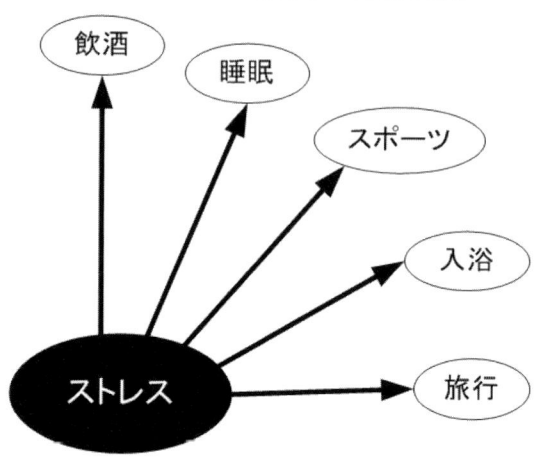

■《広がりの図解例》:「分散①」
「分散」は、「拡散」の発展型で、「拡散」を4分割した1つの部分に情報を集めたような形をしている。使用方法もほぼ同様だが、「分散」は「拡散」よりも方向性を持った広がりを表現する。

広がりの図解例:「分散②」

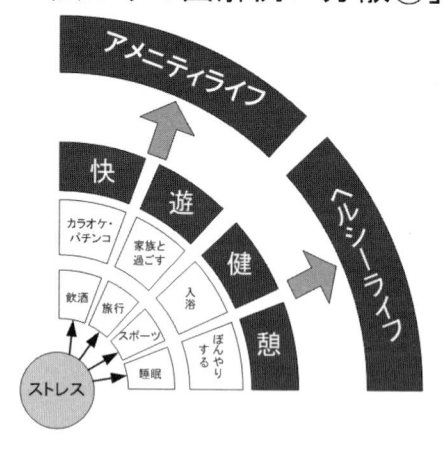

■《広がりの図解例》:「分散②」
この図解例は、「拡散②」の図解で4つのキーワードにまとめていた情報を、最終的に2つにまとめたものである。内容をさらに系統立てて表現することができる。「拡散」と「分散」の使い分けは、最終的なまとめのイメージで決定したい。

Part3●一歩上を行く図解のアイデアとテクニック

年々広がりつつある人生の要素

3年目
2年目
1年目

ライフワーク　　人生　　趣味

仕事

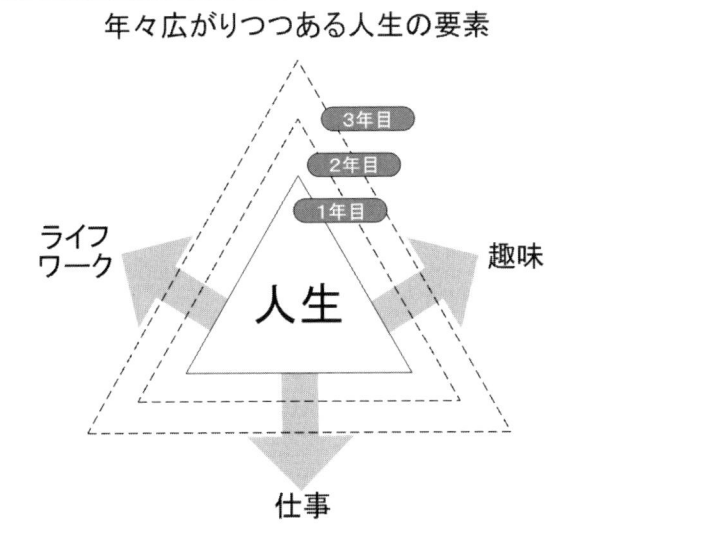

■《広がりの図解例》：応用例
この図解例は、「拡散」、「分散」、「伝播」などの基本的な「広がり」図解の応用例である。人生が「ライフワーク」、「仕事」、「趣味」でどんどんと広がっていく様子を表している。

同心円図形を描く

PpWE

円をコピーしてサイズを変えれば、同心円のような図解ができます

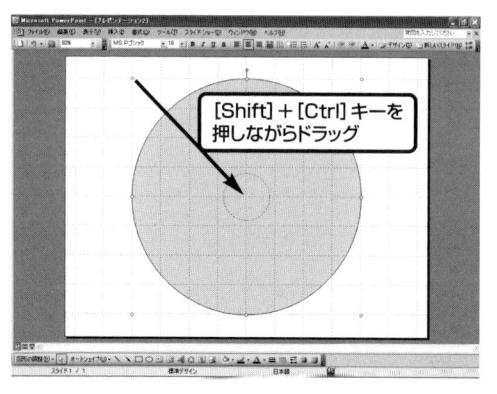

1 正円のコピーとサイズ変更

正円を描画し、コピーして必要な数を貼り付けます。すべての円を重ねるため、[Ctrl]＋[A]キーですべてを選択し、[図形の調整]ボタンをクリックして[配置/整列]－[左右中央揃え]を選択し、さらに[上下中央揃え]を選択します。一度選択を解除し、最前面の円をクリックして、[Shift]＋[Ctrl]キーを押しながら四隅のハンドルのいずれかをドラッグして縮小し、同心円を作ります。

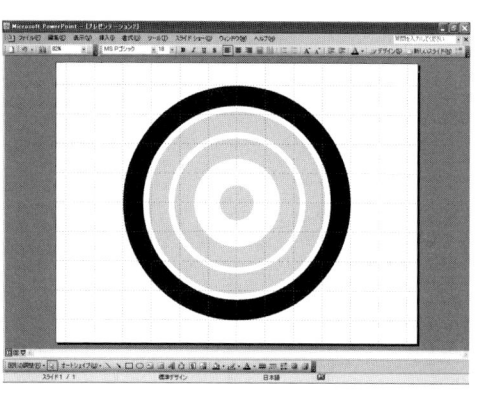

2 円の塗りつぶし

その他の円も少しずつ大きさを変えます。すべての円の[線の色]を[なし]にし、左の画面のように、1つおきに、塗りつぶします。

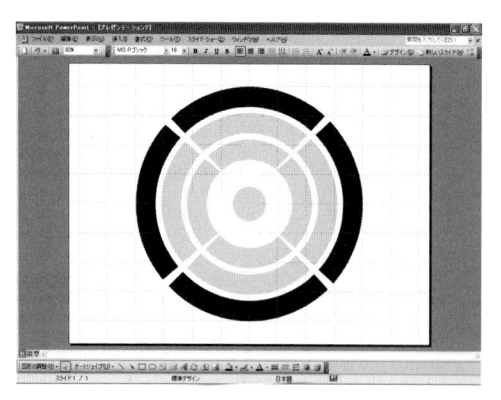

3 二等辺三角形の描画

二等辺三角形を描画し、線の色も塗りつぶしも[白(「背景色に合わせる」)]に設定して、円に重ねて分割線とします。

> **ワンポイント　文字の入力**
> 図解に文字を入力するには、テキストボックスを利用します。テキストボックスについては、P.104を参照してください。

曲線矢印を描く

PP W E

図形を曲線の矢印で結ぶと、柔らかな印象の関係図を作ることができます。

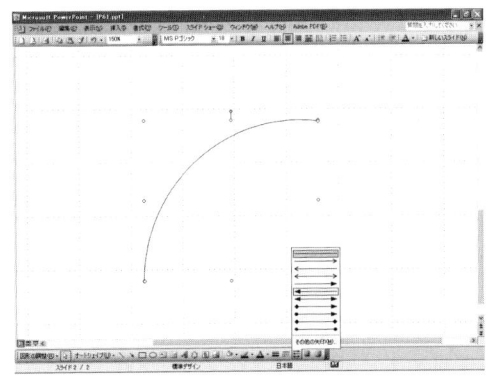

1 円弧の描画と矢印のスタイルの設定

[図形描画]ツールバーの[オートシェイプ]ボタンをクリックし、[基本図形]で円弧を選択して描画します。[図形描画]ツールバーの [矢印のスタイル]ボタンをクリックして、矢印の向きや形を設定します。

> **！ワンポイント 矢印の選択**
> ドラッグの始点に矢印を付けるなら[矢印2]や[矢印5]、ドラッグの終点に矢印を付けるなら[矢印3]や[矢印6]を選びます。

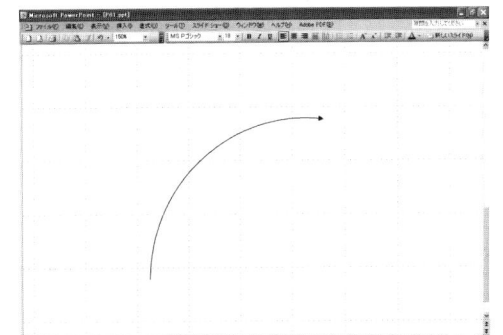

2 曲線の矢印の完成

曲線の矢印が完成します。

> **！ワンポイント 点線の矢印**
> 点線の矢印を作るには、作成した矢印を選択し、[図形描画]ツールバーの [実線／点線のスタイル]ボタンをクリックして点線を選択します。

コラム 矢印の向きの変更

作成した矢印は、[図形の調整]-[回転／反転]などを使って向きを変えることができます。

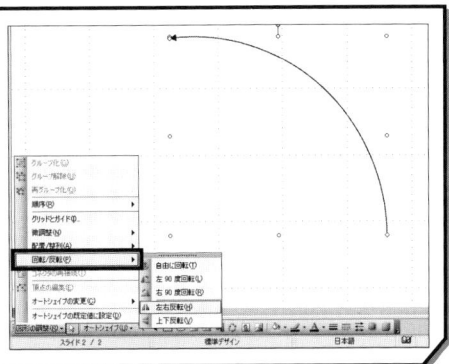

十字矢印を描く

矢印を組み合わせて十字矢印を描けば、マトリックスなどで使う四方へ広がる方向性を表現できます。

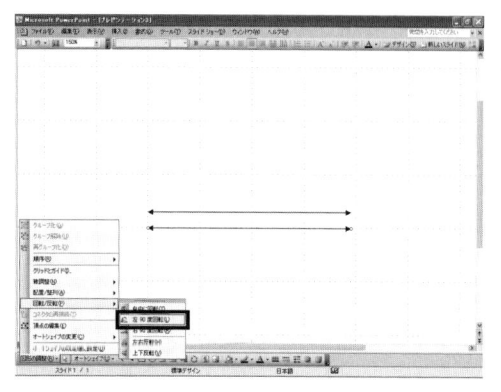

1 矢印の描画と回転

[Shift]キーを押しながらドラッグして、水平な矢印を1本描画します。[矢印のスタイル]ボタンをクリックして、矢印が両端についたスタイルに変更し、描画した矢印をコピーします。矢印を1本選択し、[図形の調整]ボタンをクリックして、[回転／反転]－[左90度回転]あるいは[右90度回転]を選択して90度回転させます。

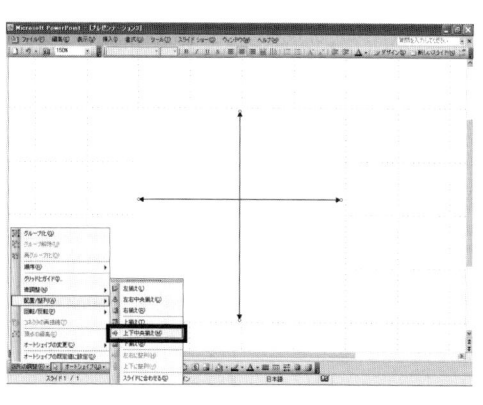

2 位置の調整

位置を調整するため、2本の矢印を選択します。[図形の調整]ボタンをクリックして、[配置／整列]－[上下中央揃え]を選択します。

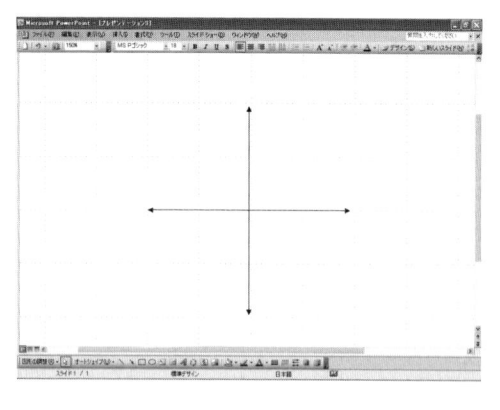

3 十字矢印の完成

バランスのよい十字矢印が完成します。

矢印と図形を結ぶ

PP W E

コネクタで矢印を描画すると、矢印と図形が隙間なく接続された図形が描けます。また、図形を移動すると、連動して矢印も伸縮するので便利です。

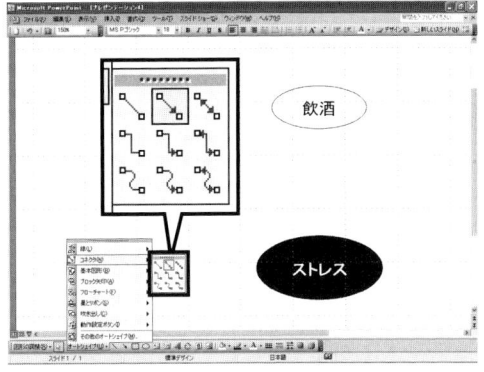

1 コネクタの選択
[図形描画] ツールバーの [オートシェイプ] ボタンをクリックし、[コネクタ] － [直線矢印コネクタ] を選択します。

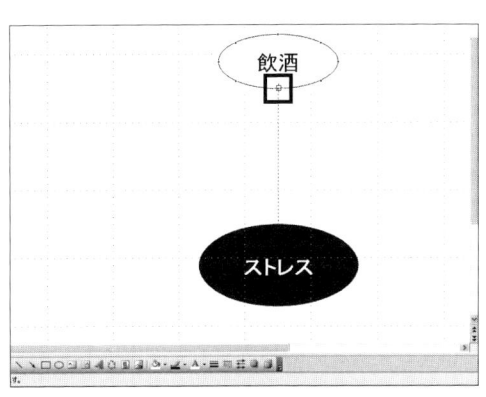

2 矢印の描画
図形にマウスポインタを合わせると、コネクタを接続できる場所（青い丸）が表示されます。接続できる場所を目印にして、矢印の始点から終点へドラッグします。

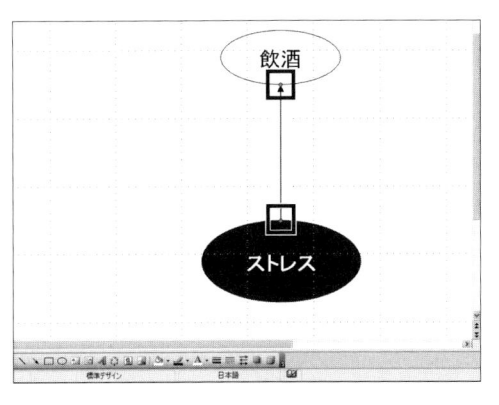

3 コネクタが接続
図形とコネクタが接続され、赤い丸が表示されます。

03 「縮まり」を表現するためのテクニック

「縮まり」感覚の図解は、アイデアを収斂させるときや、
広い視野から次第に焦点を絞り込む場合などに用います。
遠心的な広がりとは逆の発想で、理解を深めることができます。

見る人の視線の動きにも配慮する

　「広がり」感覚とは逆に、周りから中心に向かって焦点を絞っていく「縮まり」感覚の図解もよく使われます。これは、「広がり」感覚と同じように、中心に重要なキーワードを配置しますが、矢印の向きが逆になります。周囲からキーワードに向かって求心的に焦点を絞り込む際に利用します。

　基本的な種類に「集中」、「集合」、「吸引」などがあります。具体的な用法として、たとえば、会社内の複数の部署が抱えている問題点を周囲に描き出し、中心に全社共通の問題点を配置して課題を示す図形などが作成できます。視線を周りから中心に向けて移動させるわけです。

　この図解は、アイデアを収斂させていく場合や、多くの原因によって1つの問題が引き起こされている場合に使うと効果的です。

価格破壊のさまざまな要因

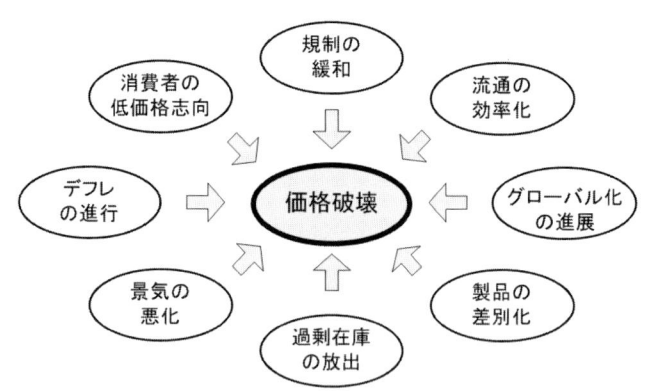

- 消費者の低価格志向
- 規制の緩和
- 流通の効率化
- デフレの進行
- 価格破壊
- グローバル化の進展
- 景気の悪化
- 過剰在庫の放出
- 製品の差別化

■《縮まりの図解例》：「集中①」
「集中」は、その名のとおり、物事が中心に向かって集中する状態を表す。この図解例は、「縮まり」図解の典型で、周囲から中心のキーワードに向かって矢印が集中し、複数の問題が価格破壊を生み出していることを表している。

> **❶ ワンポイント**　「縮まり」感覚の図解
> 「縮まり」感覚の図解は、周囲から中心のキーワードに向かって求心的に焦点を絞り込んでいく方法。
> 基本的な種類には「集中」「集合」「吸引」などがある。

帰納的論理の方法

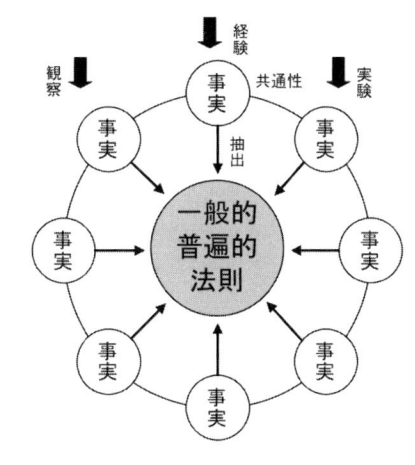

■**《縮まりの図解例》:「集中②」**
この図解例は、P.52で紹介した「帰納法」をさらに詳細にしたもの。観察や実験などで集めた多くの経験的事実から、それらに共通する部分を見つけ出し、普遍的な法則を求めていくという思想で、「集中」を用いて図解すると一目瞭然となる。

売上アップの施策

■**《縮まりの図解例》:「集中③」**
「集中」は、半同心円状にして問題点などを段階的に表すことができる。この図解例は、中心の「売上アップ」に向かって、その方策を配置し、またその外側に現状を配置している。現状とその改善策が、目標の売上アップにつながることを表している。

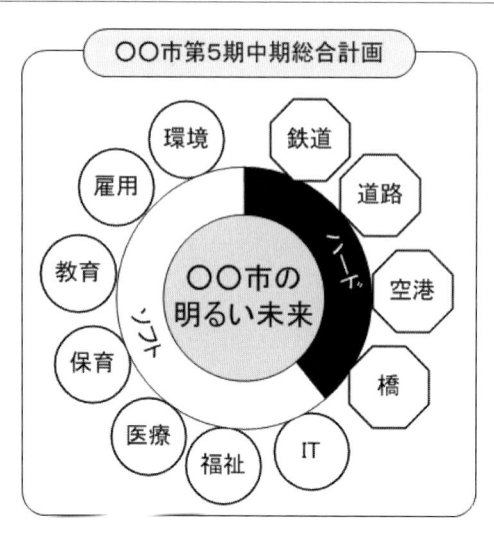

■《縮まりの図解例》:「集合」
「集合」は、矢印は使わずに、ある物事が多くの事柄で構成される場合に使う。中心の目標に向かって、多くのキーワードが関連している状態を表すことができる。この図解例は、ある市におけるハード面とソフト面の強化計画を表している。

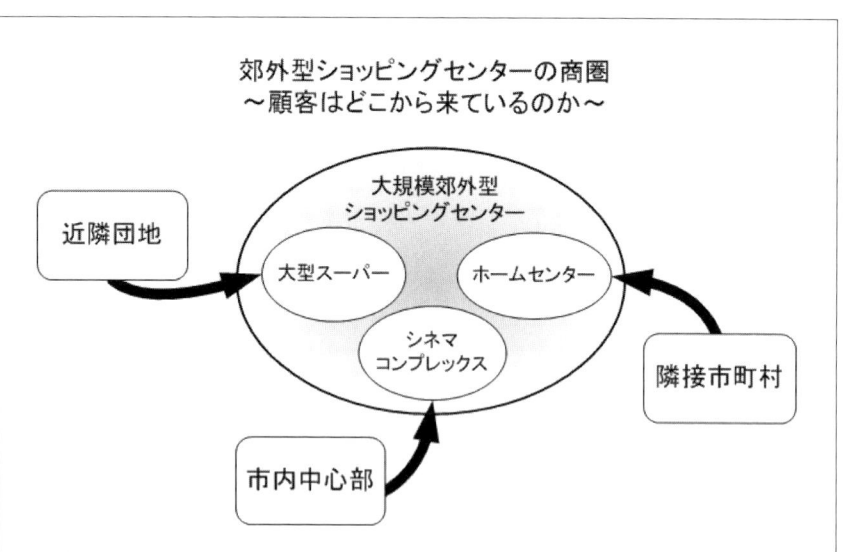

■《縮まりの図解例》:「吸引」
「吸引」は、矢印にカーブを付けることで図解自体に動きを出し、まるで中心のキーワードに向けて引き込まれていくような見せ方ができる。この図解例は、郊外型のショッピングセンターに、どこから顧客が来ているのかという現状を表している。

「良い企画」を育てるには

（図：中心に「良い企画」、周囲に「デザイン力」「発想力」「編集・構築力」「情報力」の4つの円が配置され、矢印と「＋」記号でつながれている。中央上部に「4つの能力の総合」と記されている）

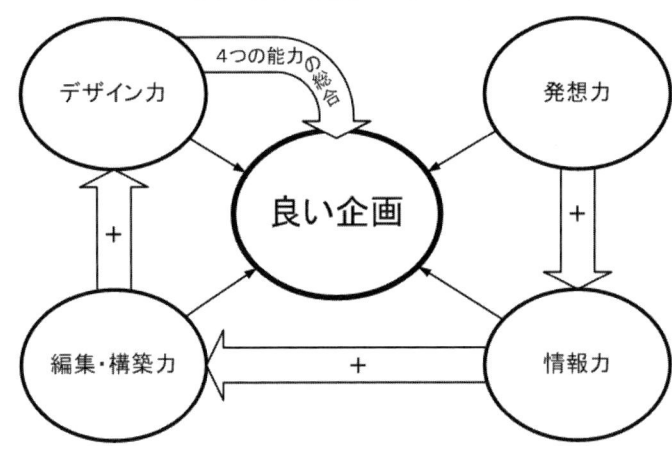

■《縮まりの図解例》：応用例
この図解例は、「縮まり」図解の応用例である。周辺同士の関連性を表現しながら、円を描くように中心のメインキーワードにつなげている。良い企画を育てるために必要な4つの要素が、互いに順番を持ってつながっていることが理解できる。

コラム　見やすい図の基本的な流れ方

「広がり」感覚の図解と「縮まり」感覚の図解では、流れの向きは逆になりますが、基本的に図解の中心に重要なテーマや目指す方向を表すキーワードを配置し、その周囲に中心のキーワードに対するさまざまな要素が展開する構図です。これは、人間の視線が自然と中央に向かう習性を利用しています。

同様に視線の流れという観点から考えると、「左から右へ」、また「上から下へ」と流すことが重要なポイントとなります。たとえば、1週間の出来事や年表などを図解する場合、起こった出来事の順、つまり時間の経過で並べるのも図解の基本テクニックです。まず、時間的な経過のあるものは時系列で配置してみましょう。思わぬ発見につながる可能性もありますし、誰にでもできる図解の第一歩でもあります。

図形を楕円状に配置する PpWE

楕円を描くように複数の図形が配置された図解は、補助線となる楕円を描いて目安とします。

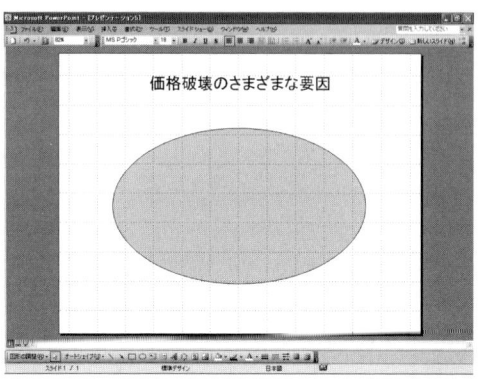

1 楕円の描画
［図形描画］ツールバーの［オートシェイプ］ボタンをクリックし、［基本図形］から楕円を選択して描画します。この楕円が補助線となります。

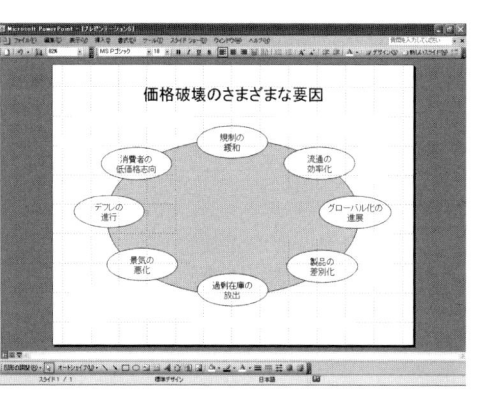

2 図形の配置
小さな楕円を描いて必要な数をコピーしたら、大きな楕円に沿って配置します。

3 楕円の削除
先に描いた補助線用の大きな楕円をクリックし、［Delete］キーを押して削除します。

45度矢印を描く

45度ずつ傾いた矢印を描画するには、45度の補助線を引いてそれを目安にします。縦横の線については、ガイドを表示してそれを目安とします。

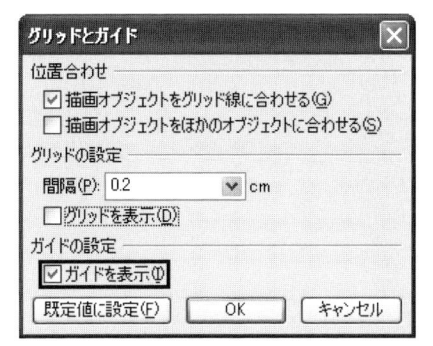

1 ガイドの表示

[図形描画] ツールバーの [図形の調整] ボタンをクリックし、[グリッドとガイド] を選択します。[ガイドを表示] のチェックボックスをオンにすると、ガイドが表示されます。

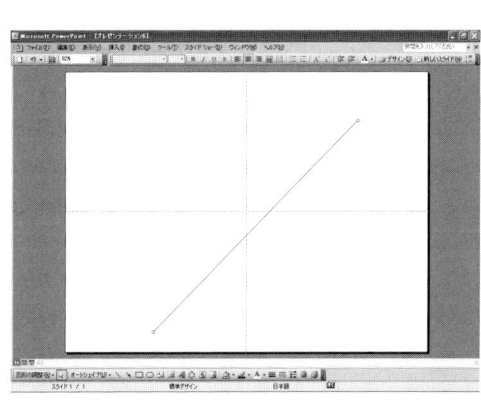

2 補助線の描画

[図形描画] ツールバーの [オートシェイプ] ボタンをクリックし、[基本図形] で直線を選択します。[Shift] キーを押しながら水平方向にドラッグしたあと、上方向に3回ずらすようにドラッグすると、45度の直線が引けます。

> **ワンポイント 直線の角度**
> [Shift] キーを押しながら斜めにドラッグすると、15度ずつずらして線を引くことができます。

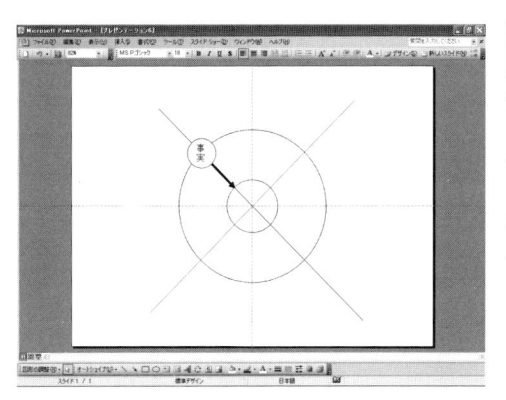

3 矢印の作図

同様にもう1本逆方向の補助線を引き、交点がガイドの中心に合うよう、位置を調整します。この補助線に沿って図形を配置し、[Shift] キーを押しながら矢印を描画します。最後に補助線を削除して、図解を完成させます。

書式を別の図形にすばやく設定する　Pp W E

文字の書式や図形の塗りつぶしの色などの書式を複数の図形に設定したいときは、書式をコピーすると効率的です。

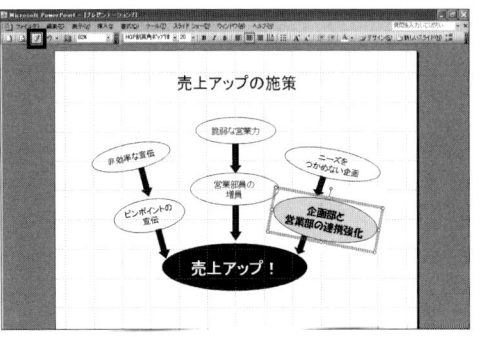

1 書式のコピー元の選択
書式のコピー元となる図をクリックして選択し、[標準]ツールバーの [書式のコピー/貼り付け]ボタンをクリックします。

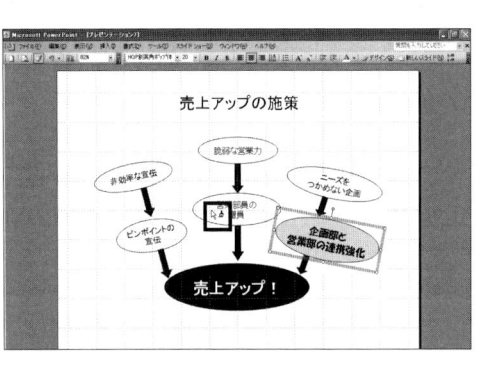

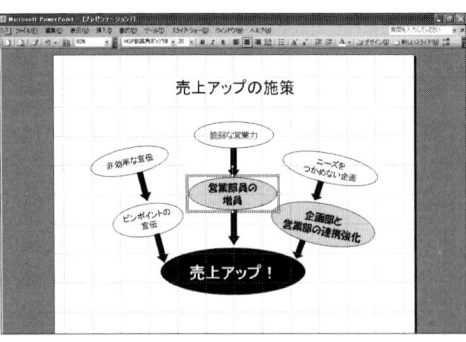

2 矢印のスタイルの設定
書式を同じにしたい図にマウスポインタを合わせ、の状態でクリックします。

3 書式がコピーされる
書式がコピーされます。

❶ ワンポイント
書式を連続でコピーする
書式を連続でコピーする場合は、[書式のコピー/貼り付け]ボタンをダブルクリックし、操作を終了するときには、[Esc]キーを押します。

❶ ワンポイント　文字の書式だけコピーする
文字の書式だけコピーする場合は、文字をドラッグして [書式のコピー/貼り付け]ボタンをクリックし、コピー先の文字をドラッグします。

ぼかした表現を作る

図形にグラデーションを設定すると、ぼかしたような効果や立体感を表現できます。

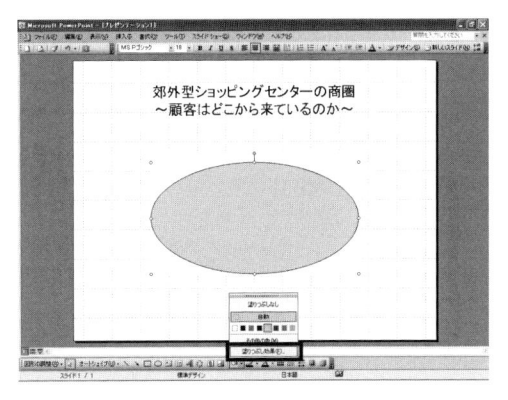

1 塗りつぶし効果の設定

描画した楕円をクリックし、[図形描画] ツールバーの [塗りつぶしの色] ボタンの▼をクリックして [塗りつぶし効果] を選択します。

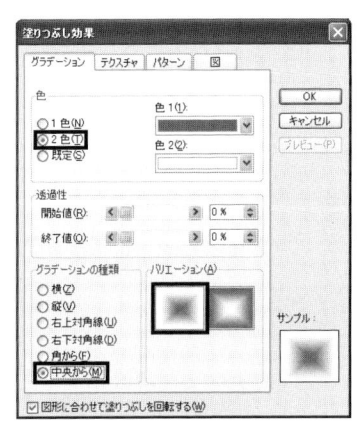

2 グラデーションの設定

[色] で [2色] を選択し、任意の色を設定します。[グラデーションの種類] で [中央から] を選択し、[バリエーション] で中央が濃い色になるパターンを選択して [OK] をクリックします。

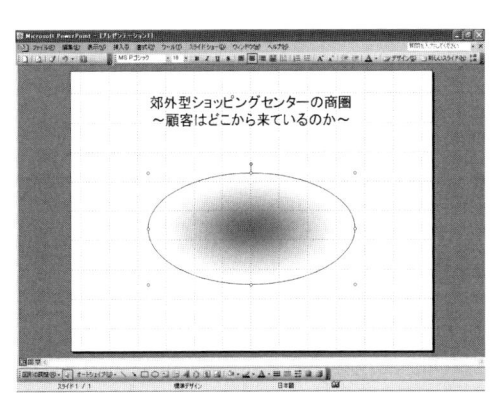

3 効果が設定される

楕円にぼかしたような効果が付けられます。

04 | マルの形を描き分け別概念を表現

キーワードのレベルに応じて、マルの形を使い分けると、
異なった種類や次元の違いを明確に表現することができます。
さらに、図解に立体感が生まれ、読み手の理解が深まります。

キーワードのイメージにあった図形を使おう

　キーワードを囲むマルの形を変えると、異なった種類や次元を表現することができます。たとえば、原因を「正円」で囲み、その結果は「楕円」で囲むなど、キーワードの種類によってマルの形を使い分けると、レベルの違いが明確になり、図解そのものに立体感が生まれます。逆に、マルの形が変わらないと、キーワード同士の違いがわかりにくく、平面的な図解で内容が理解しにくいものになってしまいます。

　しかし、より複雑な関係を表現するときは、マルの変形だけでは足りなくなってしまいます。そのような場合は、四角や三角を使いましょう。ただし、三角は、鋭角的な物事の関係を表す場合に使用するなど、イメージに合った形を選んで使い分けることが重要です。

図解で使われる主な図形

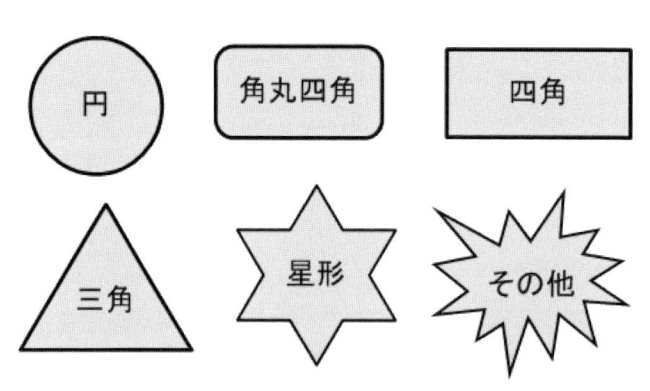

円　　角丸四角　　四角

三角　　星形　　その他

■図形の種類でイメージが変わる
図形の持つイメージに応じて使い分ける。たとえば、円は概念そのものや集合体などを、角丸四角は表題や要素を、四角はテキストボックスや課題、結論を表す。三角は矢印の代用として使うこともでき、星などとともに強調する場合にも用いる。

> **❗ ワンポイント　同レベルの概念は同じ形に**
> マルと四角などの両方を混在して使う場合に気を付けたいのは、同じレベルの概念を並べるときに違う形を使用すると、読み手の思考を中断させ混乱させてしまうことだ。そのため、同等の概念は同じ形にする必要がある。

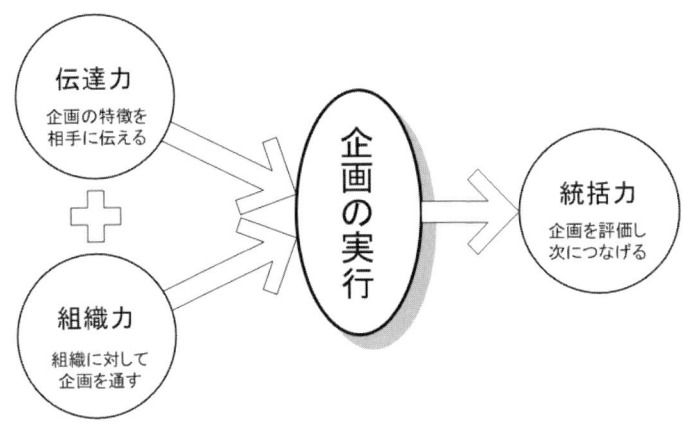

Part3●一歩上を行く図解のアイデアとテクニック

■マルの描き分け①
企画の実現にあたって必要な3つの力が、どのような役割を担うのかを図解にした。「伝達力」、「組織力」、「統括力」の3つの力はレベルが同等なので同じ円にし、「企画の実行」を楕円にして影を付けることで、レベルの違いを表している。

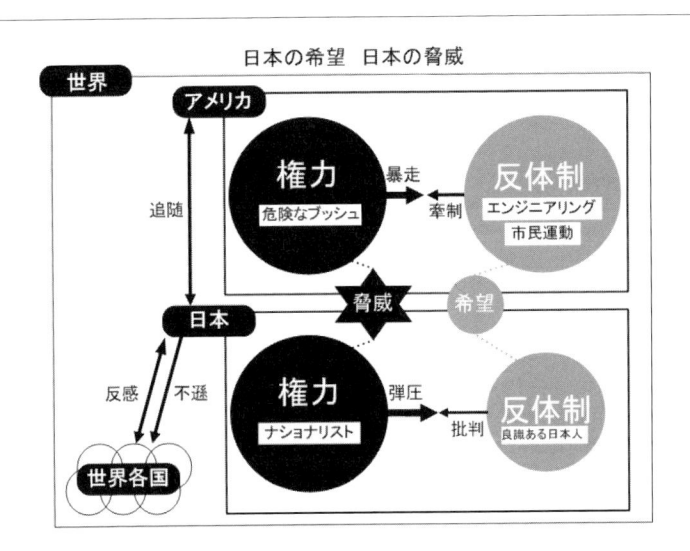

■マルの描き分け②
日本とアメリカ、日本と世界各国との関係を表現した図解例。キーワードの種類に応じてマルのサイズや色を変えて対比を表し、中央の「脅威」は星形にして、ほかとの違いを明確にしている。

073

図に影を付ける

PpWE

図に影を設定すると、立体的に見せることができます。影の向きや幅は、一覧から選べます。

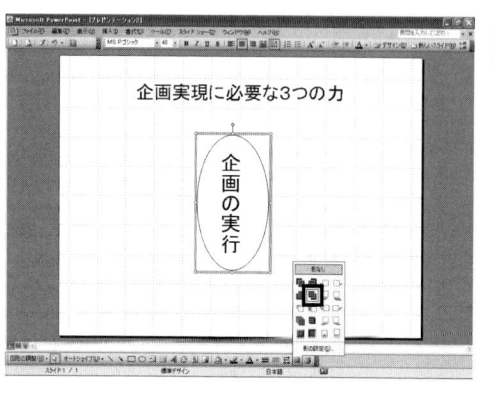

1 影の設定
図をクリックし、[図形描画]ツールバーの ■ [影付きスタイル]ボタンをクリックし、一覧から影のスタイルを選択します。

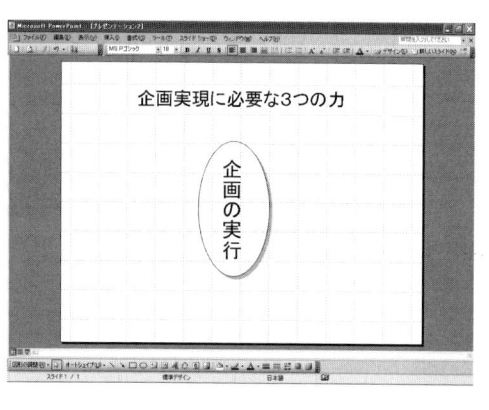

2 影が設定される
選択したスタイルの影が設定されます。

コラム 影の色

[影の設定]をクリックすると、[影の設定]ツールバーが表示され、[影の色]ボタンから色を選択することができます。

> **!ワンポイント 影の伸縮**
> 影の幅を変更したいときは、[影の設定]ツールバーの[影の微調整]で調整します。
> P.88を参照してください。

位置を微調整する

文字や図形の位置を少しずつ移動して調整するときは、キーボードの矢印キーを使うと便利です。水平移動や垂直移動にも適しています。

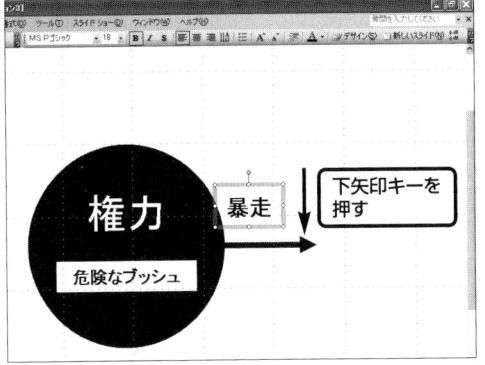

1 矢印キーの利用

位置を調整したい文字をクリックして選択します。調整したい方向の矢印キーを押して、文字を移動します。

❶ ワンポイント
グリッド線に合わせる
図形をグリッド線に合わせる設定になっている場合は、[Ctrl]キーを押しながら矢印キーを押すと、さらに細かく微調整できます。グリッド線については、P.13を参照してください。

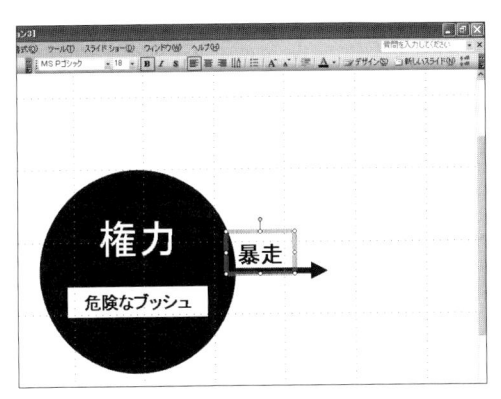

2 少しだけ移動
位置が微調整されます。

コラム マウスでの微調整

[図形描画]ツールバーの[図形の調整]ボタンをクリックし、[微調整]をクリックして移動したい方向を選ぶこともできます。この場合も、図形をグリッドに合わせる設定になっているかどうかで、移動間隔が変わります。

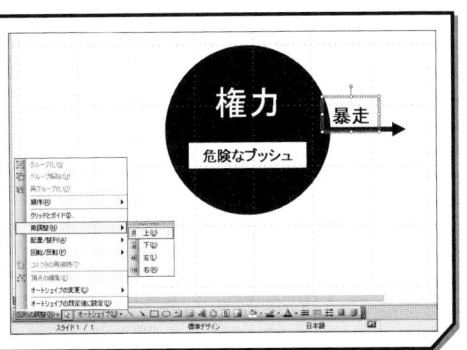

05 | 強調テクニックは最後の仕上げ

図解の仕上げに欠かせないのが、強調のテクニックです。
影を付ける、アミをかける、などさまざまなテクニックを駆使し、
要点を明らかにすることで、ひと目でわかる図解を目指しましょう。

強調テクは使いすぎないこと！

　マルや矢印の描き分けのあとは、図解のポイントとなる部分を「どのように目立たせて仕上げるか」にかかってきます。ということは、図解のでき映えの良し悪しにも影響してきます。

　現実の世界を図解しようとする場合、どうしても構成する要素が多くなってしまい、複雑でわかりにくい図解になりがちです。そこで、図解の読み手にとって、重要な部分が初めに目に飛び込んでくるような工夫が必要です。

　強調の方法としては、囲んでいる部分の形を変えることから始まり、囲み線や矢印を太くしたり、アミや影を付けていくことが基本となります。また、色を付けたり、点線や破線を使う場合もあります。

　ただし、あまりに強調のテクニックを使いすぎると、かえって何も飾っていない部分のほうが目立つことになるので注意が必要です。

マルの強調のバリエーション

■強調の基本
強調は、基本のマルだけで描ききれなくなった場合に使用する。マルは楕円や多角形に変更したり、線の太さや色を変えたりする。矢印を強調する場合も同様に行う。ただし、あまりにバリエーションが増えると、読み手が混乱してしまうので注意が必要。

❗ワンポイント　読み手の視点で再確認する
完成した図解を読み手の視点で眺めることが重要である。そうやって意識して見ると、いままでと違った部分が目についたり、強調すべきポイントを改めて発見することができる。

Part3●一歩上を行く図解のアイデアとテクニック

価格破壊の原因はデフレとグローバル化

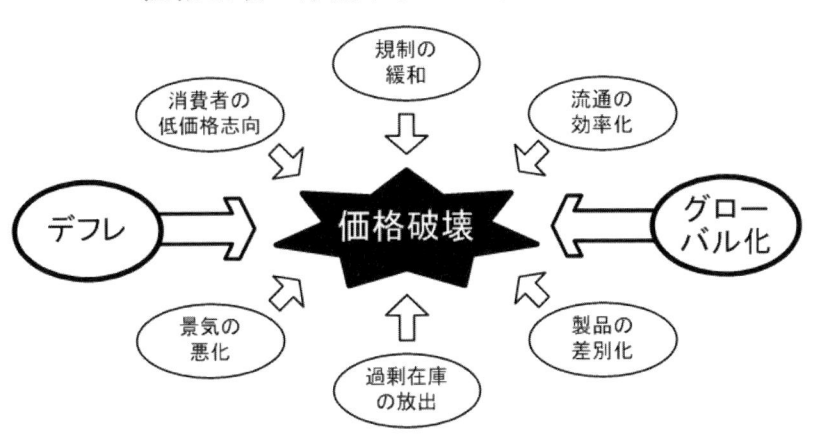

（図：中心に「価格破壊」、周囲に「消費者の低価格志向」「規制の緩和」「流通の効率化」「デフレ」「グローバル化」「景気の悪化」「過剰在庫の放出」「製品の差別化」）

■強調の応用①
「縮まり」図解の「集中①」で紹介した価格破壊の図解例（P.64参照）を、ポイントとなるキーワードの形や大きさを変えて強調した。「価格破壊」にとって、「デフレ」と「グローバル化」の2つが大きな要因であることを、この図から読み取れる。

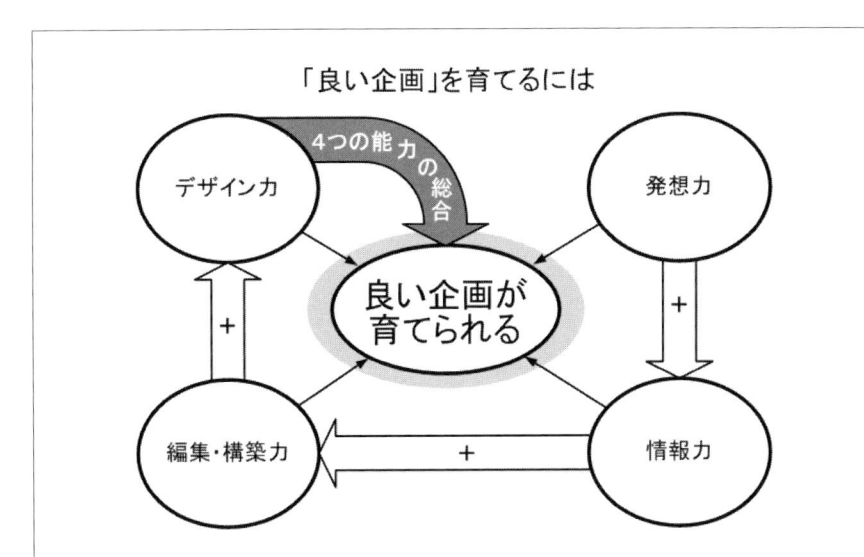

「良い企画」を育てるには

（図：「デザイン力」「発想力」「編集・構築力」「情報力」の4つの能力の総合によって中心の「良い企画が育てられる」）

■強調の応用②
「縮まり」図解の応用例で紹介した図解例（P.67参照）を、強調のテクニックを用いて描き直した。4つの能力の総合によって「良い企画が育てられる」ことは矢印を強調して表現している。また、中心がゴールであることを影を使って明確にしている。

077

点線枠を描く

2つのものの関係性を示すとき、点線の枠で囲むという方法もあります。細いと見づらいので、少し太めに設定するとよいでしょう。

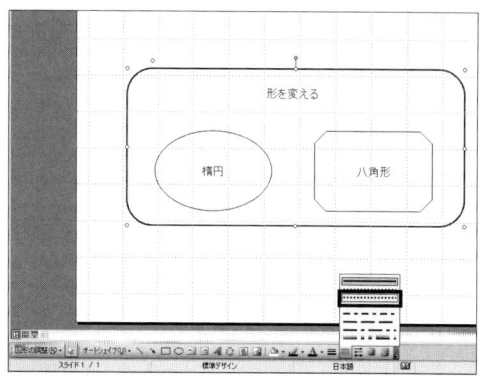

1 線のスタイルの設定

点線にしたい図形（ここでは1番外側の角丸四角形）を選択します。[実線／点線のスタイル]ボタンをクリックし、点線を選択します。

> **ワンポイント** 線の太さ
> 線の太さを変更する方法については、P.19を参照してください。

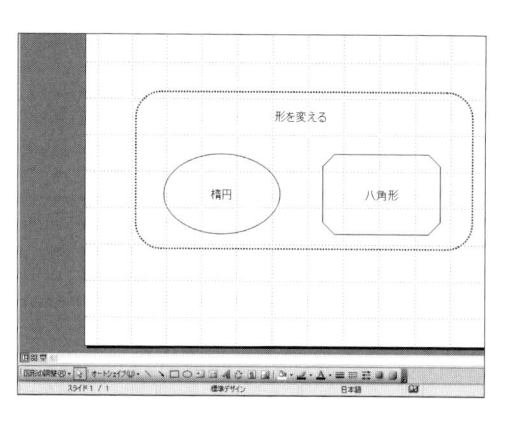

2 点線が設定

選択したスタイルの点線が設定されます。

コラム 八角形の変形

八角形を変形させて、角を切り落としたような長方形を作ることができます。
まず、[図形描画]ツールバーの[オートシェイプ]ボタンをクリックし、[基本図形]で八角形を選択して描画します。
図形の左上に表示される黄色い菱形のハンドルをドラッグすると、八角形が変形します。

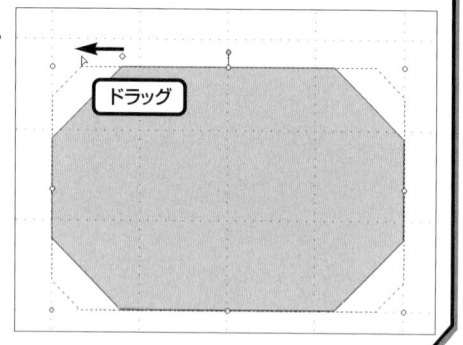

星形を描く

星形の図形を利用して、動きのある図解を作ることができます。

1 星形の選択
［図形描画］ツールバーの［オートシェイプ］ボタンをクリックし、［星とリボン］で［星8］を選択します。星の中に書かれている数字は、突起の数を表しています。

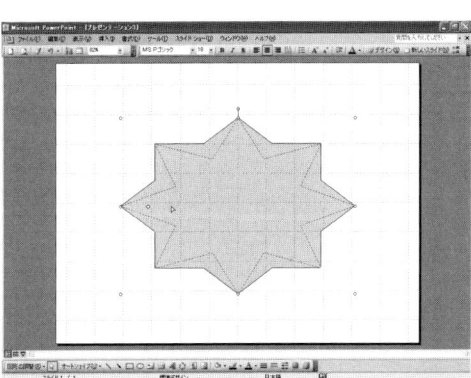

2 星形の描画と変形
ドラッグして描画したら、図形の左側に表示される黄色い菱形のハンドルを右側にドラッグし、突起を鋭くします。

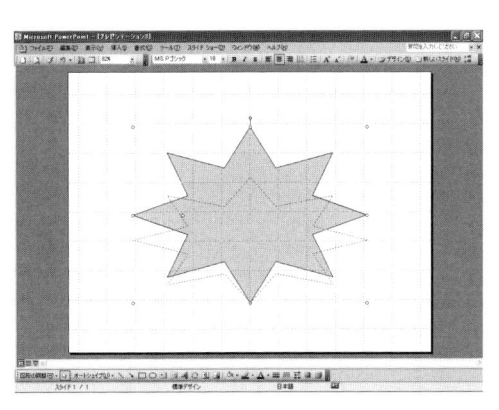

3 星形の変形
さらに、上部中央のハンドルを下側にドラッグし、星形を平たい形にします。

06 | 「マジックセブン」でわかりやすい図解に

あなたの描いた図解はマルが多すぎませんか？
人が一度に認識できる数の目安は、7個程度といわれています。
「7」を意識して、もう一度図解を整理してまとめてみましょう。

骨格がしっかりした図解は信頼感がある

　図解の中にマルが多く、しかもそれが整理されていない「おしゃべりな図解」というものがあります。ただ、たくさんの部品が並んでいるという感じの図解です。これは描いた本人が全体像を把握しないまま図解に取り組んだ結果です。そのような図解はわかりにくく、信頼感がありません。

　逆に、わかりやすく、信頼感のある図解は、「おしゃべりな図解」とマルの数は同じ程度でも、骨格がしっかりしていて、5個から多くても10個程度のきっちりとした部分があり、その部分同士が整然とつながっています。

　人が一度に把握できる数は、7個前後といわれています。マルの数が多いと感じたら、それらをもう一段高いレベルで関連付けてまとめてみましょう。そうすると、全体像をより本質的に把握することができます。

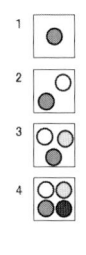

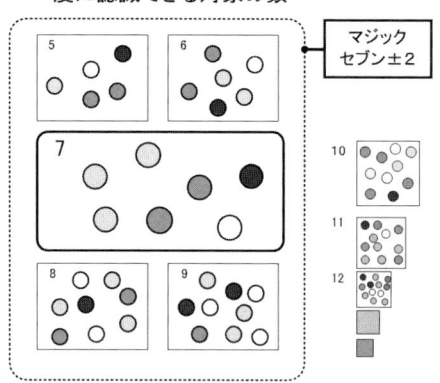

■一度に認識できる対象の数「マジックセブン」

心理学者のジョージ・ミラーの論文「マジカルナンバー7±2」で提唱している「箱に豆粒を投げ入れたとき、人間が直感的にその数を当てられるのは7±2」の理論を図解した。7の枠を中心にして±2の5,6,8,9を周囲に配置し、さらに大枠で囲っている。

💡 ワンポイント　初心者は3つ程度の構成から

図解作りの初期段階では、図の構成は3つ程度にする。それ以上多くなると作ることも大変になるが、マジック7の論理に基づくと、読み手の脳も処理が大変になる。多くても7つ程度が限度となる。

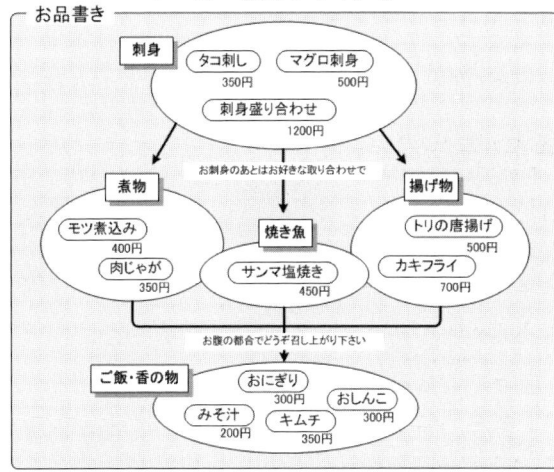

Part3●一歩上を行く図解のアイデアとテクニック

■飲食店のメニューを図解する

並列に羅列している飲食店のメニューを、もう一段高いところで関連付けてまとめると、わかりやすい図解になる。箇条書きに並んでいたメニューを料理別にまとめ、さらにお勧めの食べ方のコースを流れで示している。

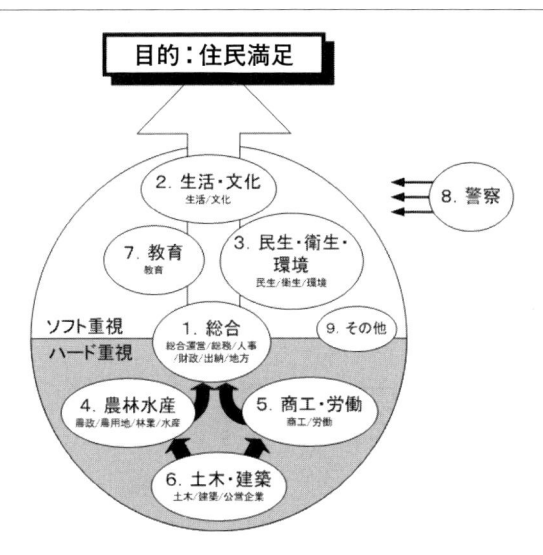

■行政の仕事を図解する

ある役所の部署の一覧を図解した例。部署数が多いとどのような構成なのかすぐには理解できないが、全体の仕事を9つのカテゴリに分け、さらに「ハード重視」と「ソフト重視」に分類することで、よりわかりやすくしている。

簡単に円を増やす

PP W E

さまざまな種類の図をいくつも配置したい場合は、クリップボードを利用します。クリップボードには、24個までの図形や文字を格納でき、クリックするだけで貼り付けが行えます。

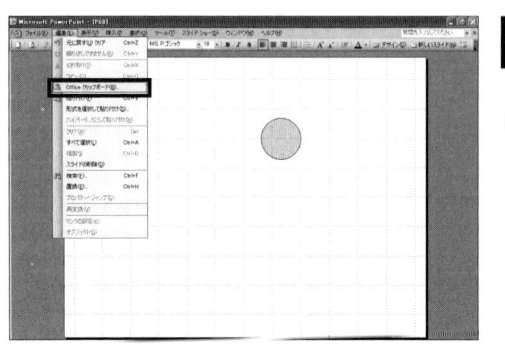

1 クリップボードの表示
[編集]－[Officeクリップボード]を選択し、クリップボードを表示します。

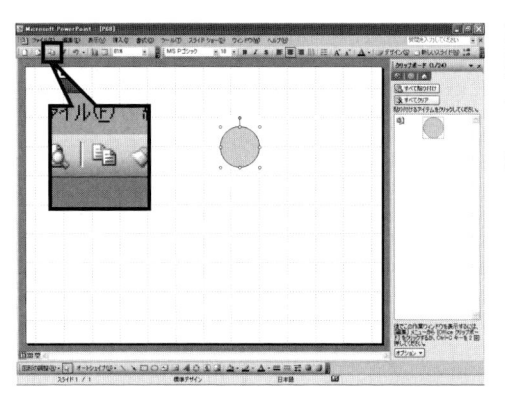

2 図形のコピー
図形を選択し、[標準]ツールバーの [コピー]ボタンをクリックします。図形がクリップボードに格納されます。

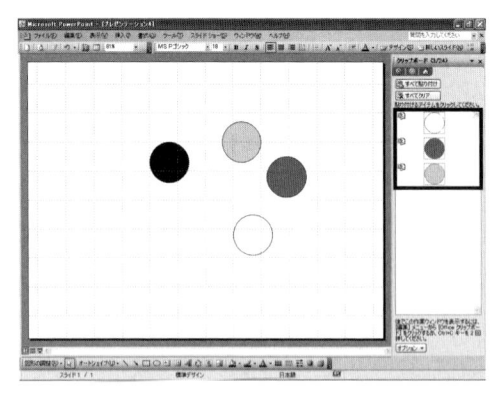

3 図形の貼り付け
クリップボードの図形をクリックして貼り付け、塗りつぶしの色などを変更します。色を変更した円は、コピーしてクリップボードに格納し、そこから貼り付けて円を増やすと効率的です。

❶ ワンポイント
クリップボードの図形の削除
クリップボードから図形や文字などを削除することができます。削除したい図形や文字をクリックすると表示される▼をクリックし、[削除]を選択します。

2色に分かれた円を描く PpWE

[オートシェイプ]から選択できない図形は、クリップアートから検索するのも1つの方法です。貼り付けたクリップアートは、PowerPointで変更を加えられるものも数多くあります。ここでは半円を2つ合わせて、2色の円を作ります。

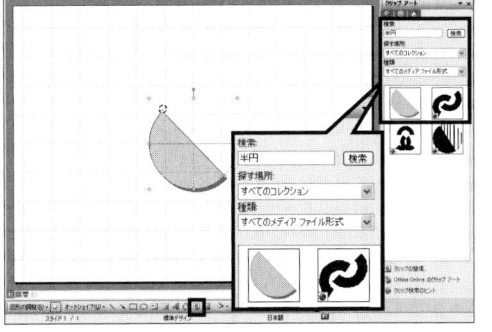

1 クリップアートの検索と回転

[図形描画]ツールバーの [クリップアートの挿入]ボタンをクリックします。[検索]に「半円」と入力して[検索]ボタンをクリックし、検索されたクリップアートをクリックして貼り付けます。[Shift]キーを押しながら、緑のハンドルをドラッグして回転します。

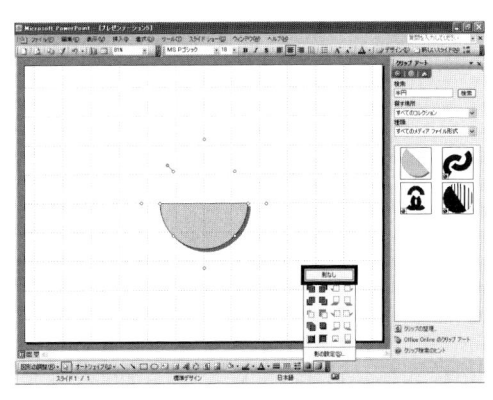

2 クリップアートの影の消去

 [影付きスタイル]ボタンをクリックし、[影なし]を選択します。

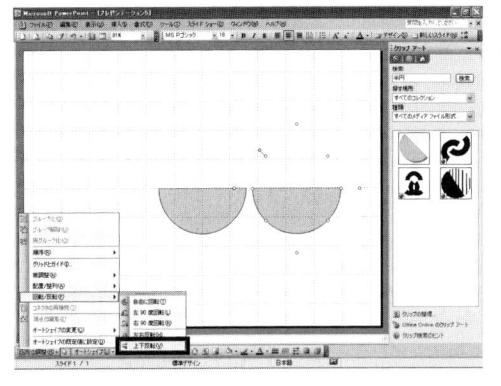

3 クリップアートの反転

クリップアートをコピーします。[図形の調整]ボタンをクリックして、[回転/反転]-[上下反転]を選択して、図形を反転させます。塗りつぶしの色を変更し、位置などを整えれば、2色に分かれた円が作成できます。

07 | わかっている部分から描きはじめればいい

大きなテーマの図解作りは、まず、理解できる部分を作り、
それらの図と図を組み合わせて、全体像につなげていきます。
この方法を使えば、どんなに大きな図解でも作成することができます。

部分図解を複数描けば全体像も見えてくる

　図解の作成は、まず流れをつかんで大まかな骨格を作り、次に中ぐらいのものを描いて、仕上げに細部を作っていくのが基本です。

　しかし、小さな図解から順番に描いていく手法もあります。大きな図解に比べて、小さな図解のほうが内容が理解しやすく、作りやすい場合もあるからです。

　一度に把握できないような大きなテーマを図解するときは、わかっている部分から図解してみます。いくつかの部分を図解すれば、図解同士の関係が見えてくるので、それらの関係を組み合わせて全体像を考えていきます。これは部分図解を組み合わせて大図解を生み出すというやり方で、わからないものをだんだんと積み上げながら理解していくという方法です。

部分図解を組み合わせて、全体図解を作る

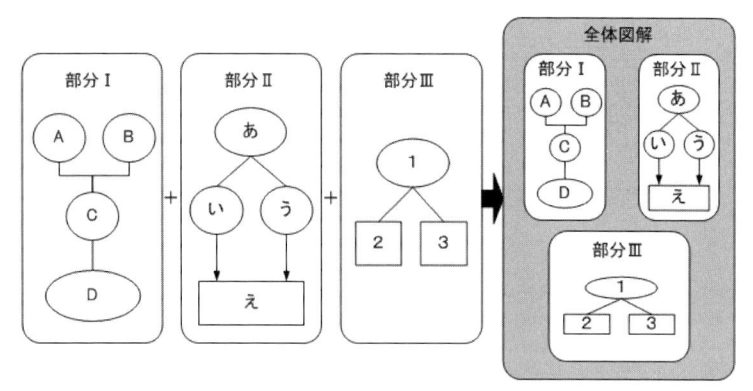

■部分図解を組み合わせて全体を作る
複雑なテーマやグローバルな問題を図解化するには、まずは各部門についてのコンセプト作りを行ってパーツの図解（部分Ⅰ,Ⅱ,Ⅲ）を作り、それらをジグソーパズルのように組み合わせて全体像を徐々に把握していく。

> **❶ ワンポイント　わかっている部分から描く**
> 部分図解は、理解できる部分から作り始め、それらを組み合わせて全体を作りあげていく。しかし、わからない部分も調べたり考えたりすることで、さらに理解が深まる。理解できる部分を描くということで、何がわからないかが明らかになる。

Part3●一歩上を行く図解のアイデアとテクニック

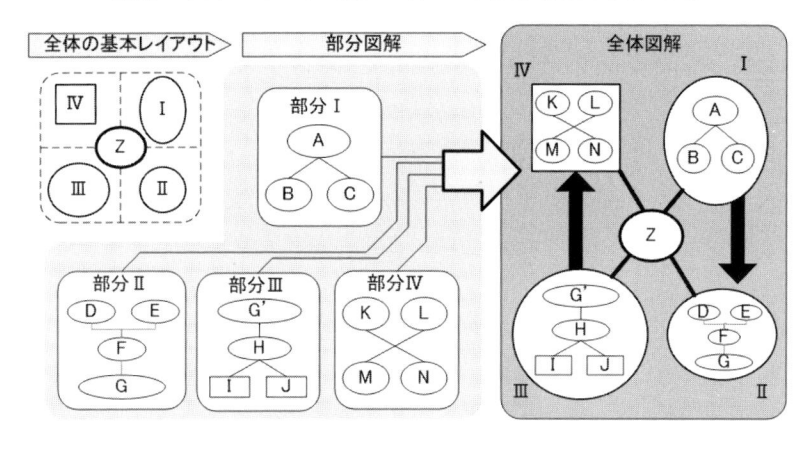

■全体の基本レイアウトを基に部分図解を組み合わせる

左ページの図解を一歩進めた方法で、まず先に、図解全体の基本レイアウトを考えてから部分図解を作り、最終的に全体図解に組み合わせる手法。要素数は多くなるが、全体の流れをつかんでいる場合に用いる。

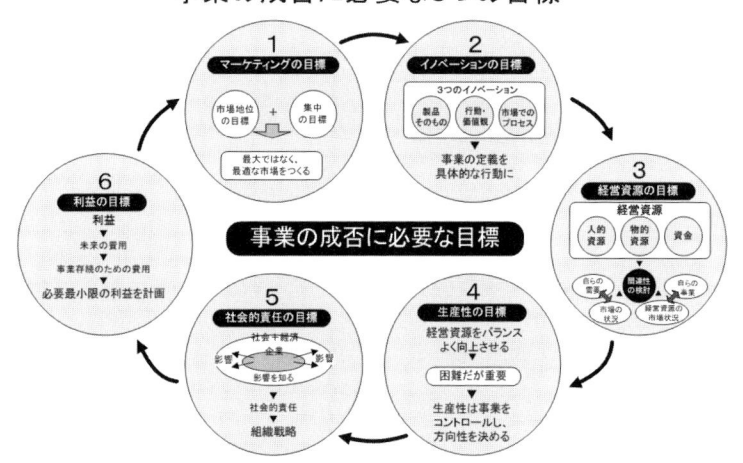

■部分図解の組み合わせの図解例

経営学の第一人者であるP.F.ドラッカーが語る「事業の成否に必要な6つの目標」を表した図解例。マーケティングの目標、利益の目標など、6つの部分図解のそれぞれがテーマ別にどう考えるべきかを表している。

グループ化して部分から全体図を作る PpWE

図解を縮小して別の場所にコピーしたいときは、グループ化をすれば1つの図形として扱えるので便利です。

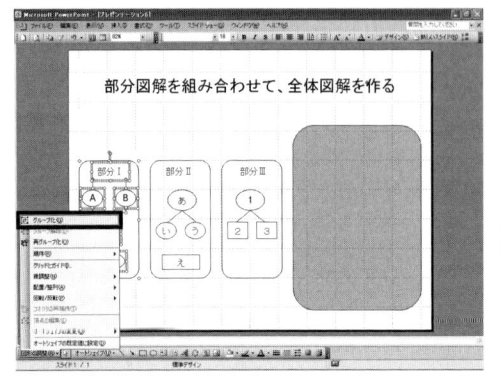

1 図形のグループ化

グループ化したい図形を、すべて囲むようにドラッグして選択します。[図形描画] ツールバーの [図形の調整] ボタンをクリックして、[グループ化] を選択します。

> **ワンポイント**
> **直前の操作を繰り返す**
> 続けて他の図形をグループ化するときは、図形を選択して [F4] キーを押します。[F4] キーを押すと、直前の操作を繰り返すことができます。

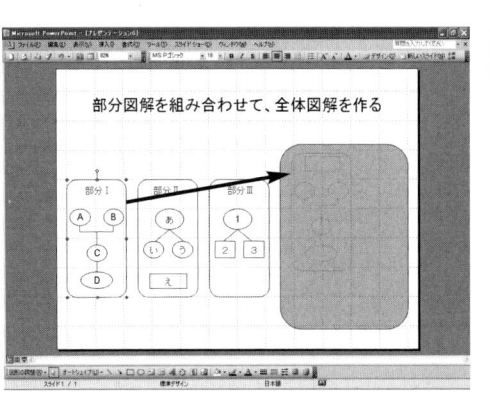

2 グループ化した図形のコピー

グループ化した図形を、[Ctrl] キーを押しながらドラッグしてコピーします。

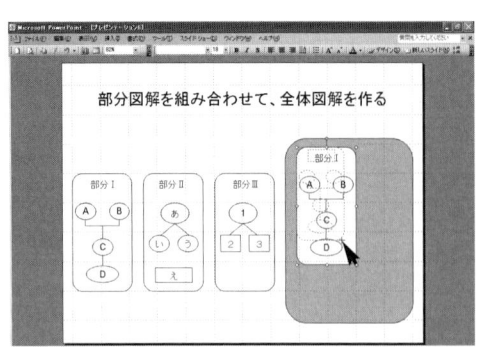

3 コピーした図形の縮小

コピーした図形のハンドルを、[Shift] キーを押しながらドラッグして、相似形に縮小します。

エンピツ型矢印を描く PpWE

矢印を変形して、エンピツ型矢印を作ります。変形の方向を変えて先端を調整すれば、好みのエンピツ型矢印を作ることもできます。

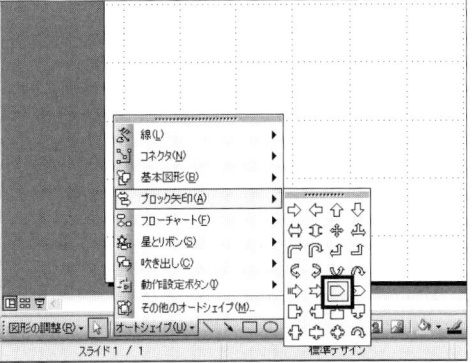

1 ホームベース型矢印の選択

[図形描画] ツールバーの [オートシェイプ] ボタンをクリックし、[ブロック矢印] で [ホームベース] を選択します。

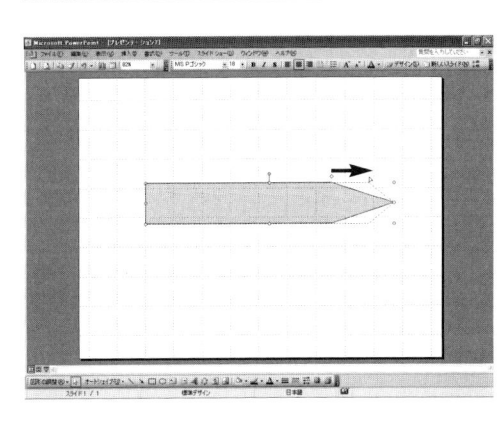

2 ホームベース型矢印の変形

ドラッグして描画したら、図形の右上に表示される黄色い菱形のハンドルを右側にドラッグします。

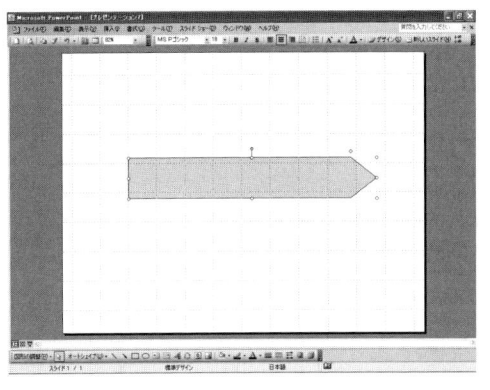

3 矢印の先端が変形

矢印が変形します。

影の位置などを調整する　PpWE

影の位置や幅は、簡単に微調整ができます。影のスタイル（影を付ける方向）を設定し、調整します。

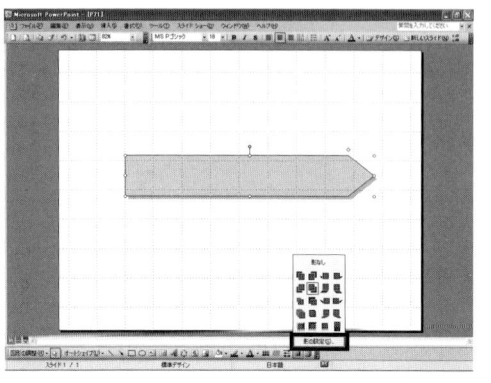

1 影の設定を選択

図をクリックし、[図形描画] ツールバーの ■ [影付きスタイル] ボタンをクリックして一覧から影のスタイルを選択します。もう一度 ■ [影付きスタイル] ボタンをクリックし、[影の設定] を選択します。

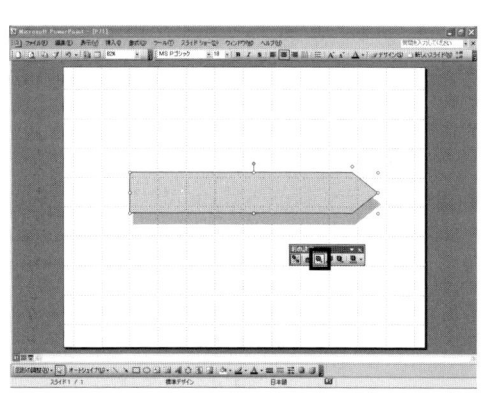

2 影の長さを変更

影を伸ばしたい方向を示すアイコンをクリックします。クリックするごとに、影の長さが変化します（この例では下に影を伸ばしている）。

コラム [影の設定] ツールバー

[影の設定] ツールバーでは、以下のような操作が実行できます。

❶ 影のオン／オフを切り替えます
❷ 影の長さを矢印の方向へ微調整します
❸ 影の色を設定します

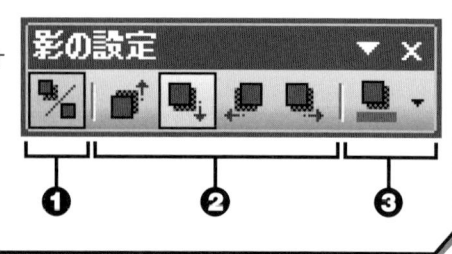

実践編

Part 4

理解力を深める「わかる図解」の描き方

01 | 何がわかっていないかも図解すれば見えてくる

仕事は「わかる」「考える」「伝える」の3ステップ。
顧客との関係や仕事の資料、上司の指示を「わかる」ために、
また、自分の仕事を「わかる」ためにも、図解はとても有効です。

「わかる図解」で手に入れる「正しく」「的確に」

　仕事の内訳を分析すると、人の話や資料を理解する（わかる）が約40％、自分の頭で考え企画する（考える）が30％、自分の意志を相手に伝達する（伝える）が30％、という行為に分類できます。実践編では、この「わかる」、「考える」、「伝える」という3つのプロセスの図解法を紹介します。

　仕事の約4割を占める最も基本的なものが「わかる」という行為です。ビジネスにおいては、仕事に関するさまざまな情報を「正しく的確に理解する」ことが常に要求されます。顧客の要求や訴えを正しく理解するだけではなく、上司の指示を的確に把握したり、関連する雑誌や新聞記事も理解しなければいけません。また、自分の仕事や所属しているプロジェクト・会社の立場を理解しておくことも、仕事を円滑に進めるための重要なポイントです。

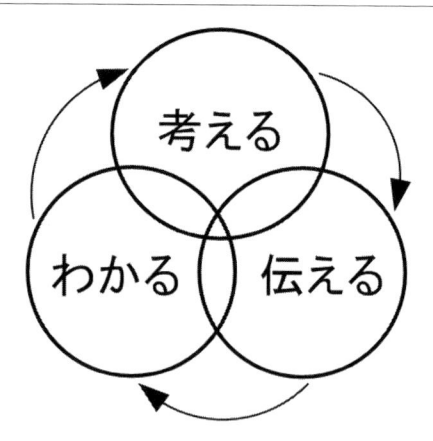

■仕事における3つのプロセス
仕事のプロセスは、「わかる」「考える」「伝える」の3つのサイクル。情報を理解するところから始まり、それを基に考えを作り、その考えを誰かに伝える。そして、そこから生まれた情報をまた理解して……と、繰り返すことが仕事の本質となる。

! ワンポイント　図解で「わかる」こと
ビジネスにおいて、自分と顧客、プロジェクト間の関係、仕事の流れなど、図を描くことによって物事の関係や構造がわかり、現状を理解することができる。

安藤忠雄の「私のいきいき術」

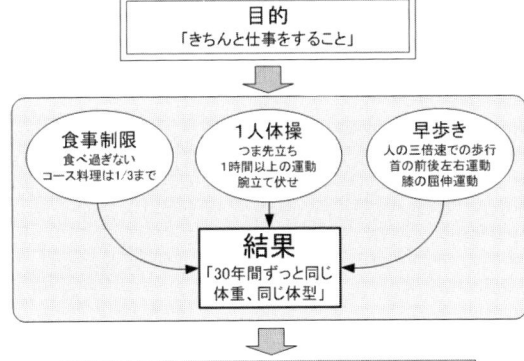

目的
「きちんと仕事をすること」

- 食事制限
  食べ過ぎない
  コース料理は1/3まで
- 1人体操
  つま先立ち
  1時間以上の運動
  腕立て伏せ
- 早歩き
  人の三倍速での歩行
  首の前後左右運動
  膝の屈伸運動

結果
「30年間ずっと同じ体重、同じ体型」

いまでも若い人と仕事ができる

■《文章を理解する》：安藤忠雄の健康法
雑誌や報告書を漫然と読んでいたのでは、仕事にはならない。この図解例は、安藤忠雄氏のインタビュー記事を読んでポイントを見つけ、自分なりの論旨で再構築している。文章を図解すると、より高いレベルで内容を理解したことになる。

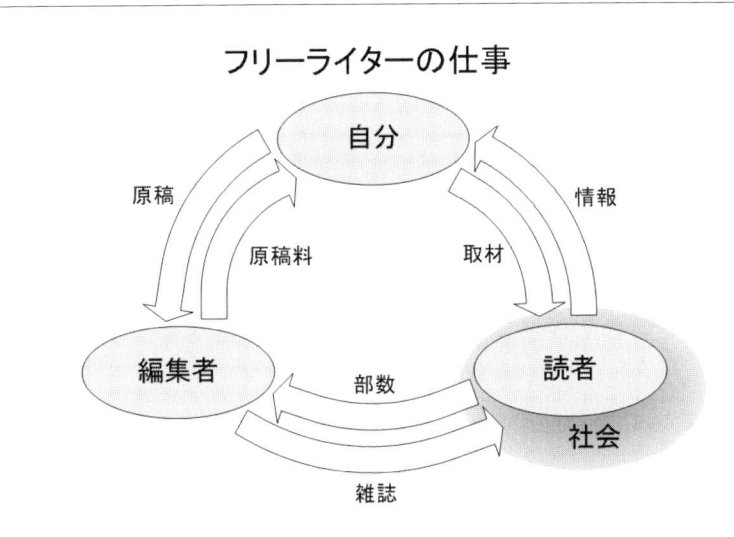

フリーライターの仕事

自分 → (情報) → 読者/社会
読者 → (取材) → 自分
自分 → (原稿) → 編集者
編集者 → (原稿料) → 自分
編集者 → (雑誌) → 読者
読者 → (部数) → 編集者

■《自分の仕事を理解する》：フリーライターの仕事
この図解例は、フリーライターの仕事を表したもので、「自分」「読者」「編集者」を軸に、それぞれの関係を表している。しかし、自分の仕事を実際に図解してみると、意外に難しいもので、いかに自分の仕事を理解していないかに気付く。

矢印を大きくする

PP W E

描画した矢印の先端の形や大きさは、あとから変更することができます。

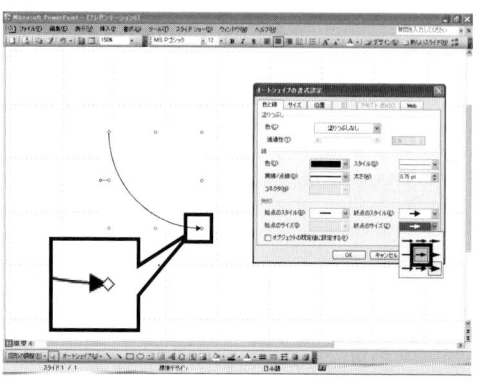

1 矢印の書式設定

矢印を描画し、ダブルクリックします。[オートシェイプの書式設定]ダイアログボックスで、[終点のサイズ]の▼をクリックし、サイズを選択します。

> **ワンポイント 曲線の矢印**
> 曲線の矢印の描き方についてはP.61を、矢印の基本の描き方についてはP.18を参照してください。

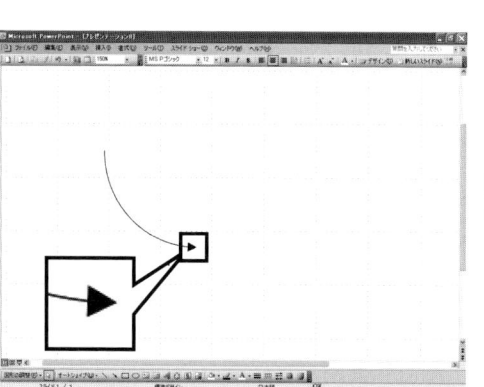

2 サイズが変更

矢印の矢サイズが変わります。

> **ワンポイント 矢印の書式設定**
> 矢印の形状や色なども、ここから設定することができます。

コラム 矢印を全体的に大きくする

[オートシェイプの書式設定]やダイアログボックス[図形描画]ツールバーの ≡ [線の種類]ボタンで線を太くすると、より大きな矢印が作成できます。

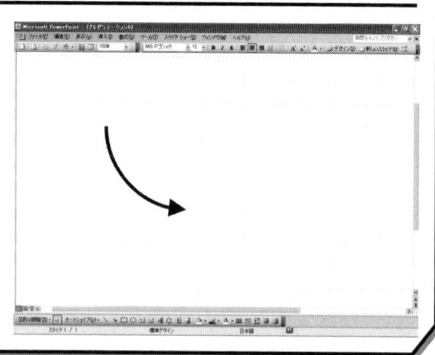

Part4●理解力を深める「わかる図解」の描き方

図形にグラデーションをかける PP W E

図形にグラデーションをかけると、ぼかして広がりを感じさせるイメージを与えることができます。

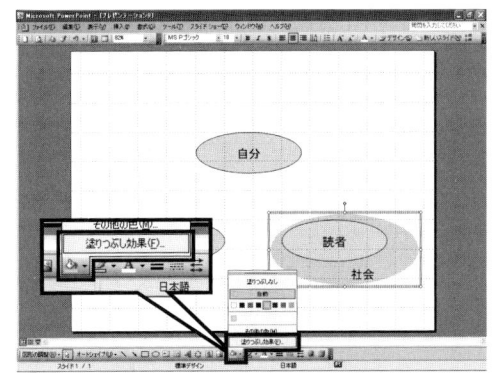

1 塗りつぶし効果の設定
描画した楕円をクリックし、[図形描画]ツールバーの [塗りつぶしの色]ボタンの▼をクリックして[塗りつぶし効果]を選択します。

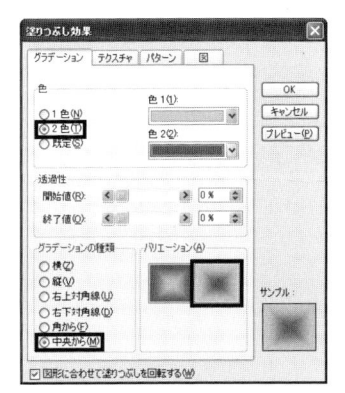

2 グラデーションの設定
[色]で[2色]を選択し、任意の色を設定します。[グラデーションの種類]で[中央から]を選択し、[バリエーション]で中央が濃い色になるパターンを選択して[OK]をクリックします。

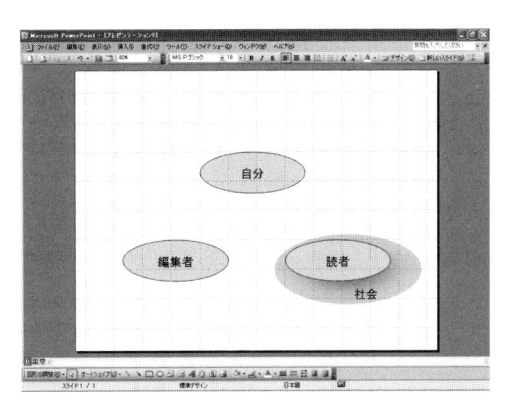

3 グラデーションが設定される
図形にグラデーションが設定されます。

093

02 | 図解の第一歩はキーワードの抜き出しから

資料や報告書を斜め読みして、わかった気になっていませんか？
きちんと内容を理解するには、「図読」が最適です。
図解をしながら文章を読むことで、理解が深まっていきます。

マーカーだけでは「理解」はできない

　新聞記事・雑誌などの資料やビジネス書を読んだだけで内容を理解している人はまれではないでしょうか。頭の中だけで、次々に現れるキーワード同士の関係を組み立てながら読んでいくのは至難の業です。きちんと理解したいと思っていても、本や記事の気になるポイントに印やマーカーで線を引くだけで、読み終わるとそれで終わりというのがよくあるパターンでしょう。

　そこで、図解をしながら文章を読む「図読」をしてみましょう。その手順は、一度通読しく全体像をつかみます。次に、キーワードを抜き出して紙やパソコンに書き写します。そして、ほかのキーワードとの関係を考えながら図にしていきます。図解になるまでには、何度も描き直すことになりますが、この過程でその文章への理解が深まっていきます。

ビールをおいしく飲むための秘訣

グラス
- きれいにする
- 冷やす

ビール
- 適温に冷やす
  （夏：4〜6℃、冬：6〜8℃。冷蔵庫で4〜5時間）
- 製造日が新しいもの

注ぎ方
- 開栓を丁寧にする
- 2〜3回に分けて注ぐ
  （1回目はまずゆっくり、次に勢いよく、2回目はゆっくり、3回目はより静かに）
- ビールと泡の比率は7対3
- 注ぎ足しをしない

■キーワードを抜き出す
これは、文章から「ビールをおいしく飲むための秘訣」となるキーワードを抜き出して「グラス」「ビール」「注ぎ方」の3つにまとめたもの。初めは、キーワードを抜き出すことが主眼なので、図解の形にすることを意識する必要はない。

---

❶ ワンポイント　「図読」とは？
私が提唱する「図読」は、図解しながら文章を深く読み込んで頭の中への定着度を高める読解法。図読することで、分厚い経済白書や論文なども、新聞や雑誌などの数ページ程度の記事と同様に読みこなすことができる。

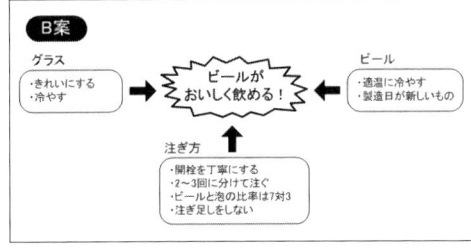

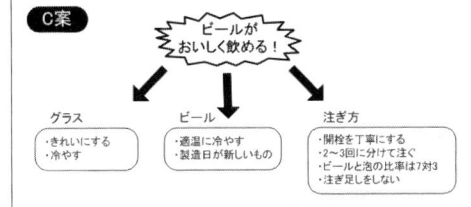

■仮に流れを作ってみる

左ページの図解例でグルーピングしたキーワードを使って流れを作ってみる。細部にこだわらずに配置を考え、文章の論旨に近い表現ができるのは、どのような形かを意識していくつかのパターンを考えてみる。

■社説からキーワードを抜き出す

「図読」の練習には、新聞の社説を利用するといい。わかりやすいタイトルと、厳選されたキーワードがちりばめられているので、練習台には最適である。この図解例は、市町村合併に関する社説を基に、キーワードを抜き出して大きくまとめている。

文字の位置を揃える

図形に文字を入力すると、初期設定では中央揃えで入力されます。箇条書きの文字を並べたいときは、左揃えに変更します。

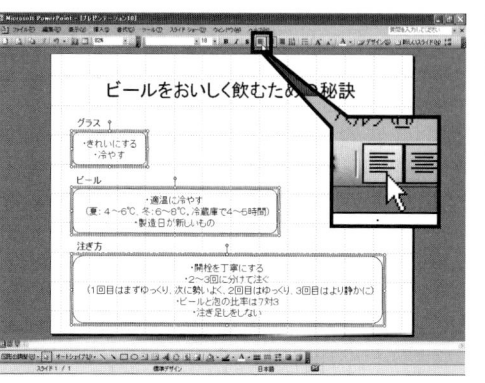

1 左揃えの設定
箇条書きを入力した図形を、[Ctrl]キーを押しながらクリックし、すべて選択します。[書式設定]ツールバーの [左揃え]ボタンをクリックします。

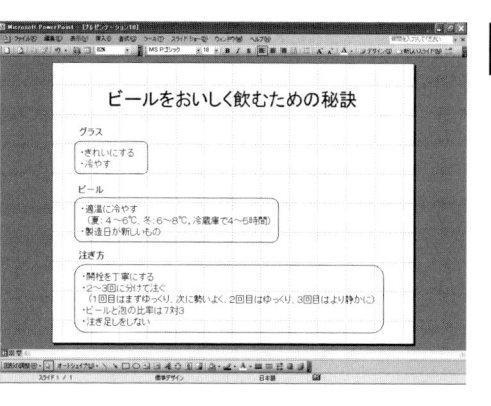

2 左に揃えられる
文字の先頭が左に揃います。

コラム 中央揃え、右揃え

左揃えにした文字を元の状態に戻すときは、[書式設定]ツールバーの [中央揃え]ボタンをクリックします。[右揃え]ボタンをクリックすると、文字が右側に揃います。

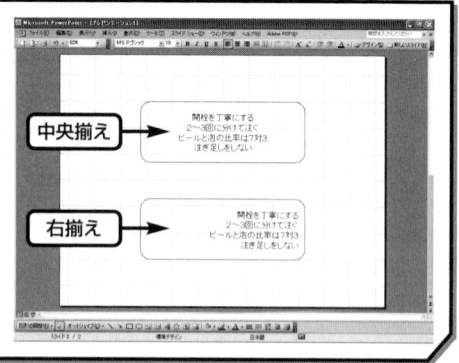

箇条書きを作成する

箇条書きの文章を作成するには、スライドのレイアウトから箇条書きを選択します。文字を入力するだけで、自動的に行頭記号が表示されます。

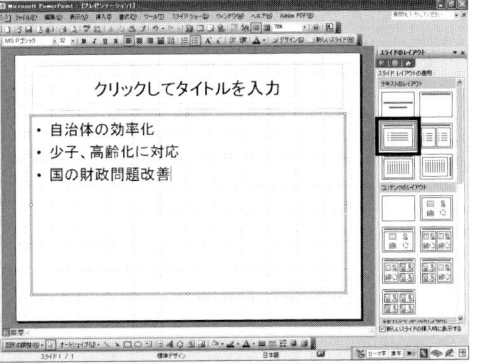

1 文字の選択
[テキストのレイアウト]で[タイトルとテキスト]を選択します。テキストボックスに文字を入力すると、箇条書きになります。

2 テキストボックスの縮小とコピー
作成したテキストボックスの、四隅のいずれかのハンドルをドラッグして縮小します。次に、[Ctrl]キーを押しながらドラッグしてコピーし、文字を入力し直します。

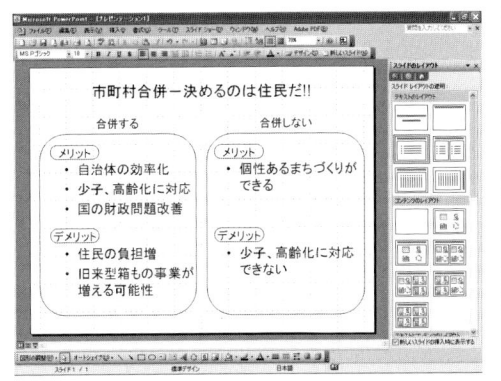

3 テキストボックスの位置の調整
テキストボックスのサイズや位置を調整し、図形を描画して仕上げます。

● ワンポイント
行頭記号を変更する
行頭記号を変更する場合は、テキストボックスを選択し、メニューから[書式]-[箇条書きと段落番号]を選択して、ダイアログボックスで変更します。

03 | キーワードを分類して、その関係性を考える

文章からキーワードを抜き出したら、
その他のキーワードとの関連性を意識して考え、
マル同士の関係を矢印でつないで、図解に仕上げていきます。

関係ありそうなものはあらかじめ近くに配置しておく

　文章からキーワードを抜き出していくと、だんだんとその数が増えていきます。あまりにも数が多いと、図解しようとする際に、キーワード同士の関係を把握することが難しくなってしまいます。ですから、あらかじめ書き写すときに、関連性があるもの同士は近くに配置するように心掛けましょう。

　いったん抜き出したキーワードは、近くに置いたキーワードとの関連性を考えてみます。特にPart2で紹介した「基本的なマルの組み合わせ」（P.41）を頭に浮かべて、「これは、このキーワードに含まれているかな」と、検討しながら作業を行うのがいいでしょう。

　そして、マル同士の関係を矢印でつないでいき、図解全体を文章の論旨・結論へと導いていきます。

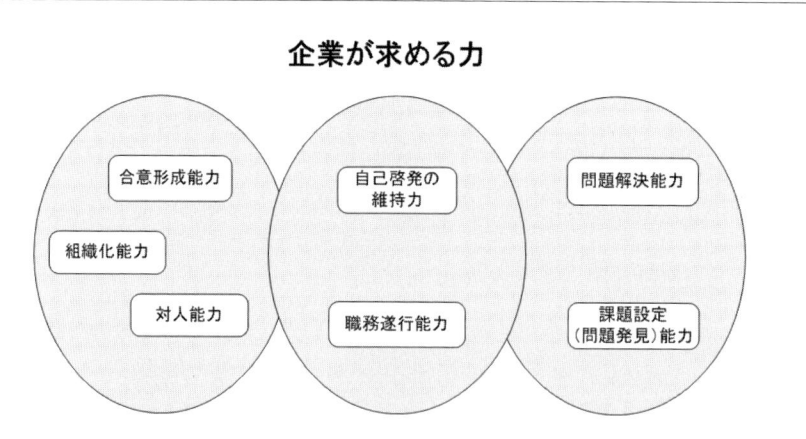

```
            企業が求める力

   ┌─────────┐ ┌─────────┐ ┌─────────┐
   │ 合意形成能力 │ │ 自己啓発の │ │ 問題解決能力 │
   │        │ │  維持力   │ │        │
   │ 組織化能力  │ │        │ │        │
   │        │ │        │ │ 課題設定  │
   │ 対人能力   │ │ 職務遂行能力 │ │(問題発見)能力│
   └─────────┘ └─────────┘ └─────────┘
```

■**キーワードを分類する**
キーワードが3つ以上になったら、分類できないかを考える。文章の中にあるキーワードで分類できる場合もあれば、新しく作る必要もあるかも知れない。ここでは、とりあえず近いと思われるキーワードをマルで囲んでいる。

> **ワンポイント** 関連性の考え方
> 抜き出したキーワードは、似たような性格、内容、優先順位、影響力の大きさ、因果関係などを考えて関係を分類する。

Part4●理解力を深める「わかる図解」の描き方

■キーワードの箇条書きから関係を考える
前節の図解例「社説からキーワードを抜き出す」のように、項目が増えてくると並列的な箇条書きになるが、各キーワード同士の関係を改めて考えて、マルと矢印でその関係を表すと、因果関係でつながっていることを明確にできる。

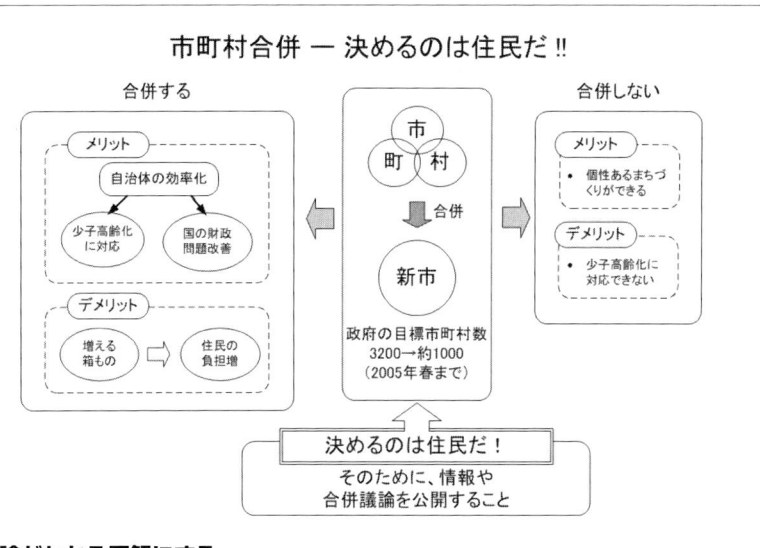

■結論がわかる図解にする
全体のバランスを考えながらマルと矢印を使って図解していく。記事のタイトルなどに結論が明示されている場合は、できあがった図解がその結論をきちんと表現できているかをチェックし、何度も見直していく。

スッキリ考え、1秒で説得　図解の極意

図形を整列する

PP W E

複数の図形の位置を揃えたいときは、配置／整列の機能を使うと効率的です。配置や整列の方法を選んで、位置を揃えられます。

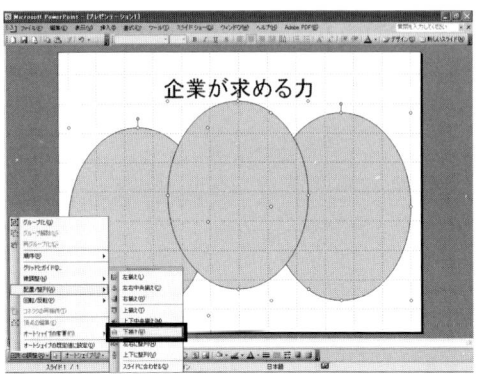

1 配置／整列の設定

位置を揃えたい図形をすべて選択します。[図形描画] ツールバーの [図形の調整] ボタンをクリックし、[配置／整列] － [下揃え] を選択します。

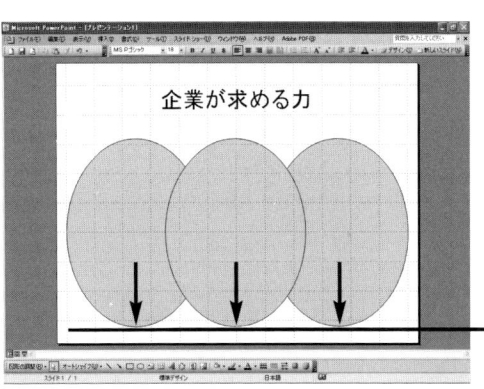

2 図形が整列する

選択した図形が下側の位置で揃います。

このラインで揃う

コラム スライドに合わせる

PowerPointの場合、配置／整列の機能は、複数図形の相互の位置を調整するほか、スライドに対しての位置を合わせるためにも使えます。[図形の調整] ボタンをクリックし、[配置／整列] － [スライドに合わせる] をクリックしておくと、スライドに対して左右や上下などに配置することができます。

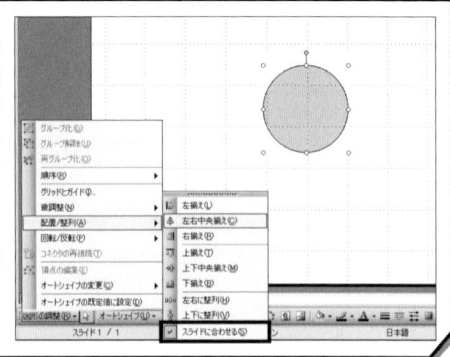

吹き出し矢印を描く

オートシェイプのブロック矢印には、矢印がついた四角形があります。図解のイメージに合うように変形して使えます。

1 吹き出し矢印の選択
[図形描画]ツールバーの[オートシェイプ]ボタンをクリックし、[ブロック矢印]−[上矢印吹き出し]を選択します。

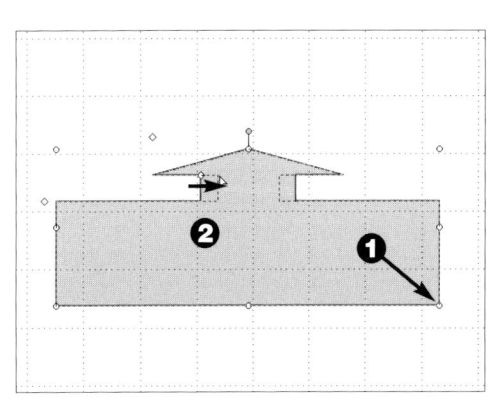

2 吹き出し矢印の描画と変形
ドラッグしてブロック矢印を描画します。❶白い円のハンドルをドラッグして全体のサイズを整え、❷黄色い菱形のハンドルをドラッグして矢印の形を変形します。

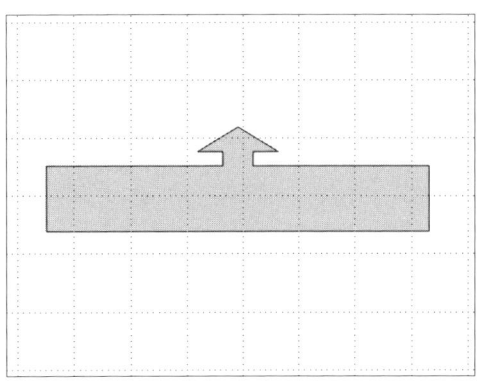

3 矢印が変形される
矢印が変形します。

04 | 2ランク上の視点から全体像を見通してみよう

自分の身近なことを図解するのは意外に難しいもので、
その目的や全体像がわかっていないと、図解になりません。
鳥のようにほどよい高さから、全体像を捉え直してみましょう。

全体像が見えないと図解の「骨組み」は作れない

たとえば自分の仕事は自分が一番わかっているはずですが、それを図解しようとすると難しいものです。それは自分の仕事が理解できていない場合が多いからです。

社説などを図解する場合は、すでに結論があり、それに沿って骨組みを作ることができますが、自分の仕事となると、仕事の目的や全体像が明確ではないために骨組みが作れない人が多いのです。漫然と仕事の1つひとつを書き出していくことから始めてしまうと、日常の業務など、目先にある仕事のリストになってしまいます。

仕事の目的を見つけるには、「鳥の視点」のように、高い位置から仕事を捉え直すことが必要です。たとえば、上司や取引先のことを考えると、いままで見過ごしてきた目的が見つかるきっかけになるでしょう。

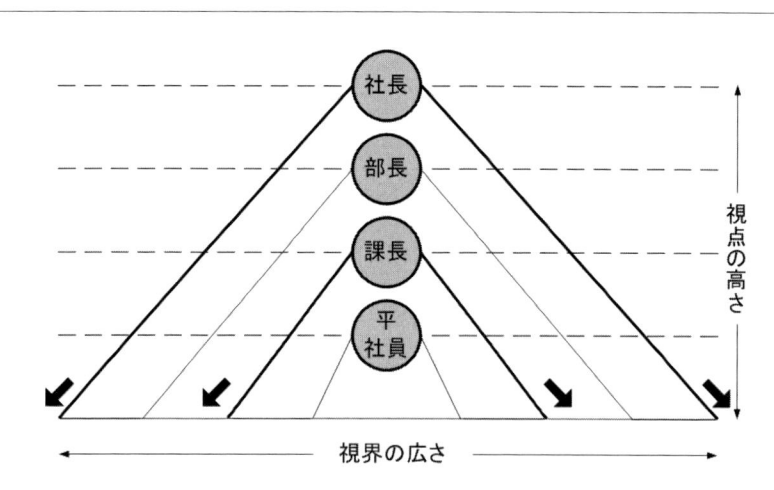

■**高い視点から物事を見てみる**
鳥の視点を実際の会社に置き換えると、2ランク上の役職の視点がちょうどいい。現在「平社員」であれば「部長」の視点で、いま行っている自分の仕事を見てみると、「なぜその仕事を任されているのか」が理解できるようになる。

> **ワンポイント** 鳥の目を持つ
> 鳥になったつもりで、ほどよい高さの視点から物事を見ると、全体の姿が見渡せて、しかも細かい部分にも目配りがきき、バランスがとれる。

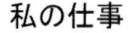

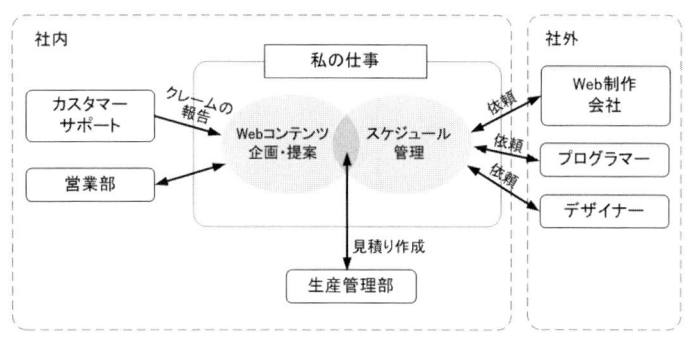

■《現状を捉える①》：私の仕事図を描く
自社製品を売るために、オンラインショッピングのWebコンテンツの企画を担当している社員の仕事図。自分と関わりのある部署や外注との関係を「社内」と「社外」に分けて表している。しかし、仕事の目的や問題点が表されていない。

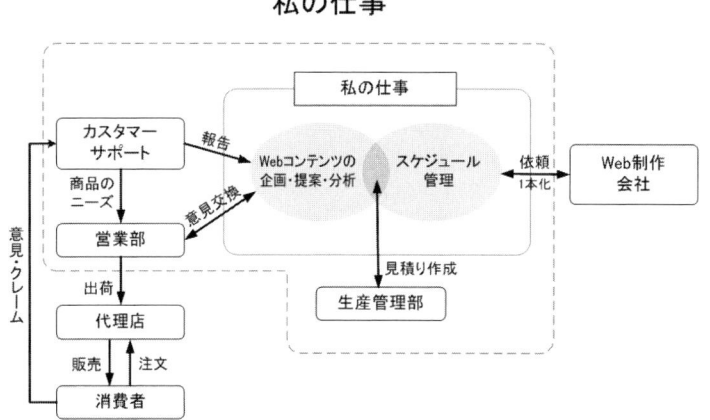

■《現状を捉える②》：仕事の目的を見つける
上の図解を仕事の全体像を考えて捉え直し、部署間や消費者との関係を表した。煩雑だった外注をWeb制作会社に1本化し、「消費者」の意見を反映する時間を増やすことで、ニーズに即したWebコンテンツの提供、という目的が見えてきた。

文字の角度を調整する

文字に角度を付けるときは、テキストボックスの緑色のハンドルを使って回転させます。

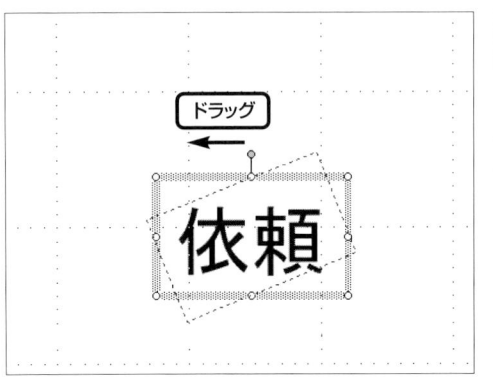

1 テキストボックスの作成と回転

[図形描画] ツールバーの [テキストボックス] ボタンをクリックし、画面上でクリックまたはドラッグして、文字を入力します。テキストボックスを作成したら、緑色の回転ハンドルにマウスポインタを合わせ、回転させたい方向へドラッグします。

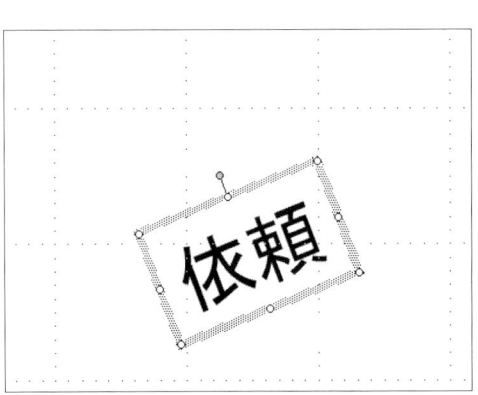

2 テキストボックスが回転する

テキストボックスが回転します。

> **ワンポイント**
> **15度ずつ回転する**
> [Shift]キーを押しながら緑色の回転ハンドルをドラッグすると、テキストボックスを15度ずつ回転できます。

コラム 矢印と同じ角度を保つ

回転する前に、矢印とテキストボックスを選択し、[図形の調整] ボタンをクリックして [グループ化] を選択してグループ化します。矢印とテキストボックスが一緒に回転するので、常に同じ角度で表示できます。

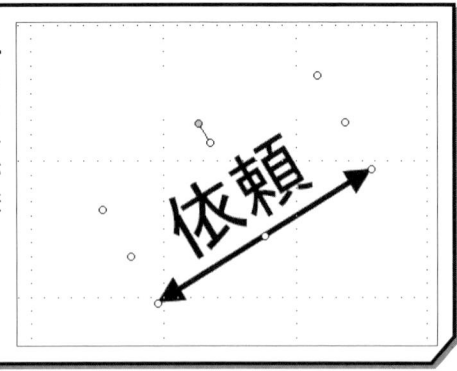

変形した点線枠を作る　PpWE

点線枠を重ね、不要な部分を同じ色の図形で隠すと、様々な形の点線枠が描画できます。

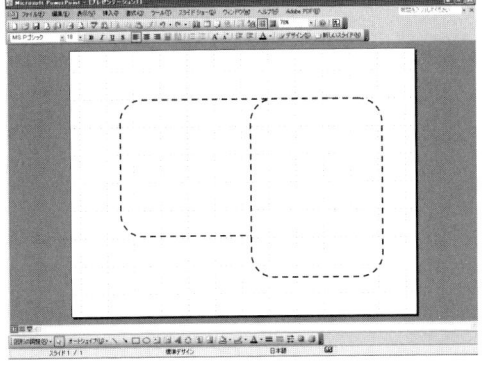

1 点線枠の描画
［図形描画］ツールバーの［オートシェイプ］ボタンをクリックし、［基本図形］から角丸四角形を選択して描画します。角丸四角形をコピーし、回転して重ね、≡［実線／点線のスタイル］ボタンをクリックして、枠を点線に変更します。

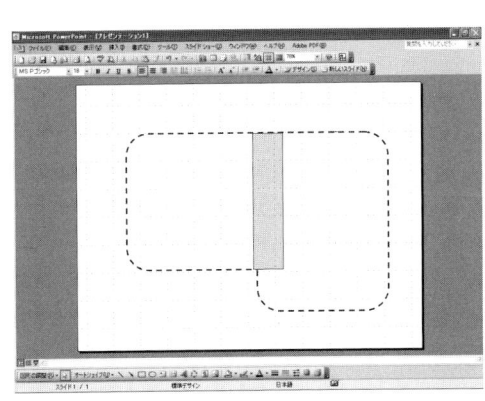

2 長方形の配置
不要な部分を隠すように、長方形を描画します。

3 色の調整とグループ化
長方形の塗りつぶしの色を角丸四角形と同じ色に変更し、線の色を［線なし］にします。完成した図は、［図形の調整］ボタンをクリックし、［グループ化］を選択してグループ化しておくと、移動などが楽に行えます。

05 | 重要ポイントを中心に描くことで図解に骨組みができる

自分の仕事を描くときは、最も重要な「私」を中心に置いて図解します。さらに目先の仕事にこだわらずに全体を考えながら図解していくことで、現状がわかり、自分と社会との関係が見えてきます。

「全体から中心へ」「中心から全体へ」と双方向で考える

　自分の仕事を図解するときのコツは、「私」を中心に考えることです。実際に描くときにも「私」を中心に置いて描き始めるといいでしょう。もちろん、目先の仕事を書き出すことが目的ではありません。「鳥の視点」を持ちつつ、全体の中の自分を見つけ出すことが重要です。

　自分から見たら、課の仕事はこう見える、会社はこう見える、そして社会とこのようにつながっている、などと考えていきます。すると社会の中での会社が目指す目的や、会社の中で課が果たす役割がわかってきます。

　実際に図解を描くと、新しい発見や疑問、そして驚きを感じながら、最終的には仕事の全体像をつかむことになり、全体の中での自分の仕事がはっきりとわかって、がぜん仕事がおもしろくなってくるでしょう。

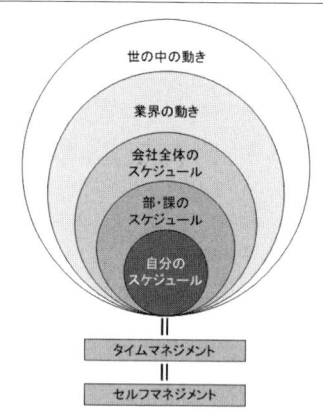

■《「私」を中心に図解する①》：スケジュールの立て方

「自分のスケジュール」を中心に大きな目で考えた図解例。自分のスケジュールは、周りの環境に左右されていることがわかる。また逆に、自分の時間を作るには、より上位のスケジュールや動きを知っておくことが重要だということもわかる。

> **❗ワンポイント　中心部にポイントを置く**
> 人は図を目にすると、視線を中央に向ける習性がある。そのため、論旨の中心をはっきりさせるためにも中心部にポイントとなる要素を置く。プレゼンなどで顧客に説明する図解のときは、「顧客」を中心に配置するなどの工夫をする。

Part4●理解力を深める「わかる図解」の描き方

人脈マップ

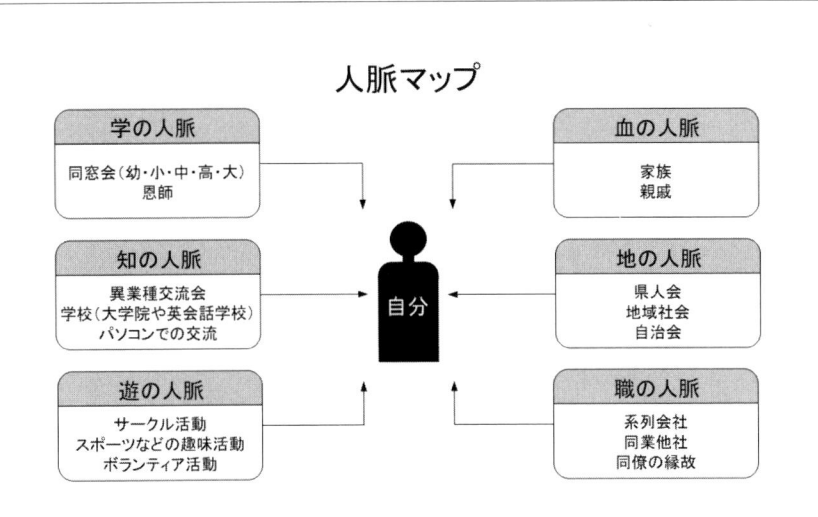

- **学の人脈**: 同窓会（幼・小・中・高・大）、恩師
- **血の人脈**: 家族、親戚
- **知の人脈**: 異業種交流会、学校（大学院や英会話学校）、パソコンでの交流
- **地の人脈**: 県人会、地域社会、自治会
- **遊の人脈**: サークル活動、スポーツなどの趣味活動、ボランティア活動
- **職の人脈**: 系列会社、同業他社、同僚の縁故

■《「私」を中心に図解する②》：人脈マップ
自分の仕事を図解する場合、自分の人脈を把握しておくことも重要となる。中心に自分を置いて、自分と関わりのあるさまざまな人脈をカテゴリごとに挙げていく。これを基に、自分の仕事の図解を描くこともできる。

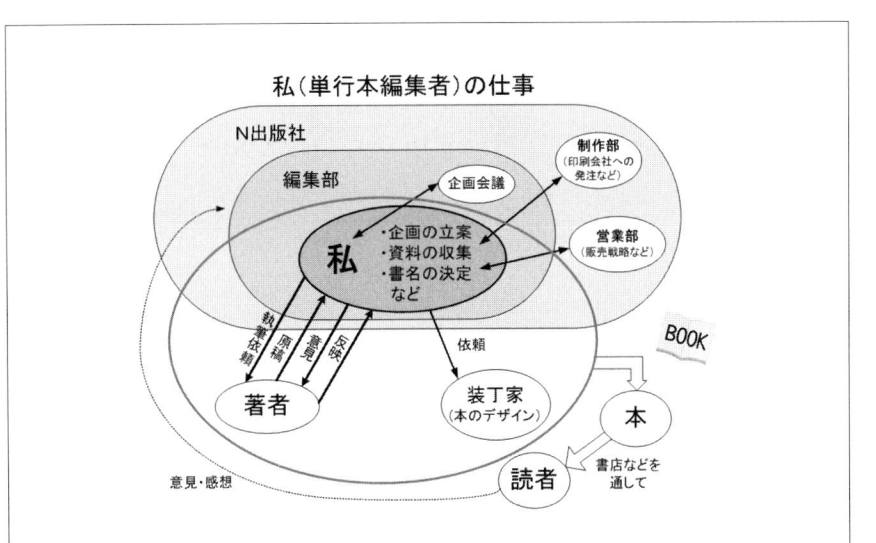

私（単行本編集者）の仕事

N出版社／編集部／私
- ・企画の立案
- ・資料の収集
- ・書名の決定
- など

企画会議、制作部（印刷会社への発注など）、営業部（販売戦略など）、著者、装丁家（本のデザイン）、本、読者（書店などを通して）、意見・感想、依頼、執筆依頼／原稿／意見／校正

■《「私」を中心に図解する③》：ある編集者の仕事図
「私」を中心に置き、その周りを「編集部」と「出版社名」で囲っているので、自分と社内の部署間とのつながりがわかる。また、外部の「著者」や「装丁家」などは大きな楕円で囲み、仕事のやり取りとその内容をわかりやすく表している。

107

色の階調で塗りつぶす

塗りつぶしの色は、カラーパレットを表示して自由に選ぶことができます。複数の図形を同じ色調で揃えることも簡単です。

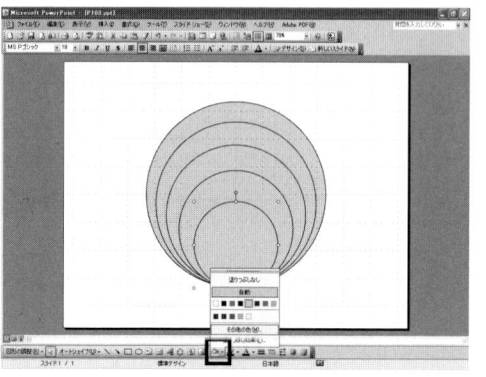

1 カラーパレットの表示
色を変更したい図形をクリックして選択します。[図形描画] ツールバーの [塗りつぶしの色] ボタンの▼をクリックし、[その他の色] を選択します。

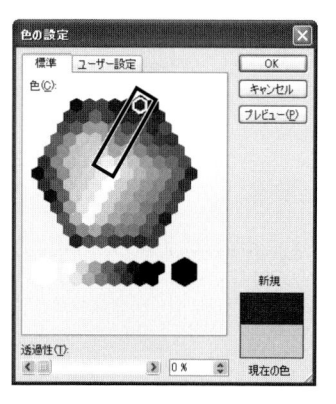

2 色を選択
[標準] タブをクリックして、カラーパレットを表示します。設定したい色をクリックして [OK] をクリックします。囲みで示したように、外側の色から中心に向かって色を選択すると同じ色調で揃えることができます。

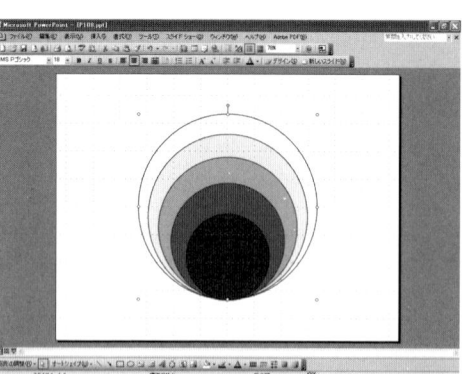

3 他の図形の色も設定する
手前の図形から後ろの図形に行くにつれ、色が薄くなるよう、1つずつ設定していきます。

人物の形の図形を作る

PP W E

基本的な図形を組み合わせて、人型を作ることができます。図形を組み合わせるときには塗りつぶしをし、位置を合わせ、最後にグループ化をすることがポイントです。

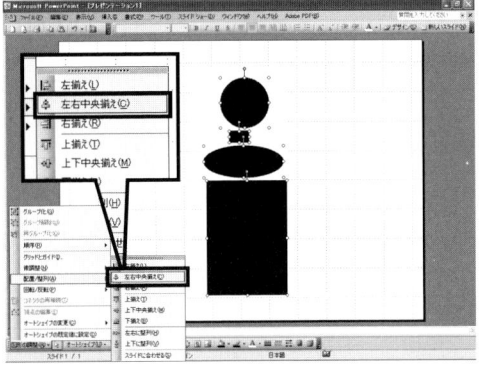

1 図形の描画、整列

円、長方形、楕円を描画します。線の色は「なし」にするか、塗りつぶしの色と同じにしておきます。すべての図形を囲むようにドラッグして選択し、[図形描画] ツールバーの [図形の調整] ボタンをクリックして [配置／整列] ー [左右中央揃え] を選択します。

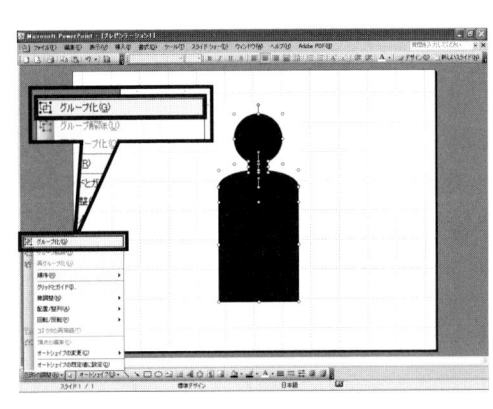

2 人型の作成

図形が整列したら、それぞれの図形を移動して人型を作ります。完成したらすべての図形を選択し、[図形の調整] ボタンをクリックして [グループ化] を選択します。

❶ ワンポイント　図形の垂直移動

移動したい図形を選択し、[Shift]キーを押しながら上下に移動すると、垂直に移動することができます。
また、図形を選択して、キーボードから上向きあるいは下向きの矢印キーを押しても、垂直に移動できます。

コラム　グループ化した図形への文字の入力

グループ化した図形の中の、特定の図形に文字を入れるときは、クリックして全体を選択し、次に文字を入れたい図形をクリックします。
グループ化した図形の、自由な場所に文字を重ねたい時は、テキストボックスを作成します。

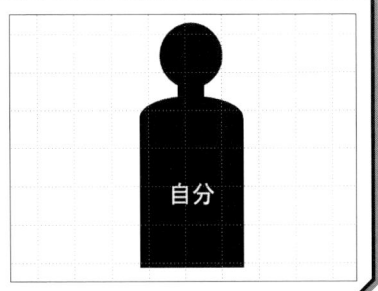

06 すべてのキーワードが関連づけされているか見直そう

描いた図解をよく見てみると、わかっていたはずなのに
つながっていない部分があったり、穴があったりするものです。
自己満足せずに、「他人の視点」で図解を見直すことが大切です。

描いた図解のチェック時には「他人視点」を持つ

　一度できあがった図解を見てみましょう。文章を図解したものであれば論旨がズレていないか、数字が間違っていないかなどをチェックします。また、仕事の図解であれば、つながっていない項目はないかを確認してみましょう。

　「他人の視点」で図解を見直してみると、意外とわかった気になって描いている部分が多いことに気付きます。箇条書きになっているキーワードを関連性を考えてつなげてみたり、説明を補足しなければいけない矢印があれば、その矢印にコメントを付け加えたりします。

　このように、図解は何度も描き直して修正作業を重ねていくと、次第に満足のいくものになっていきます。仕事の図解は特に納得のいくものになるまで取り組んでみましょう。

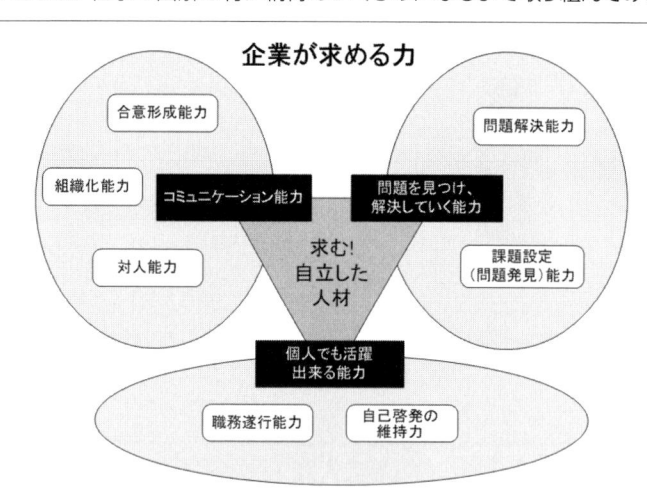

企業が求める力

- 合意形成能力
- 組織化能力
- コミュニケーション能力
- 対人能力
- 問題解決能力
- 問題を見つけ、解決していく能力
- 課題設定（問題発見）能力
- 求む！自立した人材
- 個人でも活躍出来る能力
- 職務遂行能力
- 自己啓発の維持力

■《描いた図解を見直す》：新しい言葉を付け足す

文章を理解していくときに、抜き出したキーワードを図解しただけでは、うまくまとまらないこともある（P.98の「キーワードを分類する」図解例参照）。その場合は、大胆に新しい言葉を付け足すと飛躍的にわかりやすくなる。

❗ ワンポイント　他人の目は多いほうがいい

「他人の視点」で図解を見直しても、自分の視点を変えることはなかなか難しい。そのような場合は、実際に他人に見てもらい、違った視点から意見やアイデアをもらうことも重要である。

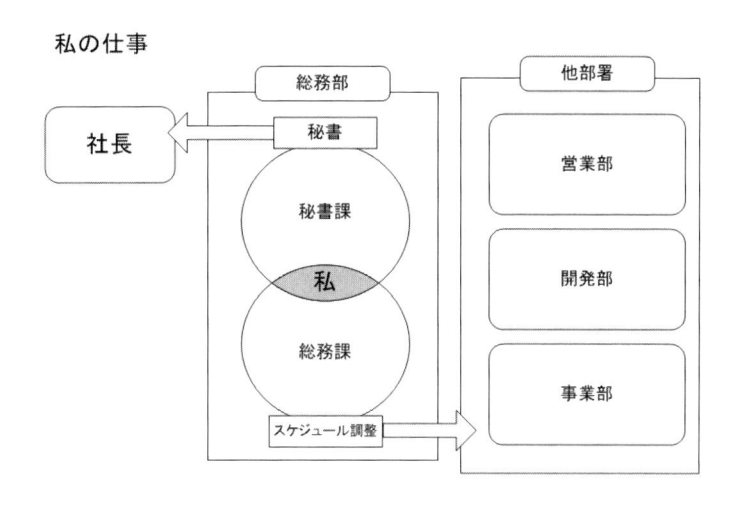

Part4●理解力を深める「わかる図解」の描

■《描いた図解を見直す》：ある秘書の仕事図①
ある会社の秘書の仕事図。総務部に属している「私」が秘書課員として社長の秘書業務を担当し、また、総務課員として各部署のスケジュール調整を行っている。しかし、仕事の目的が明らかではなく、組織図的な図解になっている。

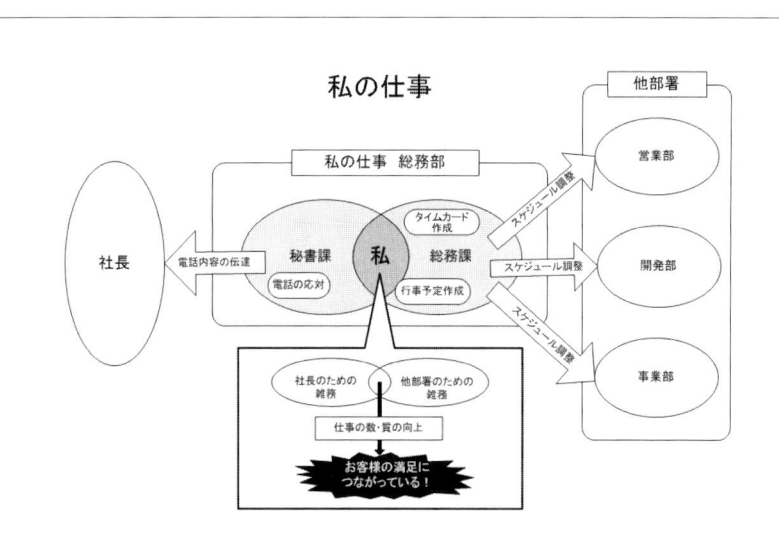

■《描いた図解を見直す》：ある秘書の仕事図②
上の①の図解を見直して、図解の中心に「総務部」内での自分の仕事を明記し、その下の吹き出しに仕事の目的とその効果を描いた。また、「他部署」との仕事の内容をそれぞれの矢印に付け加えている。これで他人が見ても「私」の仕事が理解できる。

111

字間を調整する

先に図形を描画して文字を入力した場合、図形の大きさと文字数によっては、文字が図形に収まらない場合があります。文字の大きさや図形の大きさを変えたくないならば、字間を調整して1行に収めます。

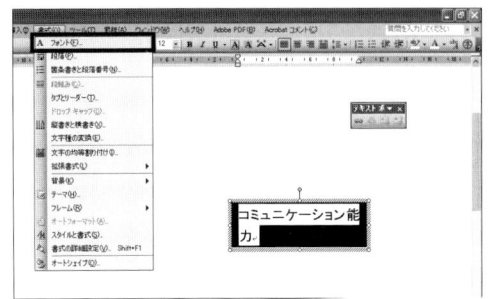

1 書式メニューの選択

[図形描画]ツールバーの[四角形]ボタンを選択し、四角形を描画します。描画した四角形の上で右クリックし、[テキストの追加]を選択して文字を入力します。文字列を選択し、[書式]メニューから[フォント]を選択します。

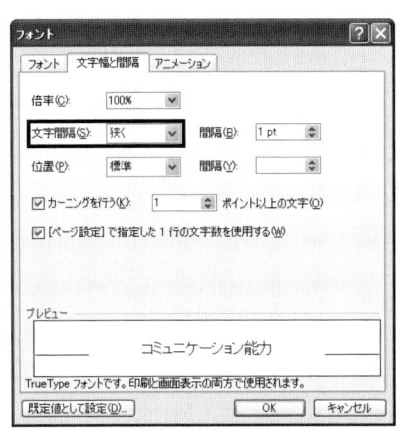

2 字間の設定

[フォント]ダイアログボックスの[文字間隔]で[狭く]を選択します。[間隔]で数値を入力して字間を指定することもできます。

3 字間が狭くなる

字間が狭くなり、図形の中に文字が1行に収まりました。

❶ ワンポイント
Office 2007での操作

Office 2007では、PowerPointやExcelでも字間を詰めることができます。PowerPoint 2007では、[ホーム]タブの[フォント]グループにある [文字の間隔]の▼をクリックして[狭く]や[より狭く]を選択します。

図形の重なり部分の色を変える PpWE

重なった2つの円に透けたような効果を付けると、重なった部分だけが濃く表示され、共通する部分を示すことができます。

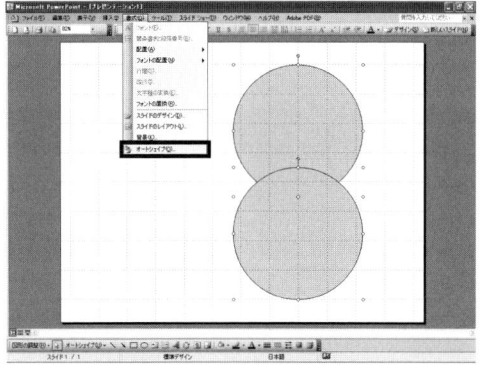

1 図の描画
円を描画し、コピーして一部を重ねます。2つの円を選択し、[書式]メニューの[オートシェイプ]を選択します。

2 透過性の設定
色を選択し、[透過性]を設定します。ここでは黒(「テキストと線の色に合わせる」)を選択し、[透過性]を「50%」に設定しています。

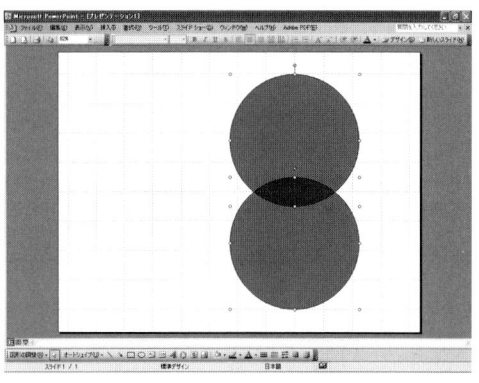

3 透過される
2つの円に透過性が設定され、重なりの部分が濃くなります。

吹き出しボックスの吹き出し位置を変える Pp W E

吹き出しが示す位置を変更したいときは、吹き出しの頂点をドラッグして移動します。吹き出しの頂点を自由な位置にしたいときは、図形を組み合わせて作るとよいでしょう。

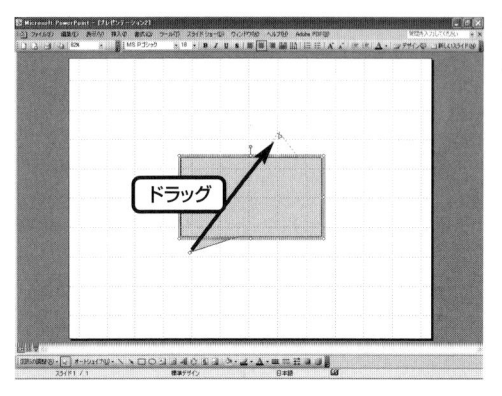

1 吹き出しの位置変更
[図形描画]ツールバーの[オートシェイプ]ボタンをクリックし、[吹き出し]－[四角形吹き出し]を選択して描画します。吹き出しを付けたい場所までドラッグします。

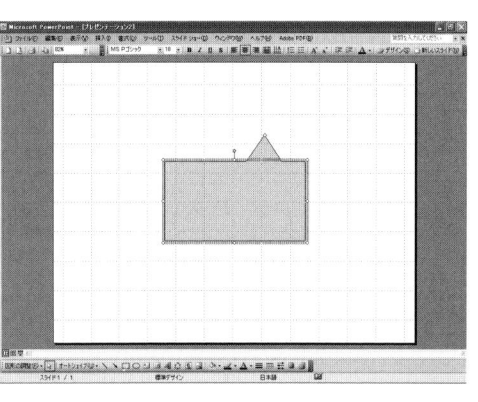

2 吹き出しの位置が変わる
吹き出しの位置が変わります。

コラム オリジナルの吹き出しボックスを作る

長方形と二等辺三角形を組み合わせて、吹き出しを作ることもできます。吹き出しの位置を中央にするときは、P.109の「人物の形の図形を作る」のように、左右中央に位置を揃え、グループ化します。

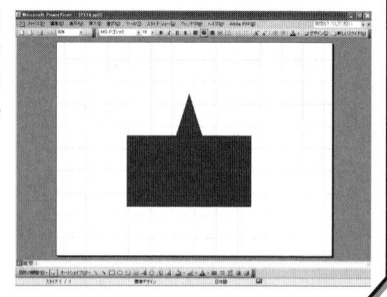

Part 5

発想力を磨く「考える図解」の描き方

01 | 図解は描けば描くほど自然に企画力が培われる

「考える」とは、自分自身との対話を行うことです。
図解すると自分自身とのコミュニケーションの技術が磨かれ、
図解を多く描けば描くほど、企画力を培っていくことができます。

頭の中が整理されないと良いアイデアは生まれない

　企画する（考える）ことは、楽しくやりがいのある仕事です。しかし、この企画することを苦手と感じている人も多いようです。

　企画は常に自らの内側にあります。思い付きで企画ができるということもまれにはありますが、本人の経験や能力、人格を超えるような企画はなかなか出てくるものではありません。つまり、自分自身とのコミュニケーション技術の巧拙が、結果的に企画力のレベルを決定付けてしまうのです。

　そこで図解の登場です。「AとBとの関係は？」「私はどこにいるのか？」など、図解を描きながら内容を理解するには、知識や経験、情報収集など、自分自身との対話が必要です。その対話の過程で多くのことに気付き、それらを集めて編集・再構築していくことが、良い企画への重要な条件となるのです。

図解で頭の中を整理する

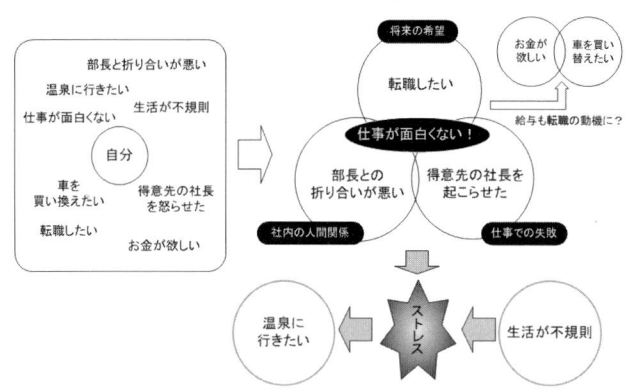

■図解で頭の中を整理する
「考える図解」の手始めは、自分の頭の中に浮かぶさまざまな事柄を図解にしてみるといい。この図解例は、日常感じている不満や希望などを左側に置いて、右側でそれらを関連付けて図解している。「転職」という解決策も見えている。

> **⚠ ワンポイント** 図解で「考える」こと
> 図解しながら試行錯誤を重ねていくと、考えがどんどん深まり、自然といろいろなアイデアや構想が生まれてくる。つまり、アイデア作りは自分との対話から創造することである。

Part5 ● 発想力を磨く「考える図解」の描き方

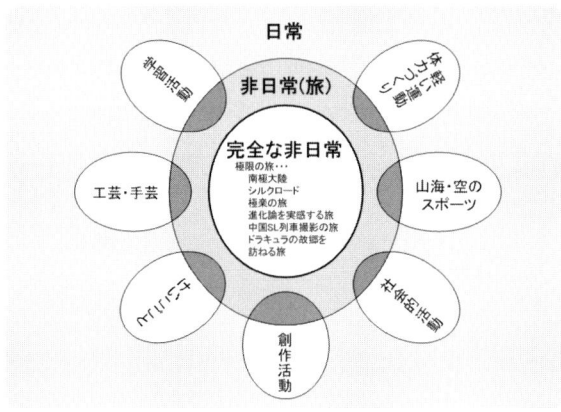

■新しい旅企画を考える①
この図解例は、新しい旅の企画を考えたもので、日常の一部に非日常（旅）があり、さらにその中に完全なる非日常の旅があると定義している。新しい企画を考えるために、日常と非日常の境界にまたがるさまざまな分野を配置している。

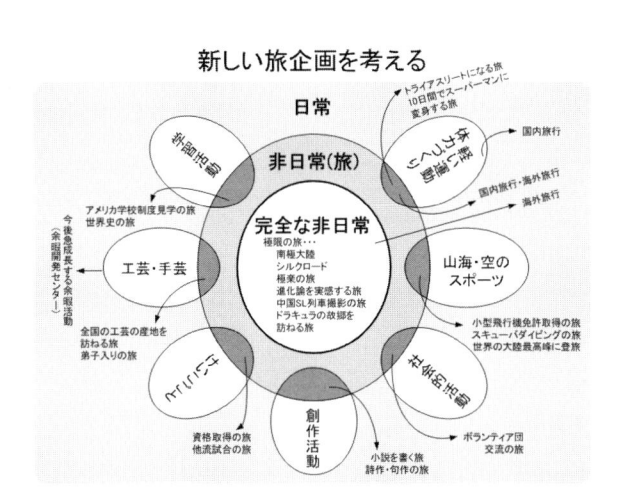

■新しい旅企画を考える②
日常と非日常の境界にまたがる分野には、どのような旅が企画できるかを考えた図解例。たとえば、下側の「創作活動」が非日常と交わっているところでは、「小説を書く旅」や「詩作・句作の旅」など、創作に関する新しい旅が考えられる。

複数の図形を左右対称に配置する PpWE

複数の図形を左右対称に配置するには、まずドラッグしてコピーしてから、反転させると便利です。

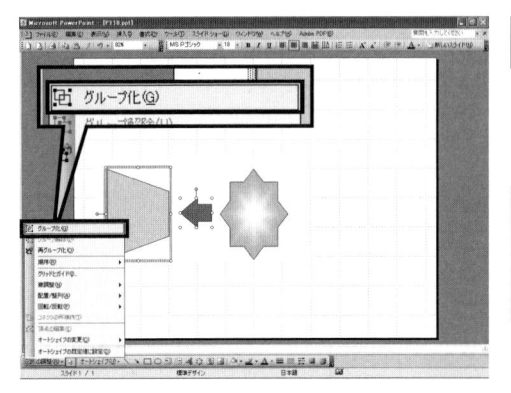

1 図形のグループ化
グループ化したい図形を選択し、[図形描画] ツールバーを [図形の調整] ボタンをクリックして [グループ化] を選択します。

> **ワンポイント**
> **複数の図形の回転**
> 後で図形を回転させるため、回転する図形をあらかじめグループ化しておきます。

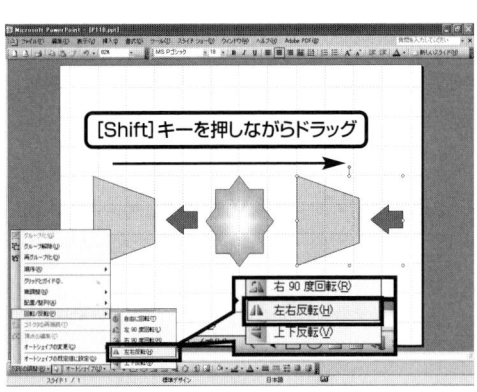

2 図形のコピーと反転
図形を選択し、[Shift] ＋ [Ctrl] キーを押しながらドラッグし、水平方向にコピーします。コピーした図形が選択されているのを確認し、[図形描画] ツールバーの [図形の調整] ボタンをクリックして [回転／反転] － [左右反転] を選択します。

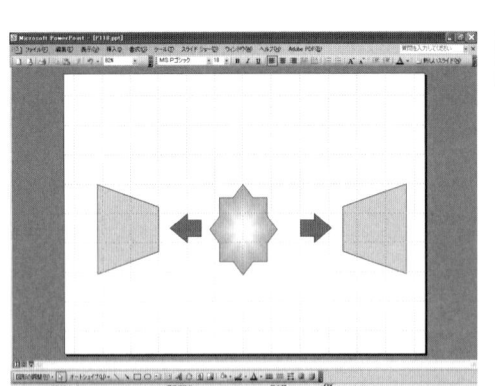

3 図形が反転する
図形が反転し、左右対称な図形ができあがります。

Part5●発想力を磨く「考える図解」の描き方

斜めの文字を入力する　Pp W E

斜めの文字を読みやすく作成するには、ワードアートを利用する方法があります。角度の付いた文字列を簡単に入力できます。

1 ワードアートスタイルの選択

[図形描画] ツールバーの [ワードアートの挿入] ボタンをクリックし、斜めに上がっているデザインを選択します。

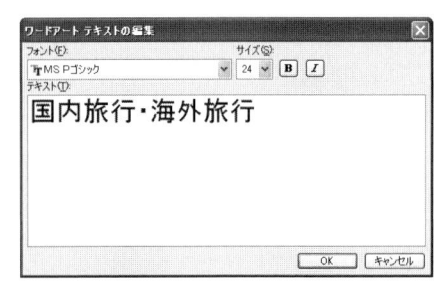

2 文字の入力

[テキスト] に文字を入力し、[フォント] や [サイズ] を指定します。

3 ワードアートが挿入される

図表にワードアートが挿入されます。

❶ ワンポイント
ワードアートの回転

緑色のハンドルをドラッグして、角度を調整することができます。ただし、Wordの場合は、[テキストの折り返し] が [行内] 以外に設定されている必要があります。

❶ ワンポイント　ワードアートの変更

挿入したワードアートは、[塗りつぶしの色] や [線の色] で色を変更できます。また、[ワードアート] ツールバーには、デザインを変更したり、文字列を変更したりするためのボタンが集められています。

119

02 | 図解の中に自分が思ったことを書き加えよう

自分の意見を持つことが、良い企画への第一歩です。
自分の考えを進化させるには、一度作った図解を見ながら、
昔の自分と対話をし、そこで生まれた意見を図解に反映させます。

「考える図解」の目標は自分の意見を持つことにあり

　Part4で述べた「わかる」ための図解では、文章や自分の考えを正確に図解することを目標としました。ここからの「考える」ための図解では、そこから一歩進んで自分の考えを持つことが目標となります。

　「正確に」と書きましたが、本や新聞記事を図解していくと、「ここはよくわからない」とか「これはおかしいのではないか」という点がよくあります。

　このような場合は、書き手の考えを無批判に受け入れて理解しようとするのではなく、書き手と対等な対話をするつもりで、あるいは一段上に立った気持ちで、その考えを材料に自分なりに理解して図解すればいいのです。

　また、自分の考えを進化させるには、自分が描いた図解を見ながら昔の自分と対話し、そこから生まれた意見を図解に書き込むことで実現されます。

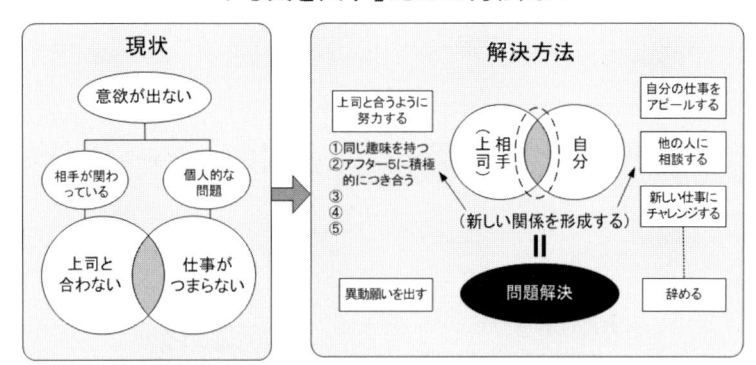

■仕事に対する自分自身の問題を図解する
仕事に対する自分自身の状態と、その解決方法を考えた図解例。仕事に対して意欲が出ないのは、「上司と合わない」と「仕事がつまらない」があり、それぞれの解決方法を配置して改めて考えてみる。図解は、セルフカウンセリングでもある。

> **⚡ ワンポイント　自分の意見を持つ**
> 本や雑誌・新聞などの文章を読み解くこととは、「書き手の考えを正確に理解する」のではなく、書き手の考えに触れて「自分の意見を持つ」ことである。

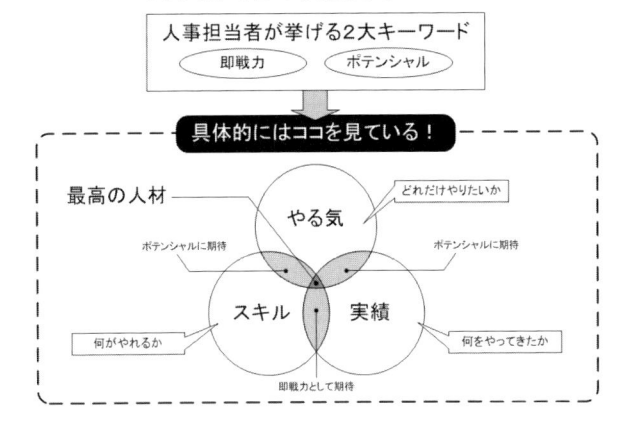

Part5●発想力を磨く「考える図解」の描き方

■面接に備えて、アピールポイントを探す

人事担当者が採用の際、志願者を見るポイントを示した図解例。「即戦力」と「ポテンシャル」が2大キーワードで、「やる気」「スキル」「実績」の3つが重なれば、最高の人材となる。図を見ながら自分自身のアピールポイントはどこか探していく。

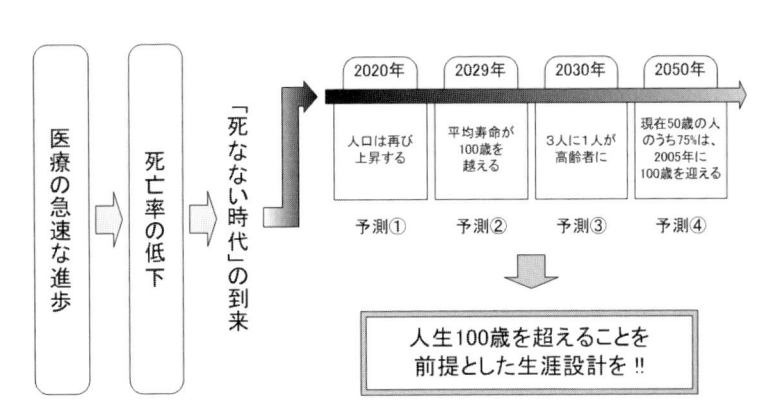

■図読を一歩進める

ある記事を図解したら、そこには「予測③」までの情報しかなかったので、自分が100歳まで生きることを前提に「予測④」まで書き込んだ図解例。このようにさらに情報を集め、図読を一歩進めることが「わかる」から「考える」のステップとなる。

吹き出しの位置を移動する

PpWE

吹き出し全体の位置を移動するときは、吹き出しの吹き出し口（突起部分）をドラッグします。吹き出しの枠をドラッグすると、吹き出し口の位置を変えずに、枠のみ移動します。

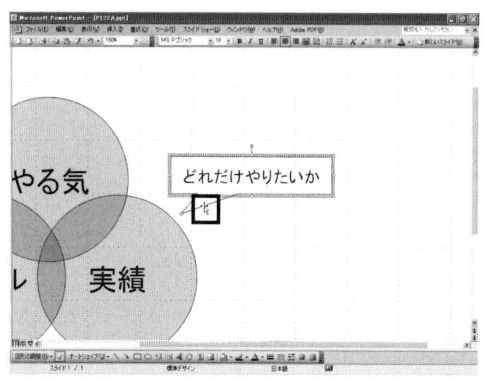

1 吹き出し口のポイント

［図形描画］ツールバーの［オートシェイプ］ボタンをクリックし、［吹き出し］－［四角形吹き出し］を選択して描画します。吹き出し全体を移動するため、吹き出し口をマウスでポイントします。

2 吹き出しのドラッグ

移動したい位置へドラッグします。

> **❗ ワンポイント**
> **吹き出し口の位置を調整する**
> 吹き出し口に表示される黄色い菱形をドラッグすると、吹き出し口の位置を変更できます。

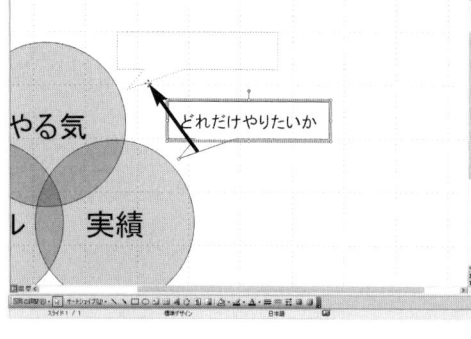

3 吹き出しが移動する

吹き出し全体が移動します。

> **❗ ワンポイント**
> **矢印キーを利用する**
> 吹き出しを選択し、キーボードの矢印キーを使っても、吹き出し全体を移動できます。

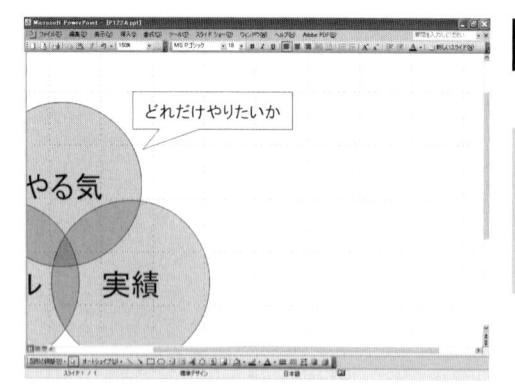

折れ線になった引き出し矢印を作る　PP W E

吹き出しと矢印を組み合わせると、矢印の付いた引き出し線を作ることができます。

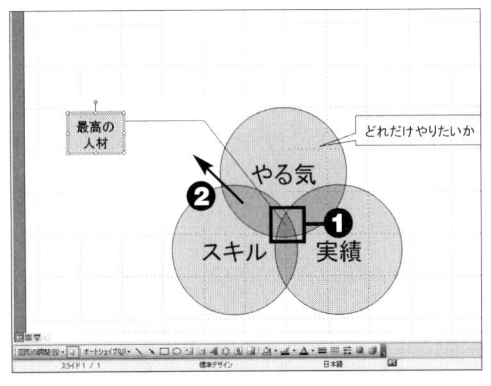

1 吹き出しの描画
[図形描画] ツールバーの [オートシェイプ] ボタンをクリックし、[吹き出し] － [線吹き出し3] を選択します。❶引き出し線で示したい位置をクリックし、❷外側へ引き出すようにドラッグして描画します。マウスのボタンを離したところで、文字が入力できます。

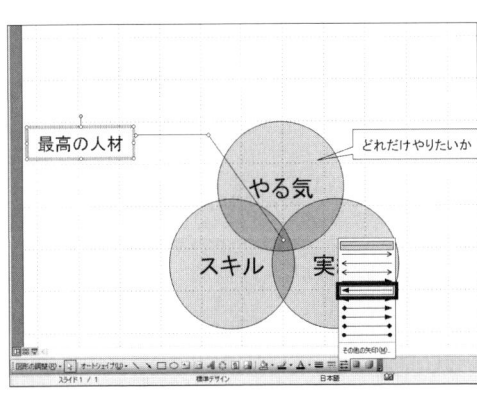

2 矢印の選択
文字サイズを調整し、[矢印のスタイル] ボタンをクリックして、矢印の形状を選択します。ここでは支点側に矢印を付けたいので [矢印スタイル6] を選択しています。

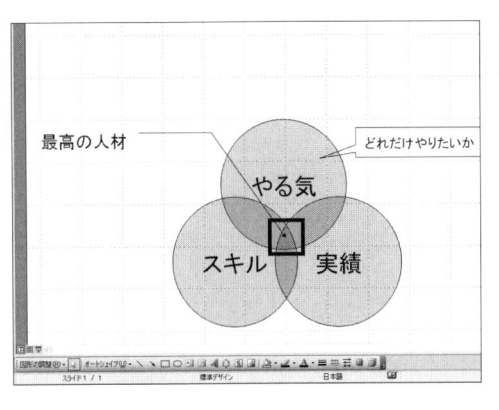

3 矢印が付く
引き出し線に矢印が付きます。

03 | 現状、数字、感想…あらゆる材料をまずは書き出す

まずは、考えるための材料を集めましょう。
資料に目を通し、気になった部分、重要と思われる記述や数字、
また自分の知識から、多くのキーワードを書き出していきます。

「考える」ために、まず「仮図解」を作ってみる

　たとえば、あなたが会社で「最近、ヒット商品が出ていないので、他社に出し抜かれてばかりいる。いったい、何が原因なのか究明してほしい」という課題を与えられたとしましょう。

　このような場合、まず手始めに行うといいのは仮図解を作ってみることです。最近の市場動向についての新聞や雑誌などの記事、それに自分が仕事や生活の中で得た知識などから、現状を表すキーワードや数字を思い付くままに書き出していきます。また、すでに社内文書として以前の企画書や調査資料がある場合は、不要な部分を削除してキーワードだけを残します。

　そして、これらの材料や要素を図解の手法に従って、関係を考えながらグループにしていきます。

```
                    私の悩み
    ┌─────────────────────────────────────┐
    │  給料が少ない                            │
    │                      結婚しろと親がうるさい  │
    │         引っ越したい                      │
    │  寝つきが悪い                            │
    │              煙草の量が増えてきた          │
    │  営業に向いてない気がする                  │
    │                      創造的な仕事がしたい  │
    │  同僚が先に出世した                       │
    │                  太ってきた              │
    └─────────────────────────────────────┘
```

■現状からキーワードを書き出す
これは現在の自分の悩みや状況を、仕事とプライベートを区別せずに思い付くままに書き出したもの。ビジネスに関しても、この例と同じように、事実・気付いたこと・思い付いたことなどを、どんどん書き出してみるといい。

> **ワンポイント** 「仮図解」とは？
> 新聞や雑誌などの記事、それに自分の頭の中にある知識などからキーワードを書き出し、それらの関連性を考えながら仮配置した段階の図解をいう。

■キーワードをまとめる

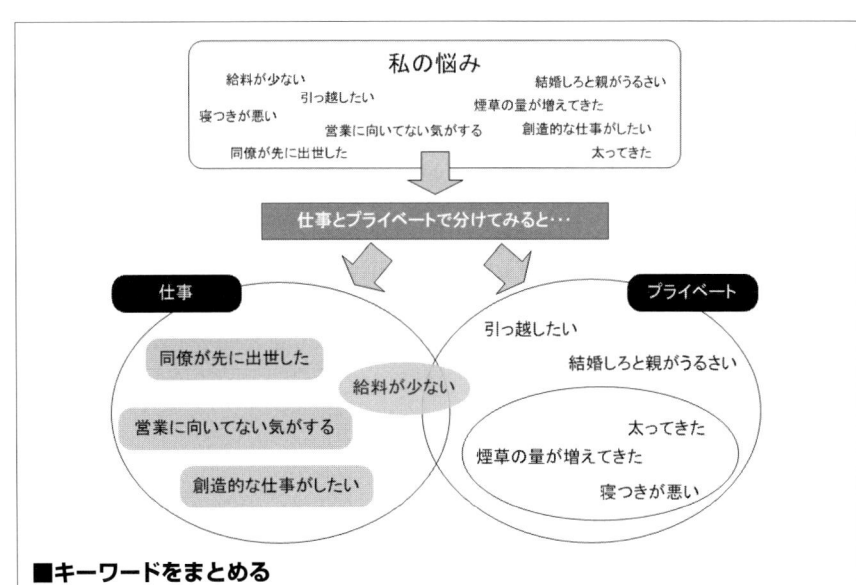

現状の悩みを「仕事」と「プライベート」で分けてみるとだいぶ整理される。このように、キーワードをまとめていくと解決策を導き出すことにもつながる。ビジネスの場合は、3Cや4Pなどのマーケティング用語を使って考えると、まとめやすい。

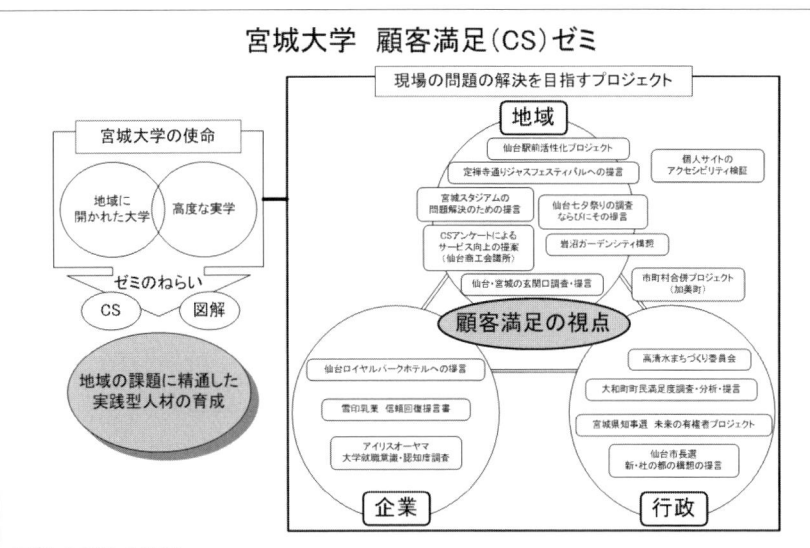

■私のゼミの場合

宮城大学顧客満足ゼミでは、多くのプロジェクトを行ってきた。それらをすべて書き出してまとめてみると、「地域」「企業」「行政」に関わるすべてのプロジェクトが、顧客満足の視点で行われていることが表されている。

ツリー状の図形を作る

ツリー状図形は、直線と円を組み合わせて作ります。

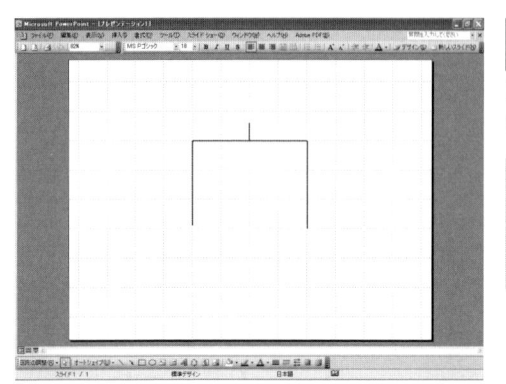

1 直線の描画

[図形描画]ツールバーの[直線]ボタンをクリックし、描画して組み合わせます。

> **ワンポイント ズームして確認**
> 直線の角がきちんと合っているか確認したい時などは、表示倍率を上げると、わかりやすくなります。

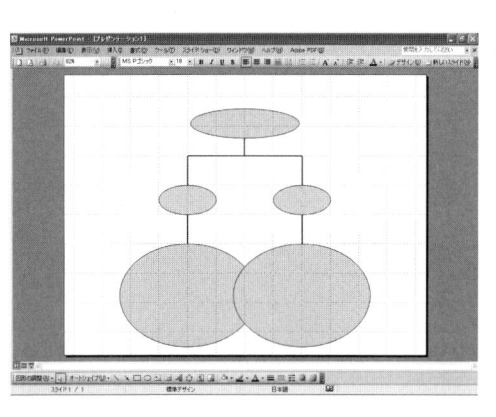

2 楕円の描画

楕円を直線の上や先端に配置します。

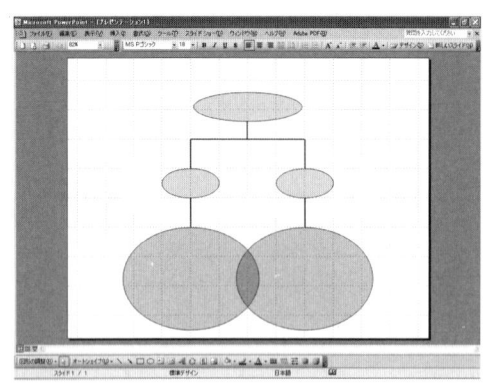

3 塗りつぶしを変更

楕円の塗りつぶしを変更します（P.113参照）。

> **ワンポイント 図表ギャラリー**
> ツリー状図形は、[図形描画]ツールバーの[図表または組織図を挿入します]ボタンをクリックし、[図表ギャラリー]ダイアログボックスで[組織図]を選択して描くこともできます。組織図については、P.34を参照してください。

矢印にグラデーションを付ける PpWE

矢印にグラデーションを設定すると、方向性やスピード感を表現することができます。

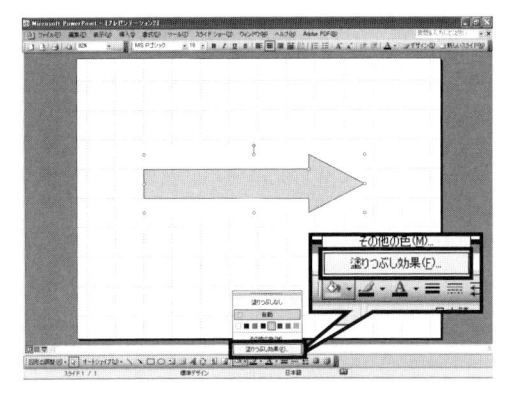

1 塗りつぶし効果の設定
描画した楕円をクリックし、[図形描画]ツールバーの[塗りつぶしの色]ボタンの▼をクリックして[塗りつぶし効果]を選択します。

2 グラデーションの設定
[色]で[2色]を選択し、任意の色を設定します。[グラデーションの種類]で[縦]を選択し、[バリエーション]で左から右へ薄くなるパターンを選択して[OK]をクリックします。

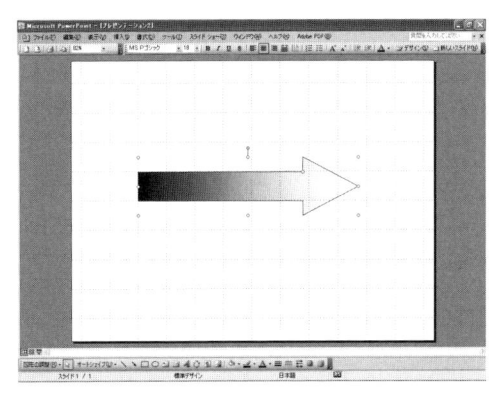

3 グラデーションが設定される
矢印にグラデーションが設定されます。

04 | 仮図解を作って、足りない情報を集める

キーワードの固まりごとに、部分図解を作ります。
そして、それらを組み合わせて仮図解を作っていきます。
仮図解を基に、さらに情報を集め、考えを深めていきます。

仮図解に新しい情報を書き加えることで思索が深まる

　キーワードをグループに分類し、その固まりの中で関係を見つけてキーワード同士を結び付け、部分図解を作ります。さらに、この部分図解を組み合わせていくと仮の全体図解ができあがります。

　仮図解ができると、対象としているテーマの全体像をつかめたことになり、自分なりの問題意識もできてきます。そして、その仮図解をベースに、さらに情報を集めます。資料などから抜き出したり、実際に対象となっている人に聞いたりして、仮の図解に落とし込んでいきます。

　このように、新しい情報を書き込んで手直ししていくと、問題点の把握ができてきます。そして、その問題点に対する情報を集めたり、打開策を探ったりしながら、今度は解決のための図解にしていきます。

効果的なWebデザインの要素とは

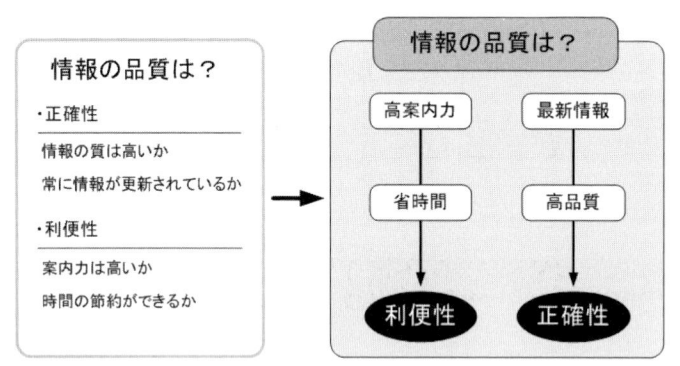

情報の品質は？
・正確性
　情報の質は高いか
　常に情報が更新されているか
・利便性
　案内力は高いか
　時間の節約ができるか

→

情報の品質は？
高案内力　最新情報
　↓　　　　↓
省時間　　高品質
　↓　　　　↓
利便性　　正確性

■部分図解を作る
図の左側のように集めたキーワードを分類し、右側のようにその分類内で図解化していくと部分図解になる。部分図解の段階でうまく図解にならない場合は、分類方法が間違っている可能性があるので、この段階で見直すことが必要

> **⚠ ワンポイント** 充実している仮図解とは？
> 多くの情報が書き込まれているからといって、良い図解とは言えない。仮図解は、目的を絞った情報、全体のイメージやレイアウト、論理展開などを考えて充実させ、図解がすっきりとしている状態が望ましい。

Part5●発想力を磨く「考える図解」の描き方

人間とコンピュータの違い

人間
- 間違いを正せる
- しばしば記憶違いを起こす
- 思考・推論が得意

⇔

コンピュータ
- 間違いを正せない
- 精密な記憶装置
- 計算が得意

■仮図解を作る
人間とコンピュータの能力の違いを簡単に分類し、対立表現でまとめた図解。しかし、これでは何も考えたことにはならない。現状に即して、人間とコンピュータとの望ましい関係を考える必要がある。

人間が仕事をし、コンピュータに作業をさせる

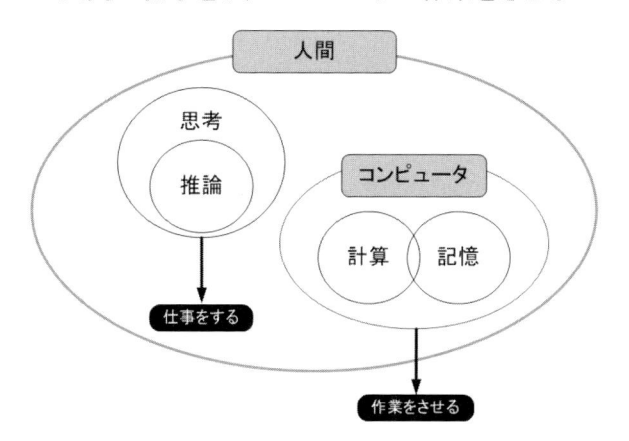

人間
- 思考
  - 推論 → 仕事をする
- コンピュータ
  - 計算
  - 記憶
  → 作業をさせる

■仮図解を見直す
上図のように対立表現でまとめていた図解を、人間がコンピュータを包むように表現し直している。人間は「思考」「推論」などの創造的な仕事をし、コンピュータは「計算」「記憶」などの作業を人間の代わりに行っていることが理解できる。

箇条書きの行間を広げる

箇条書きなどの文字の部分は、適度に行間を広げると読みやすくなります。

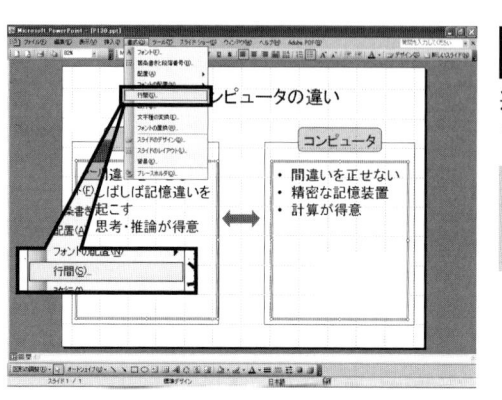

1 行間の設定

行間を変更したい箇条書きを選択し、[書式]メニューの[行間]をクリックします。

> **❶ ワンポイント** 箇条書きの作成
> 箇条書きの作成については、P.97を参照してください。

2 行間を指定する

行間を指定し、[OK]をクリックします。ここでは[段落後]を「1行」に設定しています。

> **❶ ワンポイント**
> プレビューで確認する
> 行間に数値を入力して[プレビュー]をクリックすると、設定後の画面を確認できます。

3 行間が広がる

段落後の間隔が変更され、行間が広がります。

Part5●発想力を磨く「考える図解」の描き方

枠の形を後から変える

PP W E

描画した図形は、後から別の図形に変更できます。サイズを変えずに変更できるので、レイアウトが崩れる心配もありません。

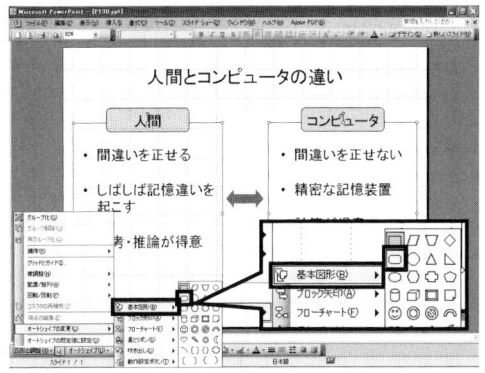

1 オートシェイプの変更
変更したい図形を選択し、[図形描画] ツールバーの [図形の調整] ボタンをクリックし、[オートシェイプの変更] ― [基本図形] ― [角丸四角形] を選択します。

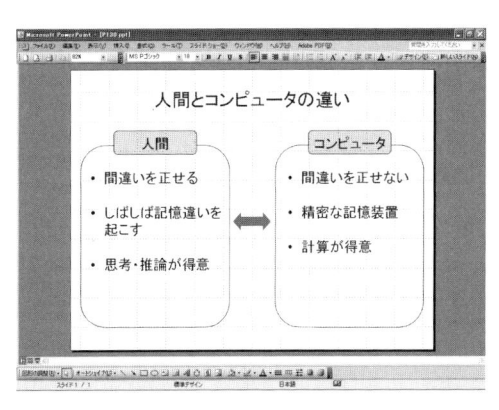

2 角を丸くする
選択した図形が角丸四角形に変わります。

コラム 角丸四角形の変形

角丸四角形の角の丸みは、黄色い菱形のハンドルをドラッグして調整できます。

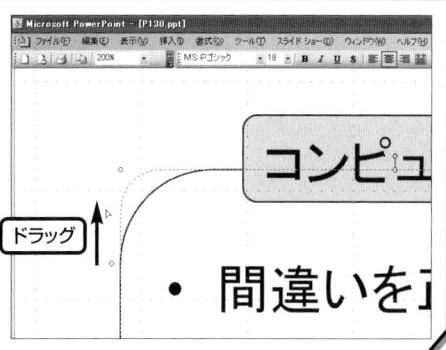

05 | 図解するとキーワードの「重み」や「質」が見えてくる

つながっていないキーワードをつなげていく作業は、
図解しながら考え、発想力を鍛えるスタートラインになります。
情報不足なのか、論理的に矛盾があるのかをじっくりと考えます。

キーワードがつながらないのは情報不足か論理矛盾

　キーワードが箇条書きで並んでいるときには気が付きませんが、それらを仮図解にしていくと、それぞれのキーワードを選別しようとする意識が生まれてきます。「どのキーワードが大きいか小さいか、情報の質はどれが高いか低いか」と、遠近法のような考え方で対象を眺めるようになります。

　頭では何となく理解していたつもりでも、実際にキーワードを並べながら図解を描いてみると、不足している部分や情報が自然と見えてきます。どこのマルにも入らないキーワードがあったり、マルのブロックがどこにも矢印でつながっていなければ、その部分に疑問を感じているということです。

　キーワードがつながっていないのは、単純に情報が不足しているのか、論理的に矛盾があるのかをじっくりと考えます。

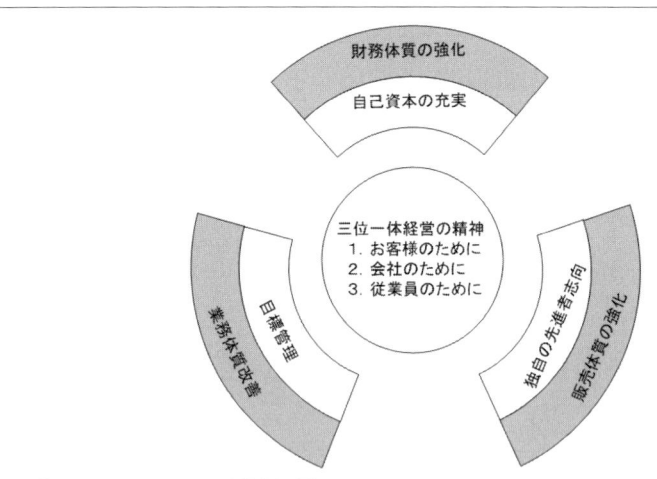

■常にキーワードの関係性を考える
この図解は、中心の「経営の精神」と、周りにある3つのブロックとの関係がわからない。この場合は、各ブロック同士の関係、各ブロックと中心との関係、どのブロックが最優先なのかを考えていくと、より実効的な経営指針になる。

> **ワンポイント　キーワードの見直し**
> キーワードを見直すときは、P.94〜95、P.98〜99を参考にするとよい。

大局的な指示は大きな成果を生み出す

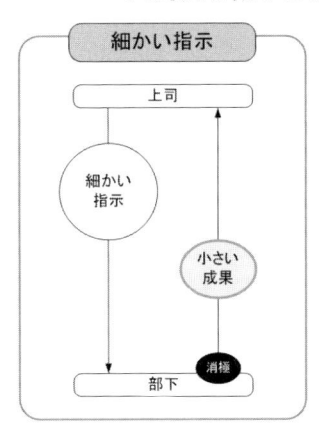

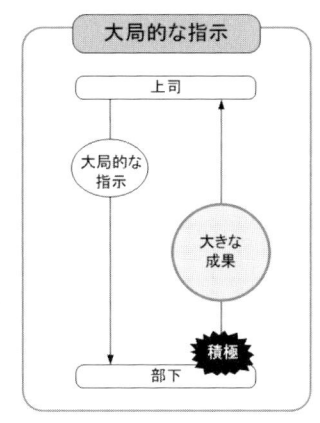

■キーワードのつながりを確認する
上司の指示の仕方によって部下の成果が変わることを示した図解例。指示が十分だと部下は指示された分の成果しか出せない（左側）が、指示が大局的だと部下はそれ以上の成果を出す（右側）ことがわかる。だが、2つのブロックの関係がわからない。

状況・人物に応じた指示が必要

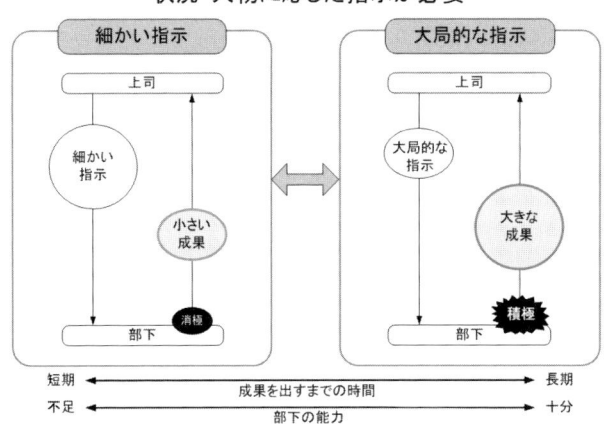

■全体のつながりを考え直す
2つのブロックの関係と、時間軸を下側に置いて情報を足すと、どちらが正しいのかではなく、時間や部下の能力に応じて指示の仕方を変えるべきだという結論が導き出せる。このように図読から一歩進んで、自分の考えを加えていくことが重要。

バクハツマークを作る

注目させたいキーワードは、オートシェイプから爆発したような図形を選んで描画するといいでしょう。

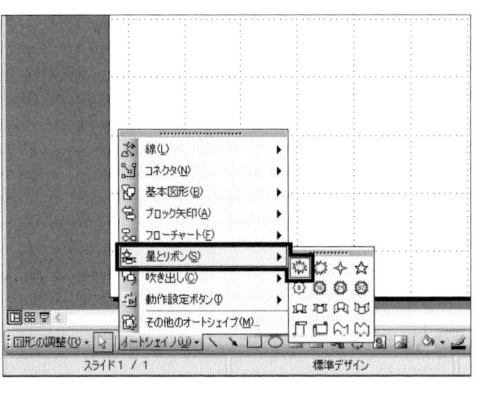

1 図形の選択
[図形描画]ツールバーの[オートシェイプ]ボタンをクリックし、[星とリボン]-[爆発1]を選択します。

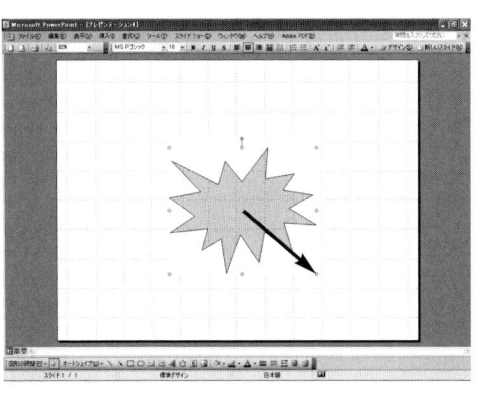

2 図形の描画
ドラッグして図形を描画します。

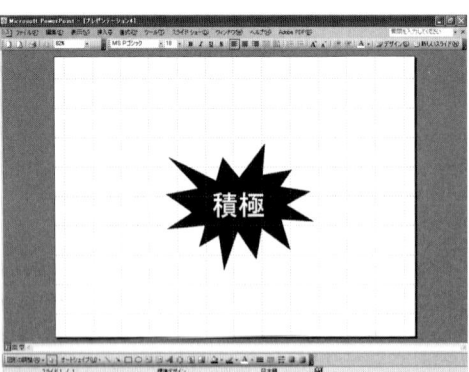

3 文字を入力する
文字を入力し、色を変更します。

❶ ワンポイント
星でバクハツマークを描く
[星とリボン]-[星16]を選択し、横長になるように描画しても、「爆発」のような効果が出ます。

線上に円の中心を揃える

配置/整列の機能を利用して、複数の図形の位置をきれいに整えられます。位置を整えた図形はグループ化しておくと、移動しても位置関係が崩れません。

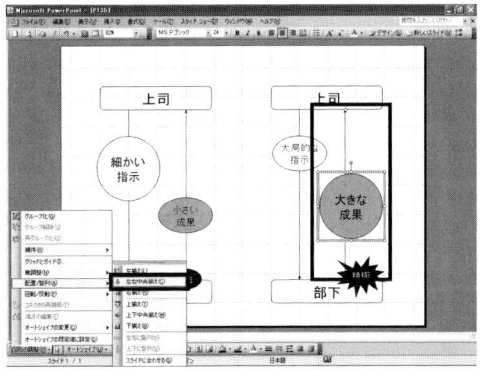

1 図形の配置/整列
中心を合わせたい円と矢印を、[Ctrl]キーを押しながらクリックして選択します。[図形描画]ツールバーの[図形の調整]ボタンをクリックし、[配置/整列]-[左右中央揃え]を選択します。

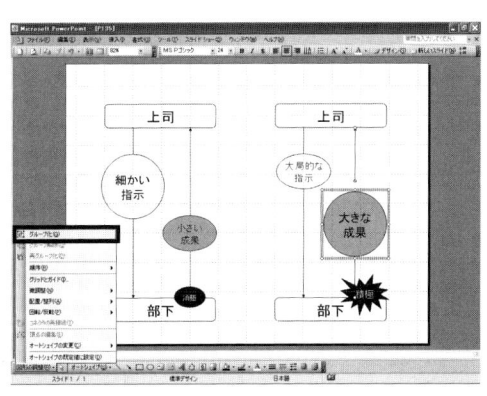

2 図形のグループ化
図形が左右中央に揃います。図形の選択は解除しないまま、[図形の調整]ボタンをクリックして[グループ化]を選択します。

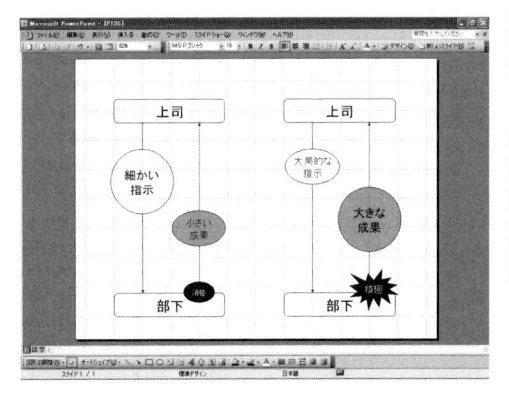

3 図形の移動
中央揃えにしてグループ化した図形をドラッグし、位置を調整します。

> **! ワンポイント**
> **図形の位置の微調整**
> キーボードの矢印キーを利用して、図形の位置を微調整できます。P.75を参照してください。

135

06 | 自分の言葉に置き換えるとテーマが見えやすくなる

しっくりこないキーワードや抽象的な表現がある場合は、
言葉を見直して、自分がわかりやすい言葉に言い替えると、
図解そのものの理解が深まり、新たな考えも浮かんできます。

対にしやすい、具体的イメージがしやすい言葉を選ぼう

仮図解を作っていくと、もともとのキーワードの表現がしっくりこないときがあります。たとえば、対立関係にあるキーワードが「平等」と「不公平」では、引っかかりを感じますが、「不公平」を「不平等」と韻を踏むように言い替えると、対比概念がクリアになってきます。

また、「エンパワーメント」や「才覚」など、文章からそのまま抜き出した言葉は抽象的で、そのまま図解に落とし込むとわかりにくいものになります。このような場合は、自分自身がわかりやすい言葉に置き換えていきます。

自分にとってわかりやすい言葉に言い替えると、図解のテーマそのものが理解しやすくなります。テーマが理解しやすくなると、問題の本質がつかみやすくなり、考えることが楽になります。

仕事の種類とそれぞれの関係

- 創造型 — 新しいしくみを構築する
- 改善型 — すでに発生した問題を改善する
- 対策型 — 問題発生の前に手を打つ
- 定型型（ルーティンワーク）
- 中心：問題

■言葉の韻を踏む
仕事の種類とそれぞれの関係を示した図解例。仕事を4つの種類に分類し、1つひとつの仕事を韻を踏んで「〜型」としている。また、問題を解決する3つの仕事の説明文もレベルを合わせて、種類の違いをわかりやすくしている。

> **! ワンポイント　言葉の韻と言い替え**
> 韻を踏んだり、具体的にわかりやすい言葉、自分で理解しやすい言葉に置き換えることは、書き手の思考に惑わされずに自分の頭の中に引き戻す作業となる。

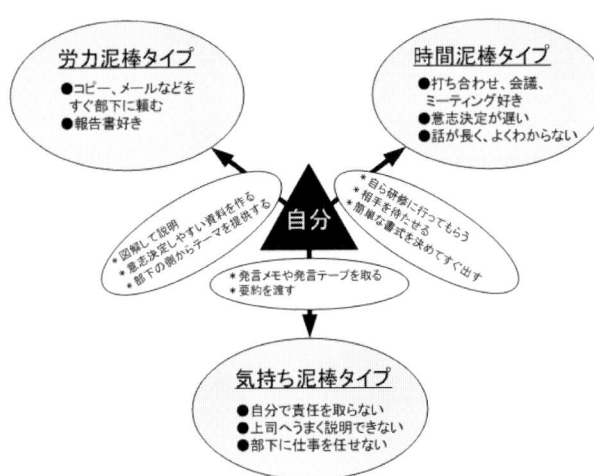

Part5●発想力を磨く「考える図解」の描き方

上司は変えられないから、自分が変わる！

労力泥棒タイプ
- コピー、メールなどをすぐ部下に頼む
- 報告書好き

時間泥棒タイプ
- 打ち合わせ、会議、ミーティング好き
- 意志決定が遅い
- 話が長く、よくわからない

自分

* 図解して説明
* 意志決定しやすい資料を作る
* 部下の隣からテーマを提供する

* 自ら研修に行ってもらう
* 相手を待たせる
* 簡単な書式を決めてすぐ出す

* 発言メモや発言テープを取る
* 要約を渡す

気持ち泥棒タイプ
- 自分で責任を取らない
- 上司へうまく説明できない
- 部下に仕事を任せない

■**言葉を創造する**
部下から見た上司のタイプとその行動パターンを分類した図解例。「自分」と上司のタイプとの間に、付き合い方を示している。それぞれの上司のタイプ名は、韻を踏みながら言葉を組み合わせて統一感を持たせている。

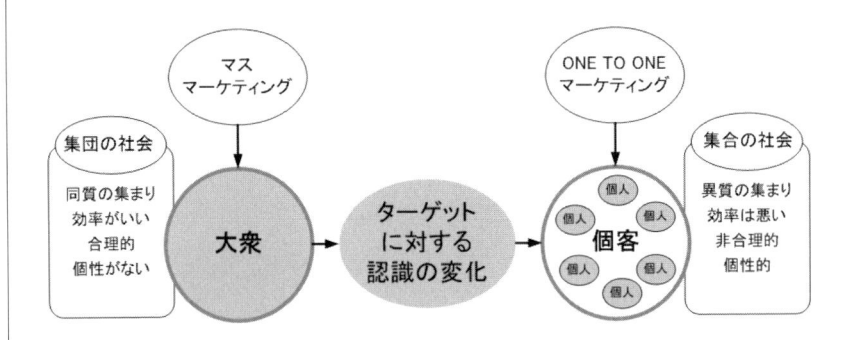

集団から個人へ ― 変化する社会

マスマーケティング

ONE TO ONE マーケティング

集団の社会
同質の集まり
効率がいい
合理的
個性がない

大衆

ターゲットに対する認識の変化

個客（個人）

集合の社会
異質の集まり
効率は悪い
非合理的
個性的

■**言葉で対比を明確にする**
従来の画一的な大衆に対する「マスマーケティング」から、個性的な個人に対する「ONE TO ONE マーケティング」への変化を示した図解例。社会が変化していることを、左右の枠内に配置した言葉の対比で表現している。

図形を中心から等間隔に揃える

図形の配置を整えるには、グリッドとガイドを目安にする方法もあります。

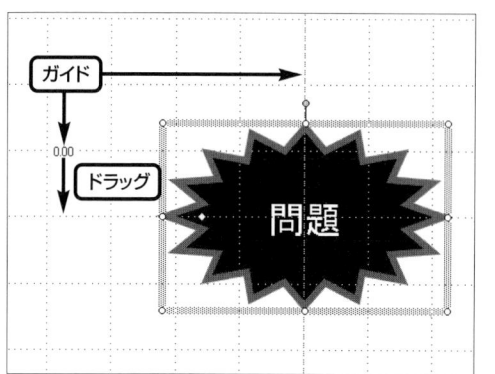

1 ガイドの表示

図解の中心となる図形を描画し、グリッドを目安に左右中央に配置します。[図形描画] ツールバーの [図形の調整] ボタンをクリックし、[グリッドとガイド] を選択して、ガイドを表示します。水平方向に引かれたガイドをドラッグし、図形の中央まで移動します。

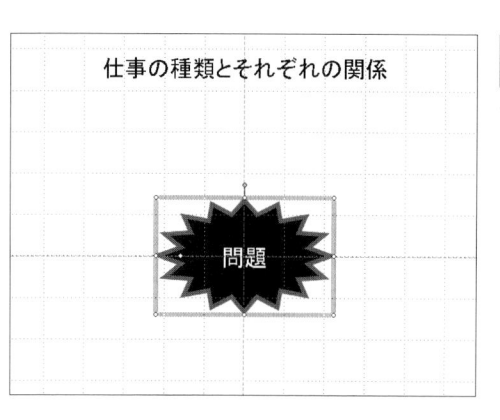

2 ガイドが移動する

ガイドが移動し、図形の中心位置が明確になります。

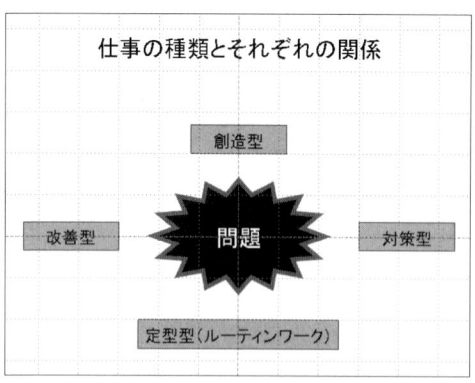

3 他の図形を配置

ガイドとグリッドを目安に、他の図形を配置します。

❗ ワンポイント
ガイドを目安にするコツ

PowerPointでは、ガイドをドラッグすると位置が表示されます。これを目安にガイドを移動し、図形を配置します。Word、Excelではガイドが表示されないので、グリッドとルーラーやセルの境界線を目安に配置します。

楕円を斜めに配置する

PP W E

図形は緑色のハンドルを利用して回転します。文字が入力されている場合は、文字も図形と一緒に回転します。

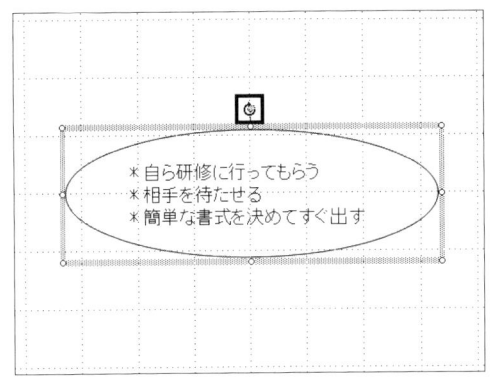

1 図形の回転
楕円を描画し、緑色の回転ハンドルにマウスポインタを合わせます。ポインタの形状が ↻ に変わります。

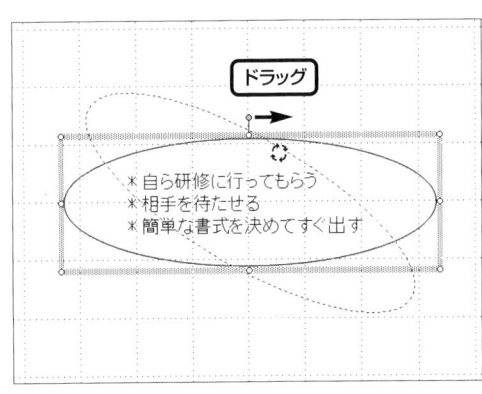

2 ドラッグする
楕円を傾けたい方向へドラッグします。

> **!ワンポイント**
> **15度ずつ回転する**
> [Shift]キーを押しながら緑色の回転ハンドルをドラッグすると、15度ずつ回転できます。

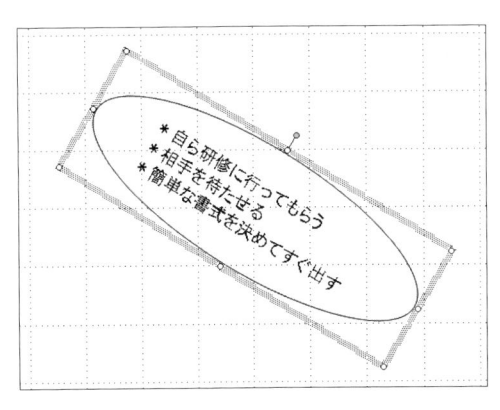

3 楕円が回転する
楕円が回転します。

07 | 図解の骨格を固めてアイデアを膨らませよう

図解の骨格が固まると、テーマの全体像が明らかになります。
いろいろな人と意見を出し合って、アイデアを膨らませたり、
図解に付け足すものを考え、取捨選択して図解に描き込みます。

仮図解の段階で他人の意見を聞くことが大切

　図解の骨格が固まり、考えるための仮図解が完成したら、もう一度全体を眺めてみます。この段階で、図解をいろいろな人に見てもらうのも有効です。

　その場合、見てもらう人と一緒に「ココとココの間には何があるのだろうか？」「このマルに関連した情報は？」など、図解に付け加えるものを考えながら見直していきます。思い付いたアイデアは書き出していきましょう。

　骨格がしっかりしていれば、図解を見ている人の間でテーマの全体像についての共通認識が生まれます。テーマの全体像をお互い把握できると、自然とアイデアは出てくるものです。

　その後、図解を見ながら出てきたアイデアを膨らませたり、まとめたり、取捨選択したりして骨格の図解に描き込んでいきます。

業績アップのための調査について

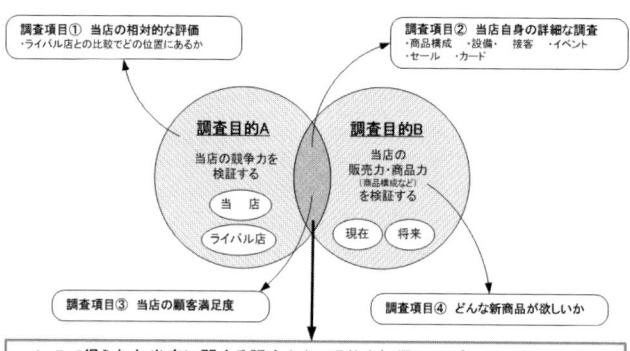

- 調査項目① 当店の相対的な評価
  ・ライバル店との比較でどの位置にあるか
- 調査項目② 当店自身の詳細な調査
  ・商品構成　・設備　・接客　・イベント
  ・セール　・カード

調査目的A
当店の競争力を検証する
当店
ライバル店

調査目的B
当店の
販売力・商品力
（商品構成など）
を検証する
現在　将来

- 調査項目③ 当店の顧客満足度
- 調査項目④ どんな新商品が欲しいか

A、Bで得られた当店に関する調査から、現状を把握し、リピーター客の増加、新規顧客の獲得でシェア拡大、売り上げ増大の戦略を構築する。

■調査の具体的アイデア
ある外食店の「業績アップのための調査」について考えた企画書。「調査目的A」と「調査目的B」の2つの骨格を基に、実際に行う調査のアイデアを4項目挙げている。また、この調査から得られる目標を下側に表している。

> **① ワンポイント**　すぐれた骨格
> 完成した仮図解を人に見てもらい、意見を出し合う作業は、骨格にさまざまな筋肉や皮を付けていくことと同じ。すぐれた骨格は、豊かな細部で飾ることによってバランスのとれた体格になる。

Part5●発想力を磨く「考える図解」の描き方

私の悩み

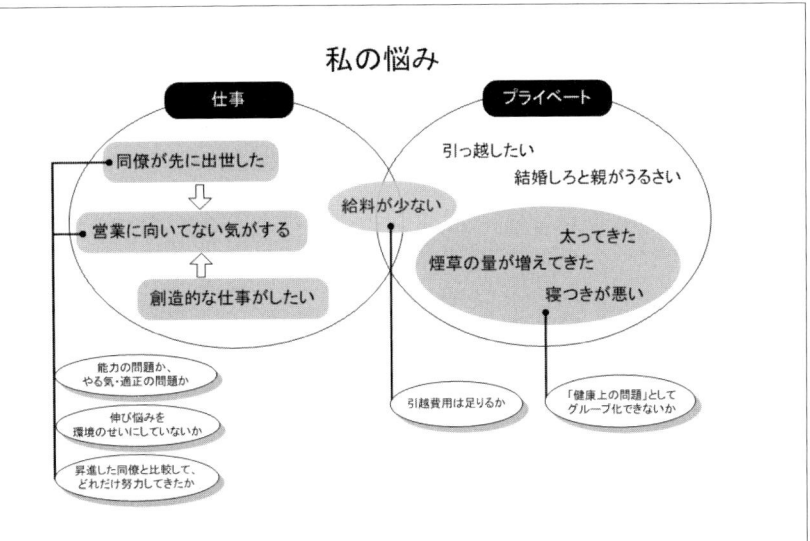

仕事
- 同僚が先に出世した
  ⇩
- 営業に向いてない気がする
  ⇩
- 創造的な仕事がしたい

- 能力の問題か、やる気・適正の問題か
- 伸び悩みを環境のせいにしていないか
- 昇進した同僚と比較して、どれだけ努力してきたか

（交わる部分）給料が少ない
- 引越費用は足りるか

プライベート
- 引っ越したい
- 結婚しろと親がうるさい
- 太ってきた
- 煙草の量が増えてきた
- 寝つきが悪い

- 「健康上の問題」としてグループ化できないか

■「私の悩み」に解決策のアイデアを描き足す

P.125の図解例「キーワードをまとめる」を基に、「私の悩み」の解決策をいくつか描き足している。「プライベート」、または「プライベート」と「仕事」が交わる部分については、さらに解決策のアイデアを膨らませていくことができそうだ。

"小さな時間"の使い方で人生に差がつく！

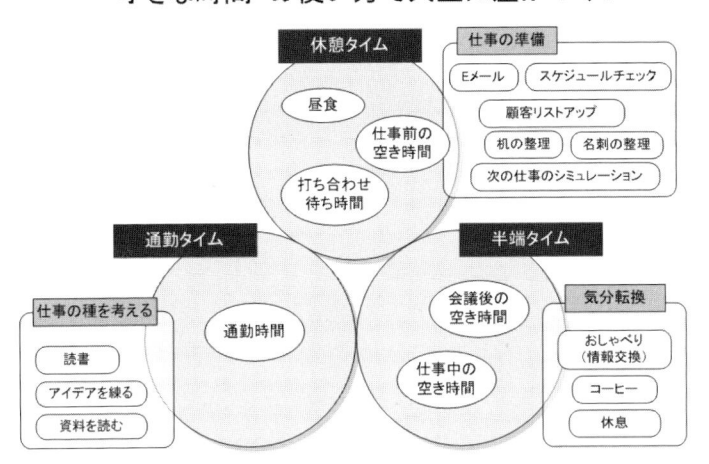

休憩タイム
- 昼食
- 仕事前の空き時間
- 打ち合わせ待ち時間

仕事の準備
- Eメール
- スケジュールチェック
- 顧客リストアップ
- 机の整理
- 名刺の整理
- 次の仕事のシミュレーション

通勤タイム
- 通勤時間

仕事の種を考える
- 読書
- アイデアを練る
- 資料を読む

半端タイム
- 会議後の空き時間
- 仕事中の空き時間

気分転換
- おしゃべり（情報交換）
- コーヒー
- 休息

■小さな時間を活かすアイデア

タイムマネジメントで重要なのは、日常にある細切れの小さな時間をどう活かすかにある。この図解例は、小さな時間を「通勤」「休憩」「半端」の3つに分け、その時間の集まりごと、仕事の種類ごとにアイデアを付け加えている。

斜線パターンで図形を塗りつぶす

一部を重ねた2つの円を斜線のパターンで塗る場合は、パターンで塗りつぶしをしたあと、透過性を設定します。

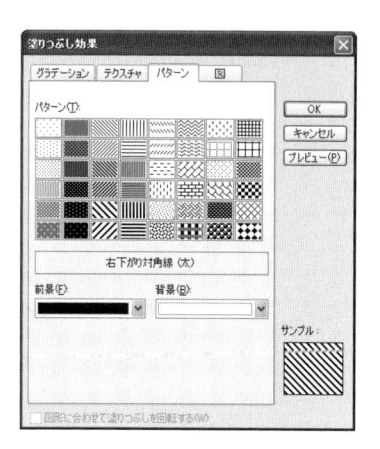

1 斜線の塗りつぶしの設定
円を1つクリックし、[図形描画]ツールバーの[塗りつぶしの色]ボタンの▼をクリックして、[塗りつぶし効果]を選択します。[塗りつぶし効果]ダイアログボックスの[パターン]タブをクリックし、斜線のパターンを選択します。[OK]をクリックすると、図形が斜線のパターンで塗りつぶされます。

2 透過性の設定
斜線の塗りつぶしをした円をダブルクリックし、[オートシェイプの書式設定]ダイアログボックスを表示して透過性を設定します。ここでは80%に指定しています。

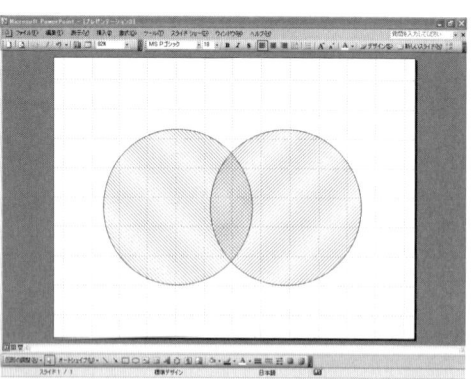

3 もう1つの円も設定する
もう1つの円にも、同じ操作を繰り返します。重なった部分の斜線が強調されます。

引き出し元をわかりやすくする PpWE

矢印の引き出し元を強調すると、どこから引き出しているのかが明確になります。引き出し元を丸くすると、目立たせられます。

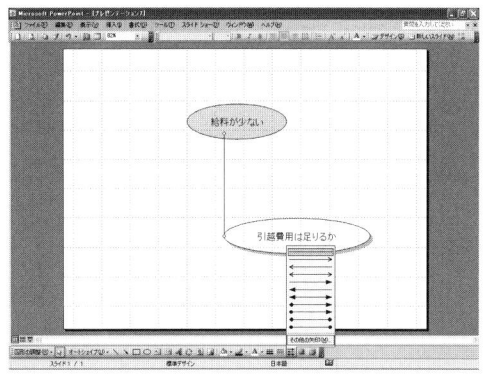

1 矢印の書式設定

直線を描画し、[図形描画]ツールバーの[矢印のスタイル]ボタンをクリックして[その他の矢印]を選択します。

❶ ワンポイント
オリジナルの矢印を作る
矢印の一方のみが円形のものは、矢印のスタイルの一覧から選択できないので、[その他の矢印]をクリックします。次に表示される画面で、形状や太さ、矢印の色などが選ぶことができ、オリジナルな矢印が作れます。

2 円形矢印の選択

[矢印]の[始点のスタイル]で[円形矢印]を選択します。

❶ ワンポイント 矢印を太くする
ここでは[線]の[太さ]を「3pt」に設定し、矢印を太くしています。

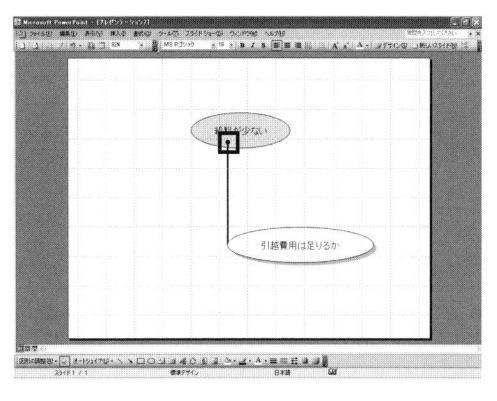

3 引き出し元が丸になる

矢印の引き出し元が丸になり、どこから引き出したかがわかりやすくなります。

08 アイデアが浮かばないときは図を動かしてみる

アイデアが思うように浮かばない場合は、図を動かしてみます。
マルの大きさを変えたり、始まりと終わりを逆にしてみたり、
視点を変えてみると、別の見方ができて自分の考えも広がります。

回転や置き換えをすると視点も自然に変わる

　図解の骨格ができたのに、アイデアが思うように浮かばなかった場合は、図解そのものを動かして、発想を根本から変えていきます。

　たとえば、入社したばかりの社員が、自分の仕事を図解して業務改善策を考えていたとします。しかし、前にも述べましたが、経験があまりない社員がただ図を描いても、なかなか改善策が思い付かないことでしょう。

　このような場合は、図解をひっくり返してみます。たとえば、自分を中心にした仕事の図解を、お客様を中心にした図解に描き直します。そうすることで、お客様から見た自分たちの仕事が見えてきて、はっと気付くことがあるでしょう。同様に、自分の仕事図を上司から見た図解に描き直してみると、違った視点から新たに気付くことがあるかも知れません。

矢印をマルに置き換える

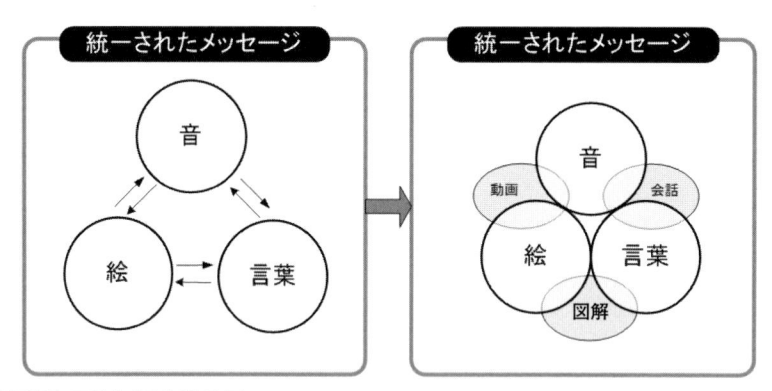

■矢印をマルに置き換える
一度矢印でつないだものを、矢印からマルに置き換えることで、新たなアイデアが生まれることもある。この図解例では、「音」と「絵」の間の矢印をマルに置き換えて考えることで、「動画」というアイデアを導き出している。

> **❗ワンポイント** 視点を変える
> 単純にマルの大きさや位置、矢印の向きを変えるだけでも思考のバリエーションが広がり、図解をさらに進化させることができる。

Part5 ●発想力を磨く「考える図解」の描き方

郊外型ショッピングセンターの商圏
～お客様の動向を見る～

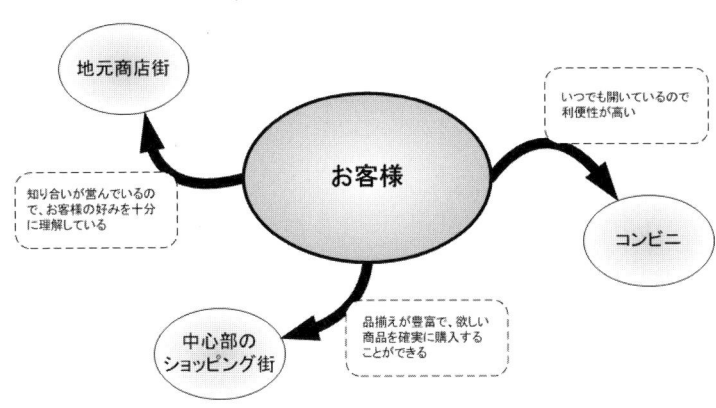

- 地元商店街
- お客様
- いつでも開いているので利便性が高い
- コンビニ
- 知り合いが営んでいるので、お客様の好みを十分に理解している
- 中心部のショッピング街
- 品揃えが豊富で、欲しい商品を確実に購入することができる

■お客様の動向を見る
P.66の図解例「郊外型ショッピングセンターの商圏」を基に、お客様を中心に描き直してみる。お客様の視点から見ると、コンビニや地元の商店街など利便性の高い店が近くにあり、郊外型ショッピングセンターが抱える課題が見えてくる。

フリーライターの仕事

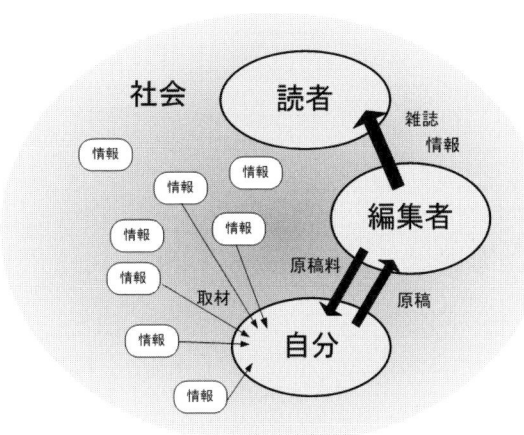

- 社会
- 読者
- 雑誌
- 情報
- 編集者
- 原稿料
- 取材
- 原稿
- 自分

■自分の仕事を再定義する
P.91の図解例「フリーライターの仕事」を基に、再定義し直してみる。以前の図では「自分」「編集者」「読者」の三すくみ状態だったが、社会の中にすべてを定義し直すことで、より広く情報を集める必要があることがわかる。

145

きれいな逆方向の2本の矢印を描く　PpWE

矢印は、必要に応じて、反転したり回転したりして向きを変更します。2本の矢印を1セットにして配置する場合には、グループ化をしておくと操作しやすくなります。

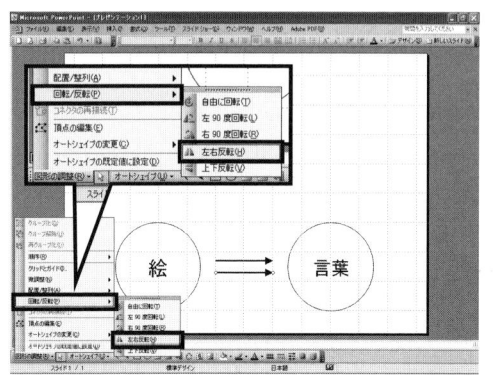

1 矢印の描画とコピー、反転

描画した矢印をクリックし、[Ctrl]キーを押しながらドラッグしてコピーします。コピーした矢印が選択されているので、[図形描画]ツールバーの[図形の調整]ボタンをクリックし、[回転／反転]－[左右反転]を選択して、向きを逆方向に変更します。

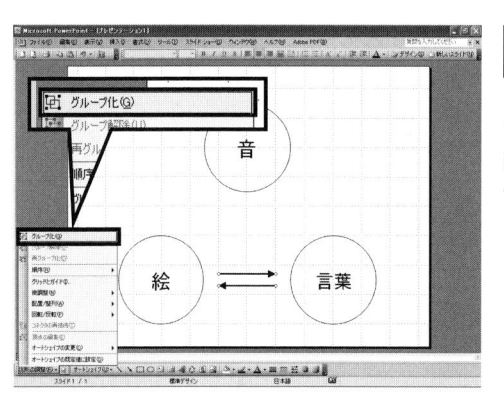

2 矢印のグループ化

別の場所にコピーして回転するため、2本の矢印をグループ化します。2本の矢印を選択し、[図形の調整]ボタンをクリックして[グループ化]を選択します。

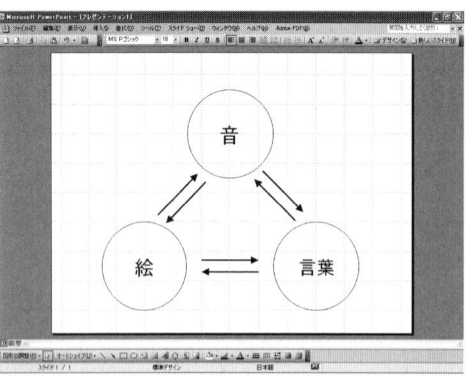

3 グループ化した矢印をコピー

グループ化した矢印をクリックし、[Ctrl]キーを押しながらドラッグしてコピーします。緑色のハンドルをドラッグして回転して、残りの矢印を描きます。

動きのある矢印を作る

フリーハンドで曲線を描いて、後から矢印の形状を設定すると、直線とは違う、柔らかな動きを感じさせる印象的な矢印が描けます。

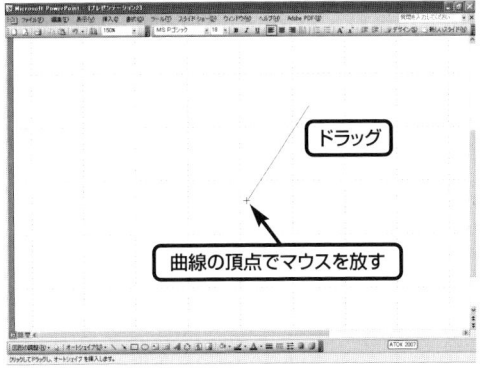

1 曲線の描画

[図形描画]ツールバーの[オートシェイプ]ボタンをクリックし、[線]-[曲線]を選択します。始点を決めてドラッグし、曲線の頂点としたい場所でマウスの左ボタンを離します。

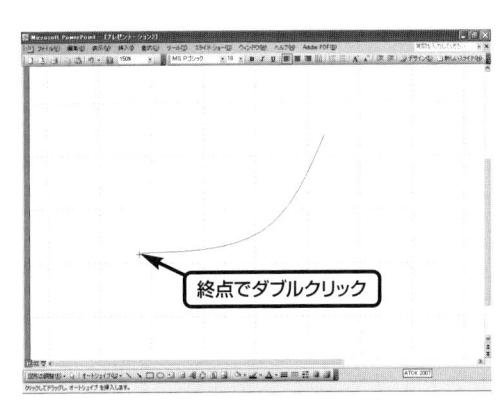

2 終点を決定する

左ボタンを離したままマウスを移動し、曲線の終点でダブルクリックします。

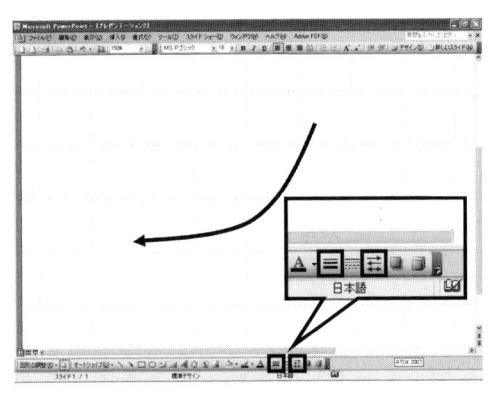

3 スタイルを設定する

[図形描画]ツールバーの[矢印のスタイル]ボタンや[線のスタイル]ボタンをクリックして、矢印の向きや形、線の太さなどを設定します。

> **ワンポイント　コネクタの利用**
> 曲線のコネクタを利用して、動きのある曲線矢印を描くこともできます。コネクタは、[オートシェイプ]-[コネクタ]から選択します。

09 | 浮かんだアイデアを書き込めば「考える図解」の完成

図解の骨格に合わせて、解決策を考えていきます。
一歩踏み込んで、問題とアイデアとの関連性を図解にし、
解決策の優先順位も明らかにして、結論を図解に書き加えます。

「結論」がなければ「考える図解」にはならない

　これまでの現状分析的な図解を、具体的な提案や問題解決策を結論とした図解に描き直すと「考える図解」の完成となります。

　ここまでのプロセスで、テーマに対する深い理解やさまざまなアイデアが、図解に盛り込まれていると思います。今度は、そこから一歩踏み込んで、それらのアイデアから提案や「どうやればその問題を解決できるのか」という問題解決策を見つけ、優先順位を考えていきます。

　問題の本質とアイデア同士の関連性を図解にしていくと、優先順位が決まります。そして最後に、一番優先順位が高いものや、提案を包括的に表しているキーワードを結論とします。その結論を図解に描き加えてバランスを整えると「考える図解」の完成です。

プライベートを充実させると、仕事も充実する

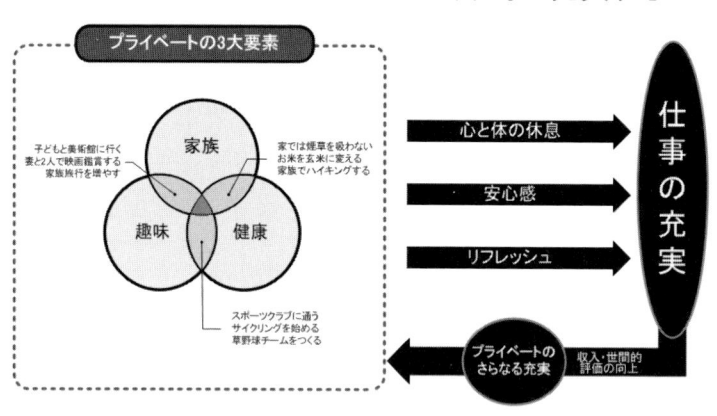

■プライベートと仕事との関係
プライベートの3大要素の「家族」「趣味」「健康」と、仕事との関係を考えた図解例。プライベートの充実は仕事の充実につながり、その結果、収入・世間的評価の向上を促し、結論としてプライベートのさらなる充実ができることを表している。

> **⚠ ワンポイント　数字で順番を付ける**
> 図解の初心者が陥りやすいパターンに、自分では理解していても相手には伝わらないケースがある。それは読み取る順番がわかりにくい場合で、それを回避するには、読み進む順に①、②、③……と順番を付ける。

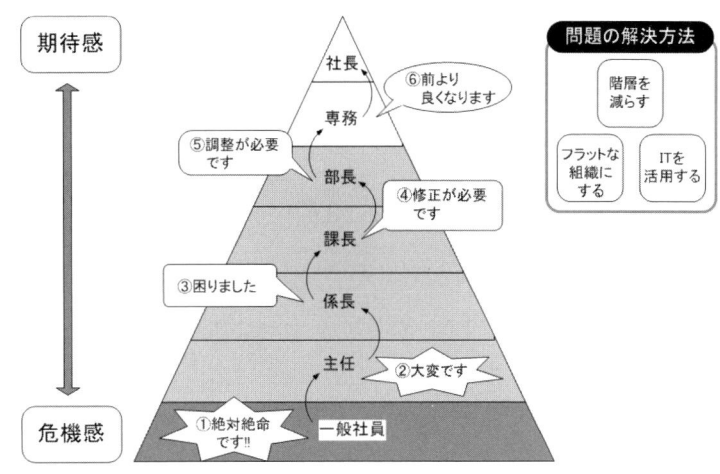

情報が現場とトップで逆になる

■現状把握の図解
「一般社員」の情報が、管理職を経由するうちに、「社長」まで正確に伝わらないことを表した図解例。各管理職の報告内容を吹き出しの種類を使い分けてイメージを明確に伝えている。また、右上に問題に対する3つの解決策を導き出している。

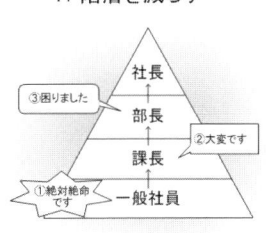

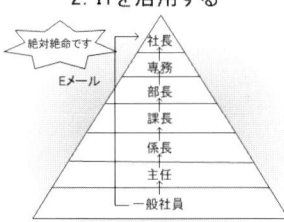

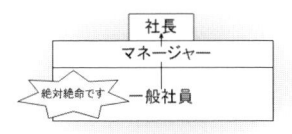

問題解決策を考える

■解決策を図解する
この図解例は、「現状把握の図解」の3つの解決策を図解したもの。解決策を書いて並べただけでは現状把握のインパクトに負けてしまうので、言葉を考え直して図解を描き直すことで、よりダイレクトに解決策が理解しやすくなる。

L字型の矢印を作る

L字型矢印は、オートシェイプの矢印を利用します。向きを変えたり、変形したりして、図解に合うような形にします。

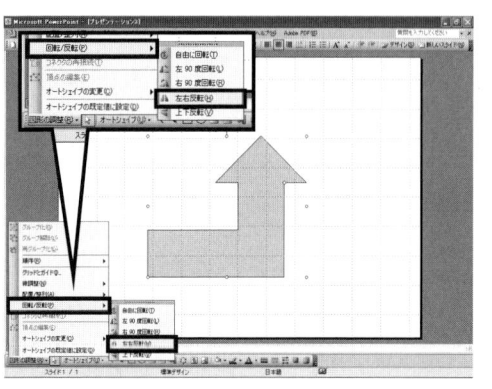

1 図形の描画と回転
［図形描画］ツールバーの［オートシェイプ］ボタンをクリックし、［ブロック矢印］－［屈折矢印］を選択して矢印を描画します。［図形の調整］ボタンをクリックして［回転／反転］－［左右反転］を選択し、さらに、［回転／反転］－［左90度回転］を選択し、向きを変更します。

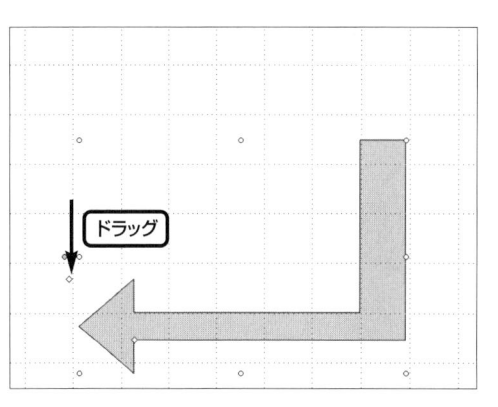

2 矢印の変形
黄色い菱形のハンドルをドラッグし、矢印の矢の形状や太さを変形します。

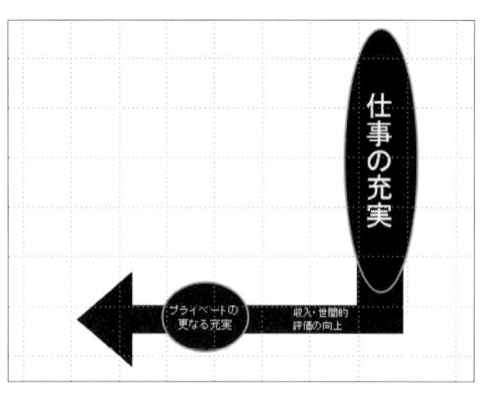

3 仕上げる
図形やテキストボックスを矢印に重ねて仕上げます。

Part5●発想力を磨く「考える図解」の描き方

ピラミッド型の図形を作る PP W E

ピラミッド型の図形は、図表ギャラリーからピラミッド型図表を選ぶと手早く作れます。組織の構成要素の増減もワンクリックででき、色もサンプルから選べます。

1 ピラミッド型図表の作成

[図形描画]ツールバーの [図表または組織図を挿入します]ボタンをクリックします。[図表ギャラリー]ダイアログボックスが表示されたら、「ピラミッド型図表」を選択します。

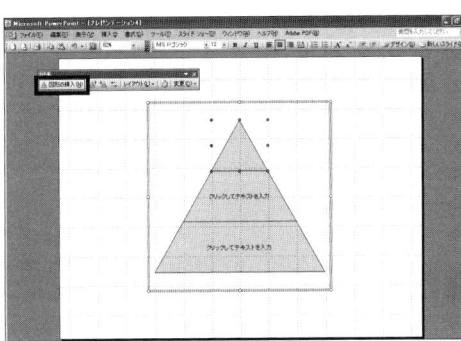

2 図表が挿入される

ピラミッド型図表が挿入されます。[図表]ツールバーの[図形の挿入]ボタンをクリックし、必要なだけ構成要素を追加します。

> **❶ワンポイント 構成要素の削除**
> 構成要素を削除するときは、構成要素の上で右クリックし、[図形の削除]を選択します。

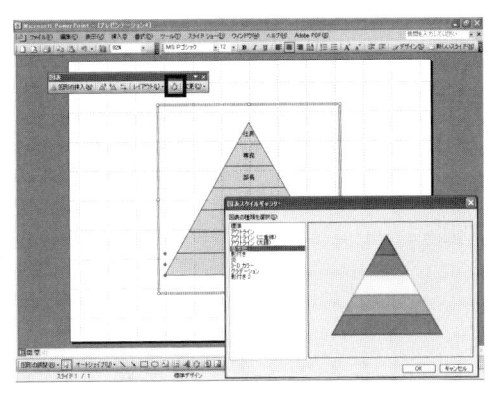

3 スタイルの変更

[図表]ツールバーの [図表スタイルギャラリー]ボタンをクリックすると、スタイルを変更できます。

> **❶ワンポイント 色の変更**
> [オートフォーマットの使用]がチェックされていない「オフ」の状態であれば、[図形描画]ツールバーの [塗りつぶしの色]ボタンで、それぞれの構成要素の色を変更できます。[オートフォーマットの使用]のオンオフは、ピラミッド型図表の上で右クリックし、[オートフォーマットの使用]をクリックして切り替えます。

151

図形にぼかした背景を加える　PpWE

図形にグラデーションを設定して別の図形の背景にすると、ぼんやりと光ったような効果が出せたり、立体感を表現したりできます。

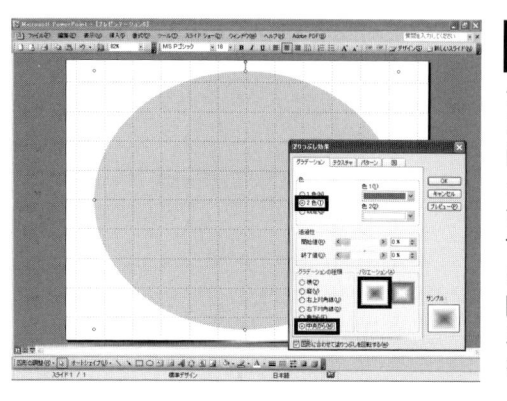

1 塗りつぶし効果の設定

前ページで描画したようなピラミッド型図表の上に、楕円を描画します。[図形描画]ツールバーの[塗りつぶしの色]ボタンの▼をクリックして[塗りつぶし効果]を選択します。[グラデーション]タブの[色]で[2色]を選択し、任意の色を設定します。[グラデーションの種類]で[中央から]を選択し、[バリエーション]で中央が濃い色になるパターンを選択して[OK]をクリックします。

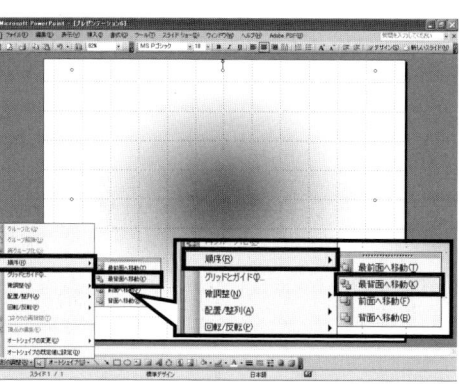

2 順序の変更

楕円が選択されている状態で[図形の調整]ボタンをクリックし、[順序]-[最背面へ移動]を選択します。

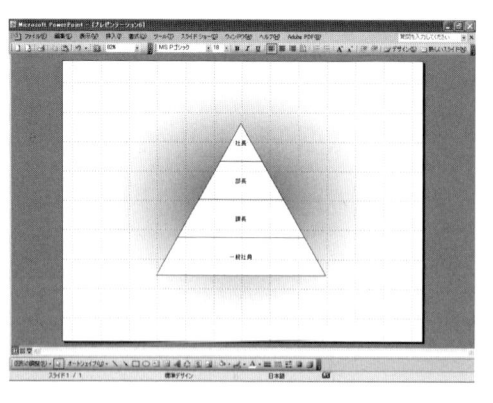

3 光ったような効果が出る

ピラミッド型図表がぼんやりと光ったような効果が出ます。

Part 6

説得力を増す 「伝える図解」の描き方

01 | 図解はコミュニケーション促進ツール

「わかる」、そして「考える」ために作ってきた図解を
相手の視点に合わせて、表現や見せ方を工夫していきます。
情報を伝え、相手に納得してもらうのが、「伝える」ための図解です。

読み手を意識した表現が必要

　仕事で活用する図解の3ステップの最後は「伝える」です。図解は相手に納得してもらうための表現方法としてたいへん役に立ちます。また、相手とのコミュニケーションを促進するツールともなります。

　図解が「伝える」相手との議論やコミュニケーションを誘発し、より高いレベルの納得感（コンセンサス）を生みやすくします。そういう意味で、図解は「伝える」ためのツールとしても重要というわけです。

　「伝える」ための図解は、いままでの「わかる」ための図解や、「考える」ための図解とは少し異なる面もあります。それは"読み手を意識した"表現方法を工夫することです。ここでは、よりよく「伝える」ために図解をブラッシュアップするテクニックを紹介します。

当社の多角化戦略について

〈文章だけの場合〉

　長引く不況に加え、外資の積極的な営業攻勢に、当社の経営はますます厳しい環境にさらされている。打開策として、本業である製薬事業の思い切った見直しを図るとともに、今後は「総合生活企業」という旗印を掲げて、「脱本業化」に乗り出す。そして、サービス、バイオ、食品の三部門の事業を拡大し、これまでの製薬事業のみに依存した企業体制を抜本的に変革したい。

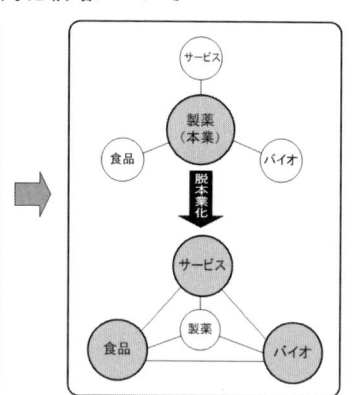

■図解で全体像がひと目でわかる
文章だけでは全体像がイメージしにくいが（左側）、「図解」すると全体像が伝わりやすい（右側）。この図解例は、ある製薬会社が今後の方針として、多角化を一層進め「総合生活企業」へ発展していくことを示している。

> **ワンポイント** 図解で「伝える」こと
> 「伝える」こと、すなわち「伝達」とは、「伝え」たものが相手に「達する」ことを指す。ただ単に「伝える」だけでなく、相手に「達し」て納得してもらうことが重要となる。

旅行券の分割前払いシステムの導入について

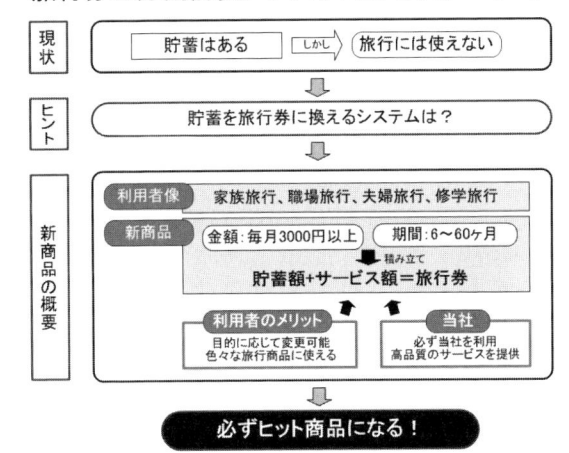

[図解：現状→ヒント→新商品の概要の流れ図]

- **現状**：貯蓄はある しかし 旅行には使えない
- **ヒント**：貯蓄を旅行券に換えるシステムは？
- **新商品の概要**：
  - 利用者像：家族旅行、職場旅行、夫婦旅行、修学旅行
  - 新商品：金額：毎月3000円以上／期間：6～60ヶ月
  - 積み立て　貯蓄額＋サービス額＝旅行券
  - 利用者のメリット：目的に応じて変更可能、色々な旅行商品に使える
  - 当社：必ず当社を利用、高品質のサービスを提供
- **必ずヒット商品になる！**

■企画書は図解で伝えやすく

企画書こそ図解にするべきである。1枚の図解に企画の前提や問題、企画の概要などをまとめることができる。また、プレゼンを行う相手に諸条件も合わせて伝えることができるので、理解や納得が容易になる。

急増する偽装難民には厳しい対応を

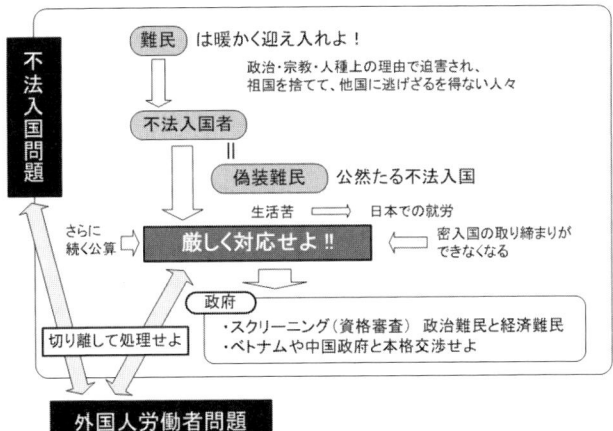

[図解：不法入国問題の流れ図]

- 難民は暖かく迎え入れよ！
  - 政治・宗教・人種上の理由で迫害され、祖国を捨てて、他国に逃げざるを得ない人々
- 不法入国者 ＝ 偽装難民　公然たる不法入国
- 生活苦 ⇒ 日本での就労
- 厳しく対応せよ!!　⇔　密入国の取り締まりができなくなる
- さらに続く公算
- 政府：
  - スクリーニング（資格審査）　政治難民と経済難民
  - ベトナムや中国政府と本格交渉せよ
- 切り離して処理せよ
- 不法入国問題 ／ 外国人労働者問題

■議論のためのたたき台

複雑な問題を議論するためにも図解は有効である。この図解例は、問題の現状を流れ図で示し、その問題点に自分の意見を付け加えて図解にしたもの。これをたたき台にして相手と議論する。

文字を矢印の中に形よく収める

図形の中に入力される文字の位置を変えたい時は、文字の配置で調整します。例えば、矢印の矢の部分に文字を入力したくないときは左揃えにし、文字サイズを調整します。

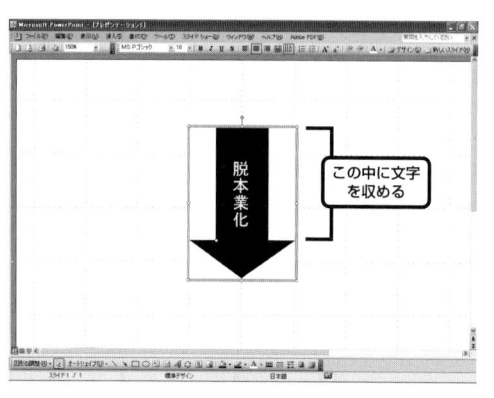

1 図形の描画と文字の入力
[図形描画]ツールバーの[オートシェイプ]ボタンをクリックし、[ブロック矢印]－[下矢印]を描画して、文字を入力します。

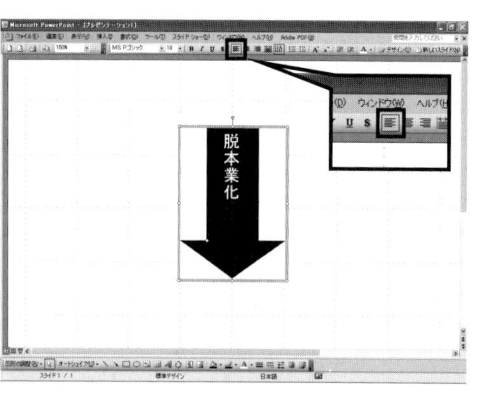

2 文字の配置の変更
[書式設定]ツールバーの[左揃え]ボタンをクリックし、文字を上側に寄せます。

ワンポイント
縦書きの文字の配置
縦書きの文字は、[左揃え]ボタンをクリックすると上に揃い、[右揃え]ボタンをクリックすると下に揃います。

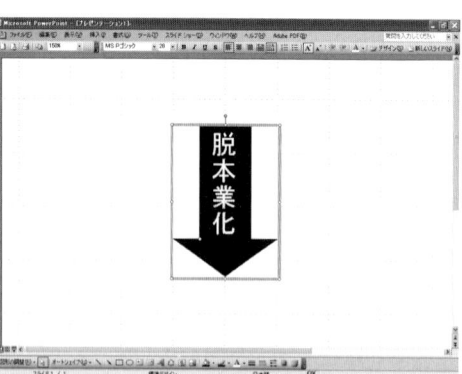

3 文字サイズの調整
[書式設定]ツールバーの[フォントサイズの拡大]ボタンをクリックし、文字を拡大します。文字が矢以外の矢印の中に収まります。

矢印を斜めに配置する PpWE

矢印を斜めにするには、描画した後、緑色のハンドルを利用して、自由に角度を調整します。

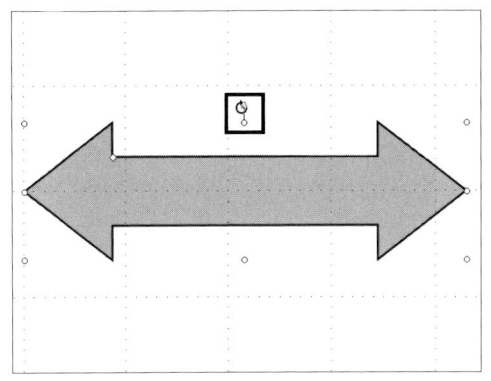

1 図形の回転

矢印を描画し、緑色の回転ハンドルにマウスポインタを合わせます。ポインタの形状が ↻ に変わります。

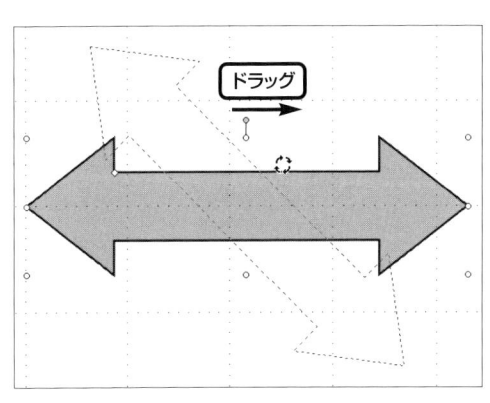

2 矢印を傾ける

矢印を傾けたい方向へドラッグして、斜めに配置します。

❶ ワンポイント
15度ずつ回転する
[Shift]キーを押しながら緑色の回転ハンドルをドラッグすると、15度ずつ回転できます。

❶ ワンポイント 反転する
[図形描画]ツールバーの[図形の調整]ボタンをクリックし[回転/反転]を選択して、矢印の向きを反転することができます。

コラム 他の矢印の回転

[図形描画]ツールバーの ➘ [矢印]ボタンなどで作成した矢印は、先端の丸いハンドルをドラッグして回転させることができます。

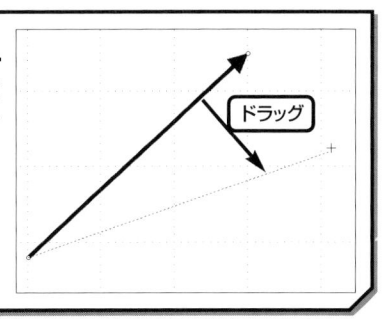

02 | 図の中心に何を置くか相手によって変えよう

人に何かを伝えたい場合、最も効率よく伝えるには、
まず相手のことを意識し、考え方や思考のクセを念頭に置き、
相手が受け入れやすい形で表現してあげることが大切です。

キーワードも相手によって使い分ける

「伝える」ための図解が、「わかる」ための図解、「考える」ための図解と違うのは、伝える相手のことを強く意識しなければいけないという点です。

自分が理解して企画をするためだけなら、自由に図解をして構いませんが、「伝える」相手を意識した場合は、相手が受け入れやすい形に表現を工夫する必要があります。最も重要なことは、誰が読み手で、誰に見せるのかを考えるということです。

たとえば、お客様に見せる図であれば、お客様を図の中心に配置するとか、言葉遣いを丁寧にするとか、タイトルをインパクトのあるものにするなど、さまざまな工夫が必要です。また、お客様といっても大口の法人取引先なのか、製品やサービスのエンドユーザーなのかということでも違ってきます。

「安全とサービス」から「大いなる安心をお客様へ」

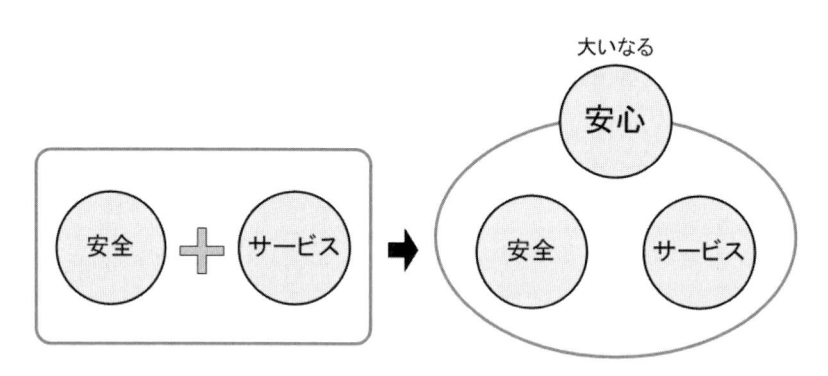

■お客様の視点で理念を見直す
私がビジネスマン時代に作成した図。当時社内は「安全とサービス」を社是にしていたが、お客様が求めているものを追求した結果、この2つを含めた概念が「安心」であるとわかり、「大いなる安心」として掲げ直した。

> **ワンポイント** 相手の思考を知る
> 伝える相手の考え方や思考のクセを知っておくと、アプローチの仕方がわかりやすい。たとえば、企画書を作成する場合、相手の思考パターンに基づいてまとめると成果を上げやすくなる。

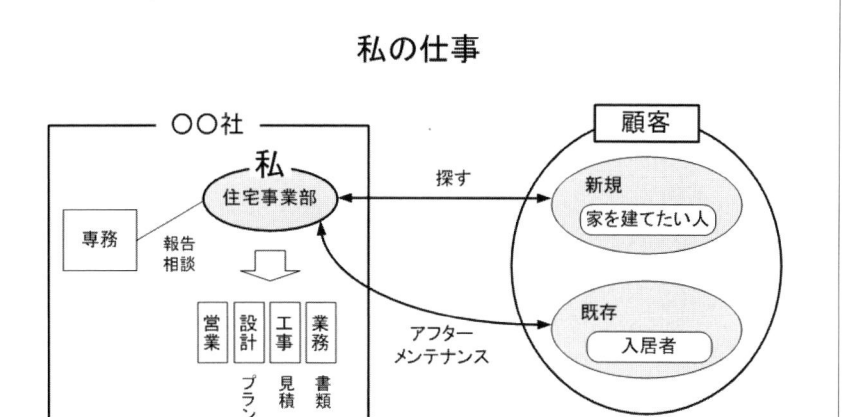

■仕事の図解を描き直す①
この図解例は、ある住宅営業マンが自分の視点で仕事を見直すために図解したもの。基本的には自分自身がわかるための図解なので、お客様に見せるための工夫はされていない。

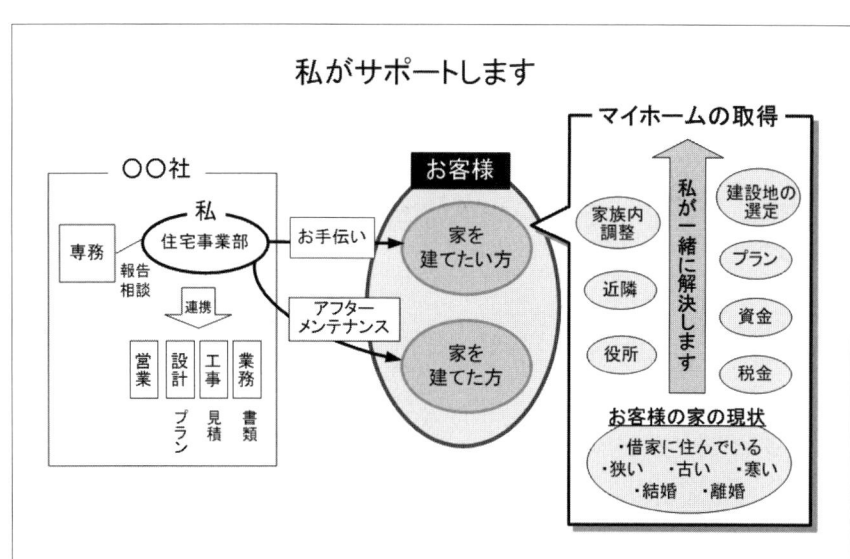

■仕事の図解を描き直す②
上の①の図解をお客様に見せるために描き直したもの。お客様を中心に置き、右側にマイホーム取得までの流れを明確にして、そのための手伝いを安心して任せてもらえるように言葉遣いなども工夫して表現している。

＋（プラス）記号を作る

2つの要素を加えるような図解に使う＋（プラス）記号は、オートシェイプから選択して描画します。幅を調整すると、プラス記号らしく見えます。

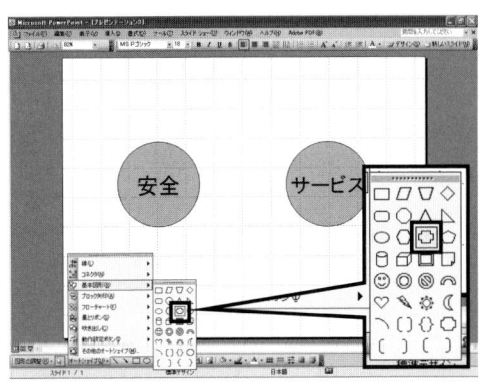

1 十字形の描画
［図形描画］ツールバーの［オートシェイプ］ボタンをクリックし、［基本図形］－［十字形］を選択します。

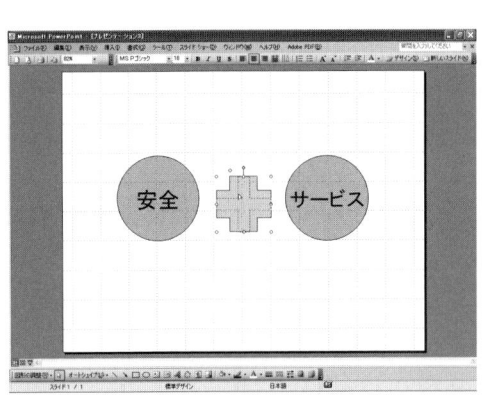

2 十字形の変形
［Shift］キーを押しながらドラッグして、十字形を描画します。黄色い菱形のハンドルを図形の内側へドラッグして変形します。

● ワンポイント
描画時のポイント
[Shift]キーを押しながらドラッグして左右かつ上下対称の図形を作成すると、変形したときにもきれいな十字形になります。

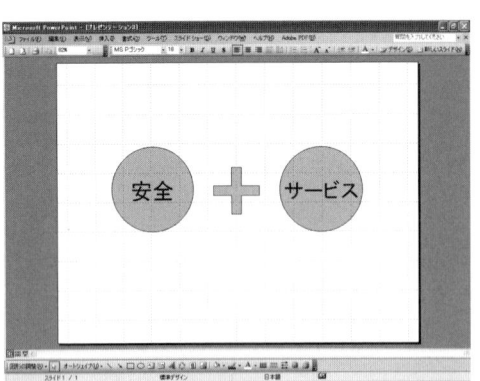

3 調整
図形のサイズや位置、色などを調整します。

同じ図形を等間隔に配置する PpWE

等間隔に図形を配置したいときは、1つの図形を描画してコピーし、整列してから、文字を修正します。

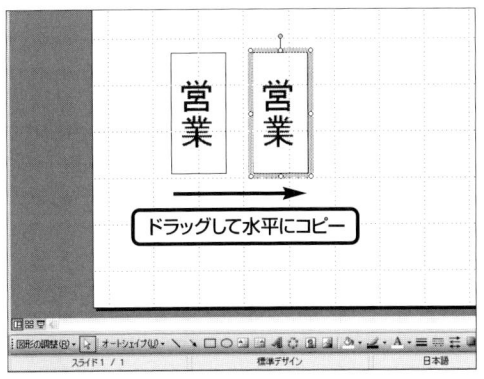

1 図形のコピー

[図形描画]ツールバーの □ [長方形]ボタンをクリックして描画し、文字を入力します。描画した図形を[Ctrl]＋[Shift]キーを押しながら横方向へドラッグし、水平にコピーします。

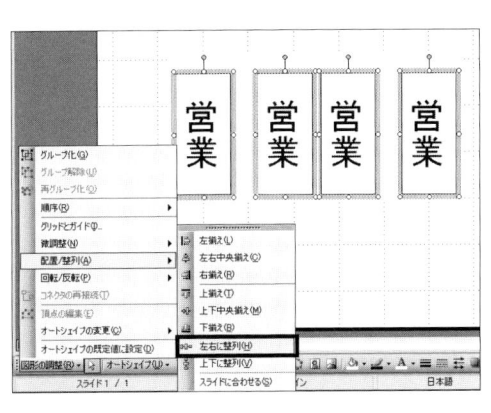

2 図形の整列

必要なだけコピーをし、すべてを選択します。[図形の調整]ボタンをクリックして、[配置／整列]－[左右に整列]を選択します。

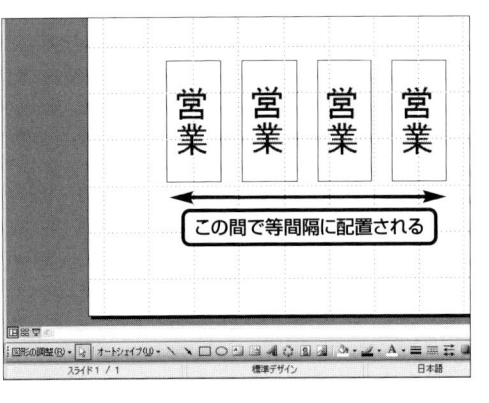

3 等間隔に並ぶ

左端の図形から右端の図形の間で、図形が等間隔に並びます。

03 | 複雑な図解には読む順番を明示する

どこからスタートしたらいいのかわからない図解では、
相手に「伝える」ことはできませんが、読む順番や流れを示すと
誤読もなくなって、読み手も迷わずに読み進めることができます。

順番は左→右、上→下が基本

　図解は、見る人がどこから見てもいいようにしておくのがベターです。それが見る側の積極的な理解や参加を促す仕掛けになります。

　しかし、あまりにもごちゃごちゃしていたり、情報量が多すぎる図解は、どこから読んでいいのかわからず、読み手の気力をなくしてしまいます。それでは図解にする意味がありません。

　どうしても複雑な図解になるときは、読む順番がはっきりとわかるように①、②、③などの補助的な番号を付けます。

　また、横書きの文章が左から右へ、上から下へと流れていくように、図解を描くときもこの点を意識します。たとえば、時系列や因果関係を示すときに、できるだけ左から右へ流すようにすると読みやすくなります。

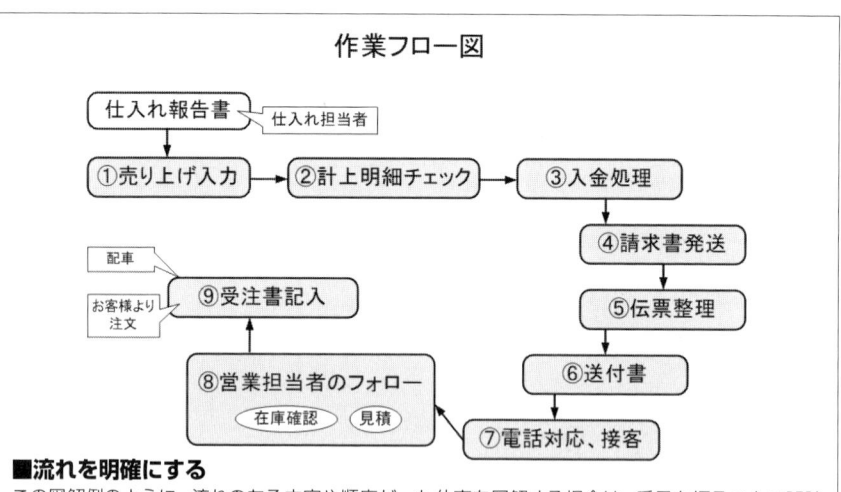

作業フロー図

仕入れ報告書 ← 仕入れ担当者
①売り上げ入力 → ②計上明細チェック → ③入金処理
　　　　　　　　　　　　　　　　　　　　↓
　　　　　　　　　　　　　　　　　　④請求書発送
配車 →　　　　　　　　　　　　　　　　　↓
お客様より注文 → ⑨受注書記入　　　　⑤伝票整理
　　　　　　　　　↑　　　　　　　　　　↓
　　　　　　　⑧営業担当者のフォロー　⑥送付書
　　　　　　　　（在庫確認）（見積）　　↓
　　　　　　　　　　　　　　　　　⑦電話対応、接客

■流れを明確にする
この図解例のように、流れのある内容や順序だった仕事を図解する場合は、番号を振ることで誤読を防ぐことができる。また、図にいろいろと描き足していったとしても、番号が振られているので読み手が流れを見失うことがない。

❗ワンポイント　流れのある図解は横書きが基本
図解には数字やカタカナ、英単語などを使うことが多いので横書きが基本となる。また人の目は横に並んでいるのため、左右の動きを目で追うことが容易で、左右の広がりが大きいほうが印象がいい。

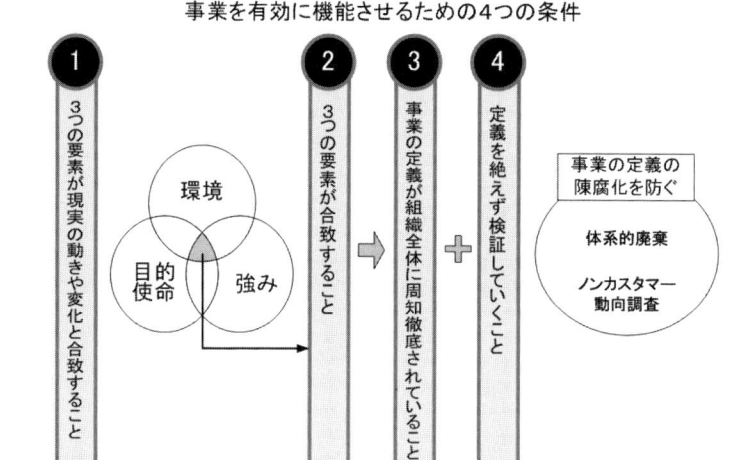

Part6●説得力を増す「伝える図解」の描き方

事業を有効に機能させるための4つの条件

1. 3つの要素が現実の動きや変化と合致すること
2. 3つの要素が合致すること
3. 事業の定義が組織全体に周知徹底されていること
4. 定義を絶えず検証していくこと

（1の中に環境・目的使命・強みのベン図）

事業の定義の陳腐化を防ぐ
- 体系的廃棄
- ノンカスタマー動向調査

■**番号で重要点を明らかにする**
番号を付けると、順序が明らかになると同時に強調することができる。この図解例は、事業を有効に機能させるための4つの条件と順序を明らかにするとともに、それぞれが重要であることを示している。

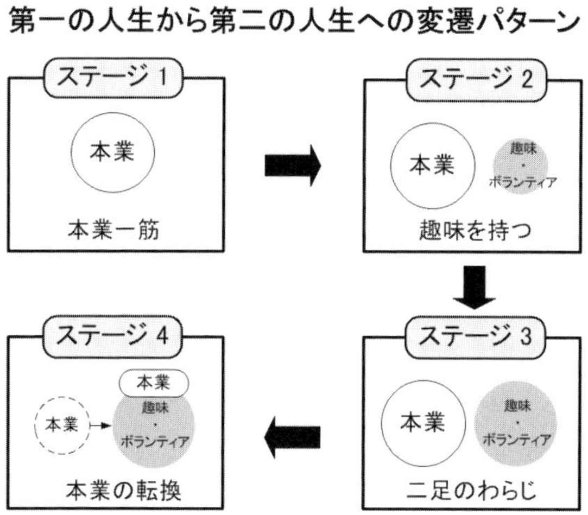

第一の人生から第二の人生への変遷パターン

- ステージ1：本業 → 本業一筋
- ステージ2：本業＋趣味・ボランティア → 趣味を持つ
- ステージ3：本業＋趣味・ボランティア → 二足のわらじ
- ステージ4：本業＋趣味・ボランティア（本業の位置が入れ替わる） → 本業の転換

■**番号自体に意味を持たせる**
単純に①、②などの番号を付けることから一歩進んで、数字に言葉を付け加えて表すこともできる。この図解例は、番号に「ステージ」と付け加えて「人生のステージをステップアップさせていく」の意味を込めている。

丸付き数字を作る　Pp W E

丸付き数字は、正円の中に数字を入力して作成します。英字や漢字などを入力して、箇条書きに利用してもよいでしょう。

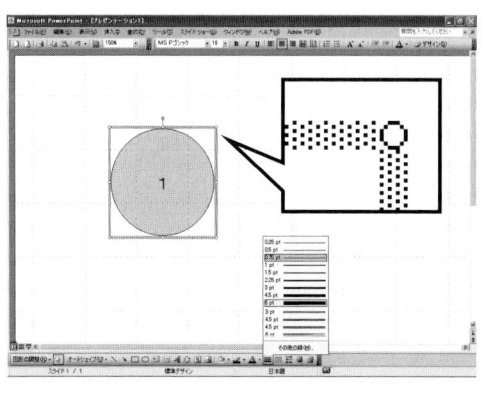

1 正円の描画と数字の入力、線の太さの変更

[図形描画] ツールバーの ○ [楕円] ボタンをクリックし、[Shift] キーを押しながらドラッグして正円を描画します。正円が選択されているのを確認し、キーボードから数字を入力します。枠をクリックして、「点」で囲まれた選択状態にし、≡ [線のスタイル] ボタンで太さを指定します。

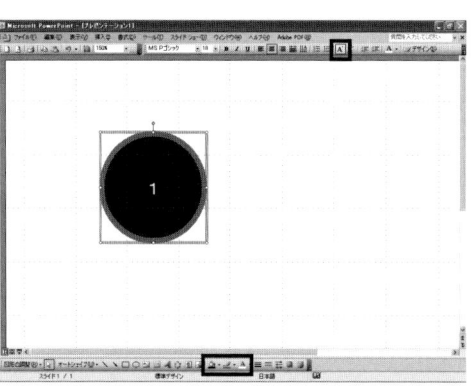

2 色と文字サイズの変更

「点」で囲まれた選択状態のまま、🖌 [塗りつぶしの色] ボタン、🖍 [線の色] ボタン、A [フォントの色] ボタンの▼をクリックし、をそれぞれ色を指定します。続けて、A˙ [フォントサイズの拡大] ボタンを何度かクリックし、文字サイズを大きくします。

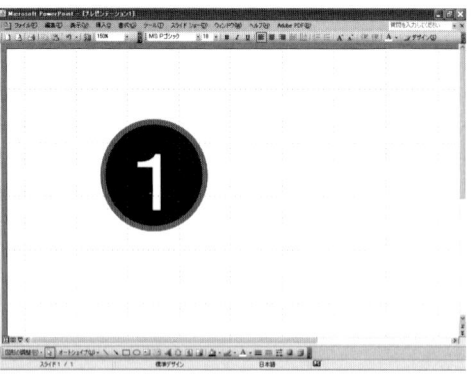

3 丸付き文字の完成

丸付き数字が完成します。

4つのボックスをバランス良く配置する PpWE

図形をスライドの幅や高さに対して等間隔に並べたいときは、配置を使って調整します。複数の図形をスライドの中にバランスよく配置できます。

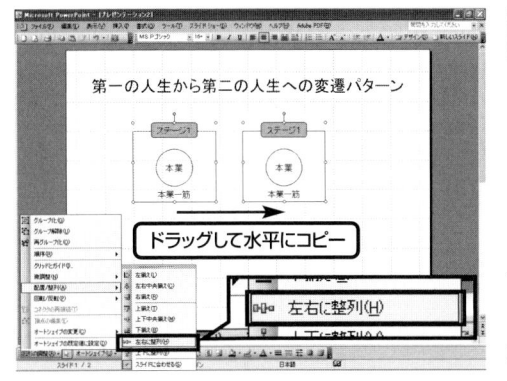

1 ボックスのコピーと配置

コピー元のボックスを1つ作成し、[Ctrl]＋[Shift]キーを押しながら横方向へドラッグして水平にコピーします。[図形描画]ツールバーの[図形の調整]ボタンをクリックして、[配置/整列]－[スライドに合わせる]をクリックしてオンにします。一度メニューが閉じます。等間隔に並べたい図形をすべて選択して、[図形の調整]ボタンをクリックし、[配置/整列]－[左右に整列]を選択します。

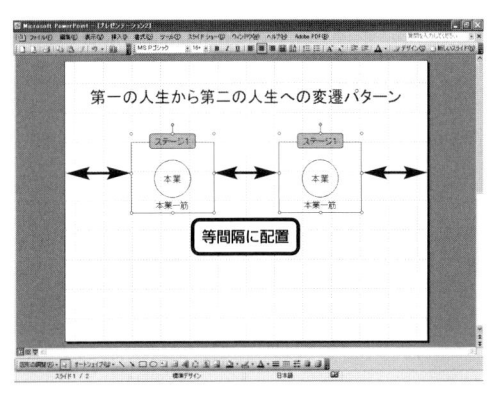

2 等間隔に並ぶ

図形が、スライドの幅に合わせて等間隔に並びます。

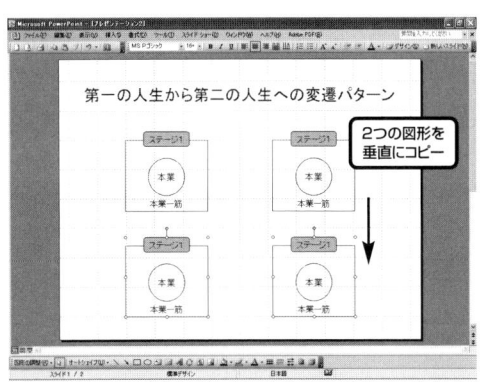

3 垂直にコピー

等間隔に並んだ2つの図形を、[Ctrl]＋[Shift]キーを押しながら縦方向へドラッグして垂直にコピーします。

04 | 最も伝えたい部分を目立たせる工夫をする

装飾することに気を取られてしまうと、焦点がボケてしまいます。
多くのキーワードの中から相手に伝えたいことだけを吟味し、
それが最も目立つように強調することが重要です。

結論が見えない図解では相手に伝わらない

　強調するとは、相手に最も伝えたい内容を際立たせる工夫のことです。当たり前のことですが、図解の初心者が陥りやすいミスは、この前提を忘れてしまいがちです。

　つまり、図解の完成度を上げようとするあまり、パーツパーツの装飾に気を取られてしまって、相手に伝えたい内容が抜け落ちていたり、結論がまったく目立たない図解を作ったりするのです。

　図解で伝えるには、個々のキーワードを、伝える相手に合わせて選び、そして、最も伝えたい部分を強調することが重要です。たとえば、社内で現状把握の会議をするためであれば現状を、お客様に提案するのであれば提案がもたらす結果を強調するべきです。

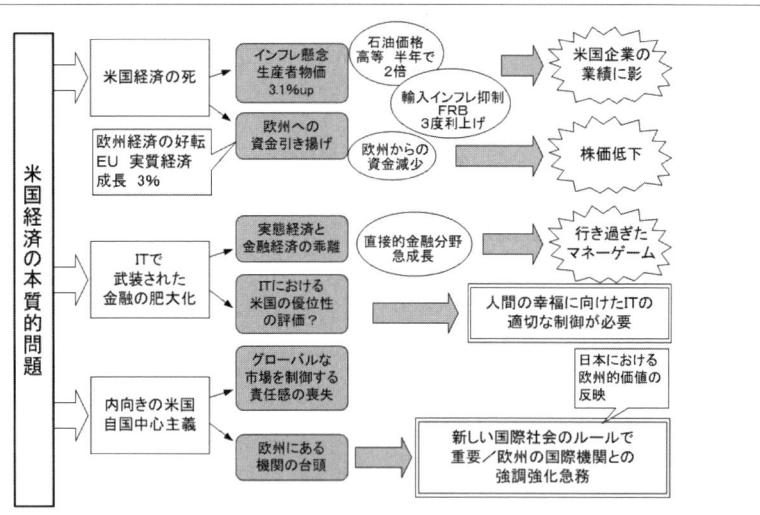

■強調のしすぎは逆効果
この図解例のようなツリー型の図は、問題の構造や派生状況をはっきりと表現できるが、結論がわかりにくくなる危険性がある。この場合もアミやバクダンマーク、二重枠などで強調している部分が多く、ポイントがどこなのかわかりにくい。

> **⚠ ワンポイント** 強調の基本テクニック
> 多くのキーワードの中から最も伝えたい部分を吟味したら、P.76の「強調のテクニック」を参照して強調する。

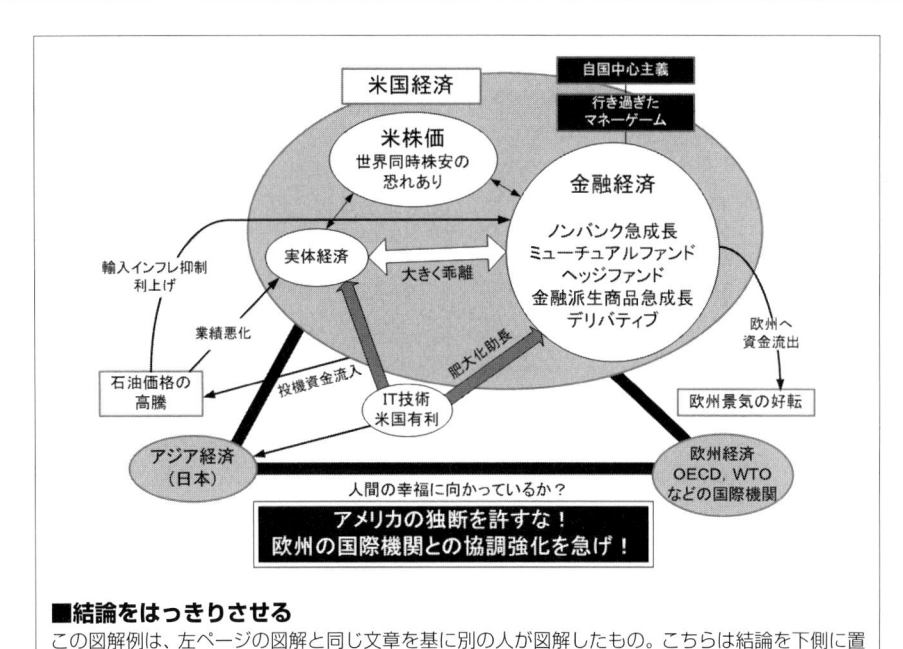

Part6●説得力を増す「伝える図解」の描き方

■結論をはっきりさせる
この図解例は、左ページの図解と同じ文章を基に別の人が図解したもの。こちらは結論を下側に置き、はっきりと強調して示しているので、作者の読み手に対するメッセージが明確に伝わる。

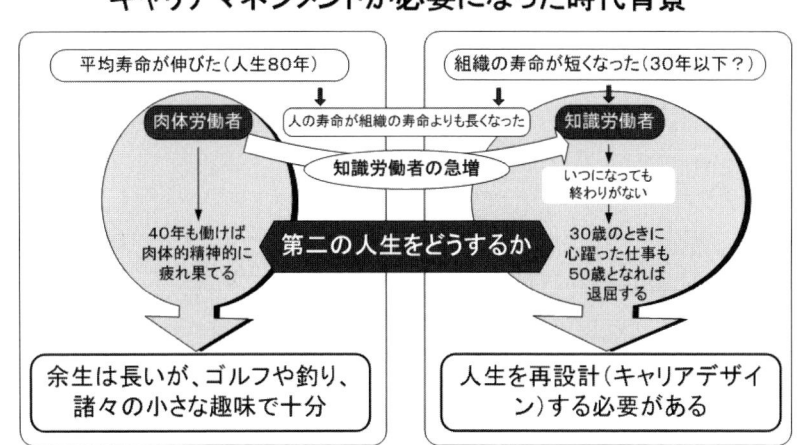

■強調で相手の行動を促す
「伝える」図解の最終的な目的は、伝えた相手に何らかの行動を起こさせることである。この図解例は、「第二の人生をどう考えるべきか」を訴えている。その結論がしっかりと目に入るので、それを意識して図解を深く読むことができる。

二重枠を作る

PP W E

強調したいことや結論などを囲む場合、二重枠を使うと目立たせられます。長方形を描き、線のスタイルから二重線に変更します。

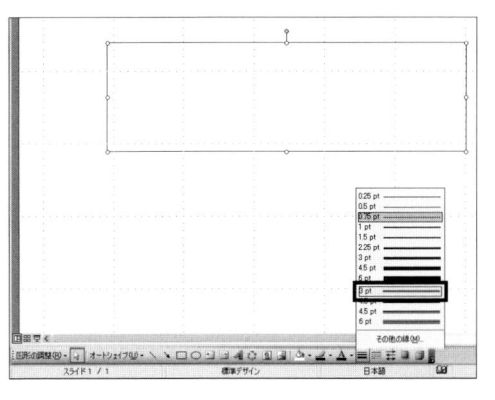

1 線の種類の変更
図形を描画し、[図形描画] ツールバーの ≡ [線のスタイル] ボタンをクリックして二重線を選択します。

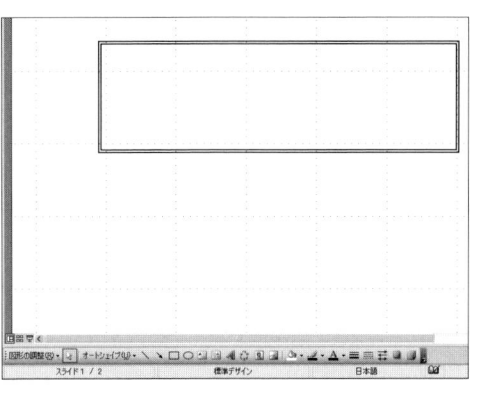

2 二重枠の完成
図形が二重線で囲まれ、二重枠となります。

コラム 図形を重ねて二重枠を作れば線の幅も調整可能

描画した図形をコピーし、縮小して重ねて二重枠を作ることもできます。この方法を使うと二重線の幅を、自由に変更できます。

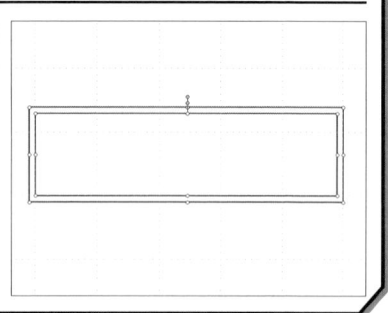

横長の六角形を作る

横長の六角形の文字枠はオートシェイプから六角形を選択して描画し、とがった部分を変形して文字を見やすくします。

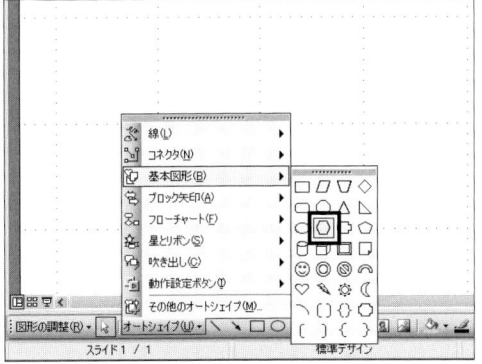

1 図形の描画
[図形描画]ツールバーの[オートシェイプ]ボタンをクリックし、[基本図形]－[六角形]を選択します。

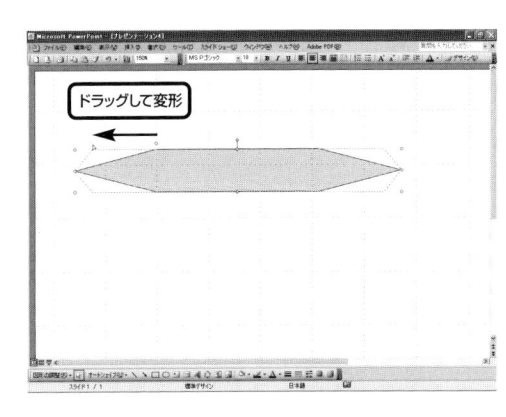

2 六角形の変形
ドラッグして六角形を描画します。このとき、文字が入力できるぐらいの長さになるようにドラッグして描画します。黄色い菱形のハンドルをドラッグし、六角形の上下の辺が長くなるように変形します。

ドラッグして変形

3 文字を入力
文字を入力し、塗りつぶしの色などを変更します。

> **❶ ワンポイント　正六角形の作成**
> 正六角形は、[オートシェイプ]－[基本図形]－[六角形]を選択後、[Shift]キーを押しながらドラッグして作成します。

05 | 数字を入れると図解の説得力が増す

伝えたい内容に合わせて数字やグラフを取り入れると、
データが目に見える形となり、図解の説得力が増します。
用途と目的に応じて、グラフの種類を使い分けると効果的です。

グラフは多用せず最小限に

　具体的な数字を図解に取り入れることで、相手に対する説得力やメッセージ性がより強くなります。マーケット規模のように、数値がはっきりわかる場合はマルの大きさを描き分けると同時に、その数値を描き込みましょう。

　また、複数の数字を使って「変化」や「比較」、「傾向」などを表すときはグラフも有効です。グラフは、数値相互の関係に意味を持たせて伝えることができる表現方法です。用途と目的に合わせて、円グラフ、棒グラフ、折れ線グラフ、帯グラフ、レーダーチャートなどを使い分けます。

　しかし、数値そのものを正確に伝えたい場合には、むやみにグラフを多用せずに、そのままの数値を単独で表したほうがいい場合もあります。あくまでも、グラフは図解を補完するものと捉えましょう。

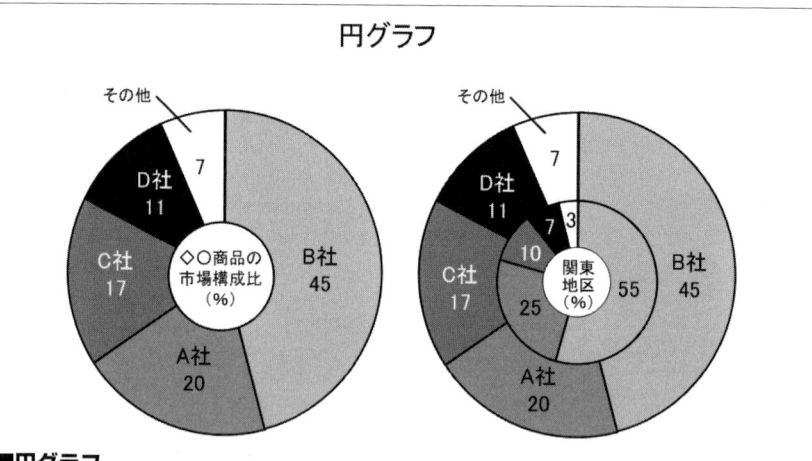

円グラフ

（左）◇○商品の市場構成比（％）：B社 45、A社 20、C社 17、D社 11、その他 7
（右）関東地区（％）：B社 55、A社 25、C社 10、D社 7、その他 3

■円グラフ
円グラフは、「全体と部分の比率」を表すのに適している。円全体を100％とし、時計回りに最も大きな部分から表示していく。応用形として、この図解例のように中心をくり抜いたドーナツグラフ、ほかに半円グラフなどがある。

> **⚠ ワンポイント　数字は大まかなものに**
> 図解に数字を使う場合、小数点以下第2位まで使うと相手の頭を混乱させる原因になる。そのため、数字は大まかでいい。たとえば、29.79％などと書き込むと、そのことが気になってしまうので、わかりやすく30％とする。

意識調査の集計結果

- 回答A: 80
- 回答B: 60
- 回答C: 24
- 回答D: 46

A町におけるパソコン普及率

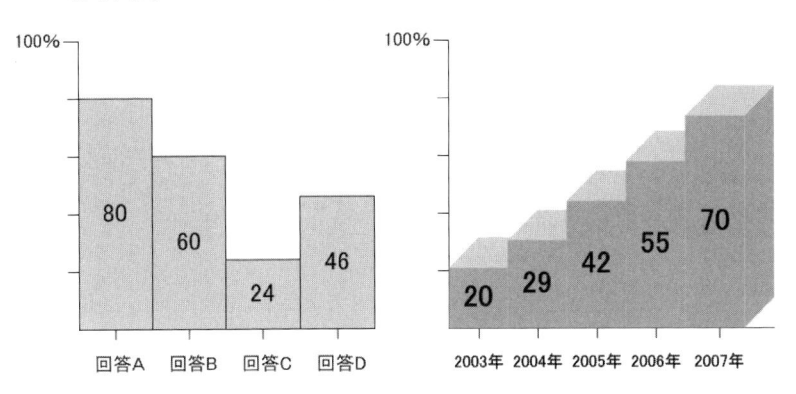

- 2003年: 20
- 2004年: 29
- 2005年: 42
- 2006年: 55
- 2007年: 70

■棒グラフ

棒グラフは、項目間の比較や時系列的な変化を表す場合に使われる。各々のデータや数値の比較そのものを強調する場合などに使いやすい。立体感を出したり、折れ線グラフと組み合わせるなど応用できる。

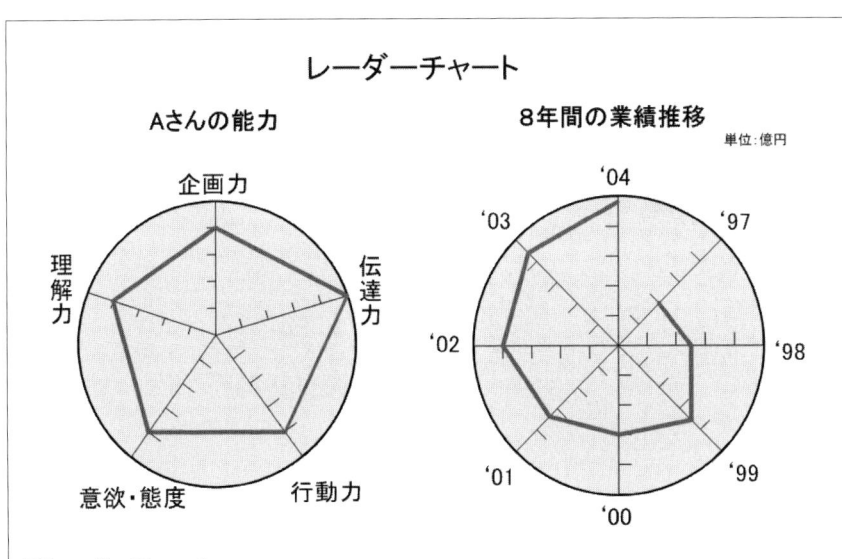

レーダーチャート

Aさんの能力: 企画力、伝達力、行動力、意欲・態度、理解力

8年間の業績推移（単位：億円）: '97、'98、'99、'00、'01、'02、'03、'04

■レーダーチャート

レーダーチャートは、飛行機のレーダーに似ていることからこの名で呼ばれている。データ相互の比較や全体の形のバランスを強調したい場合、データの周期的な時間経過による変化を表すのに有効である。

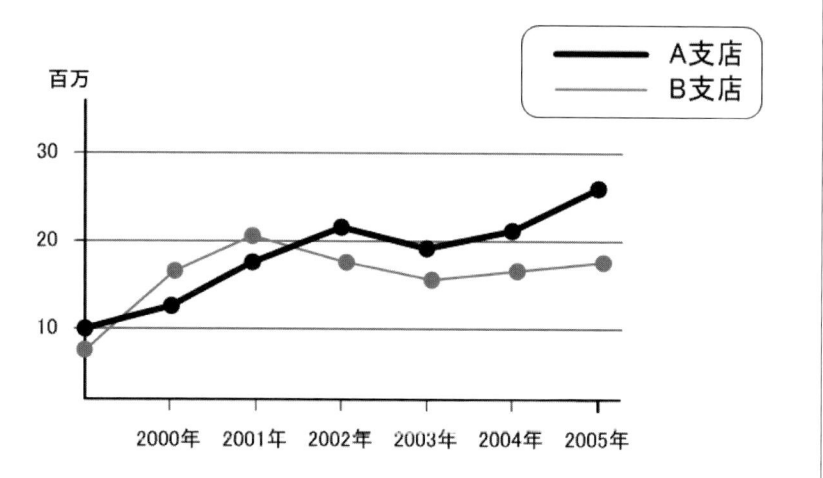

■折れ線グラフ

折れ線グラフは、時間の経過に沿った変化や、数値の傾向を表現したいときに便利に使える。特に数値そのものよりも、時間経過による変化の傾向を強調したい場合に用いると有効である。

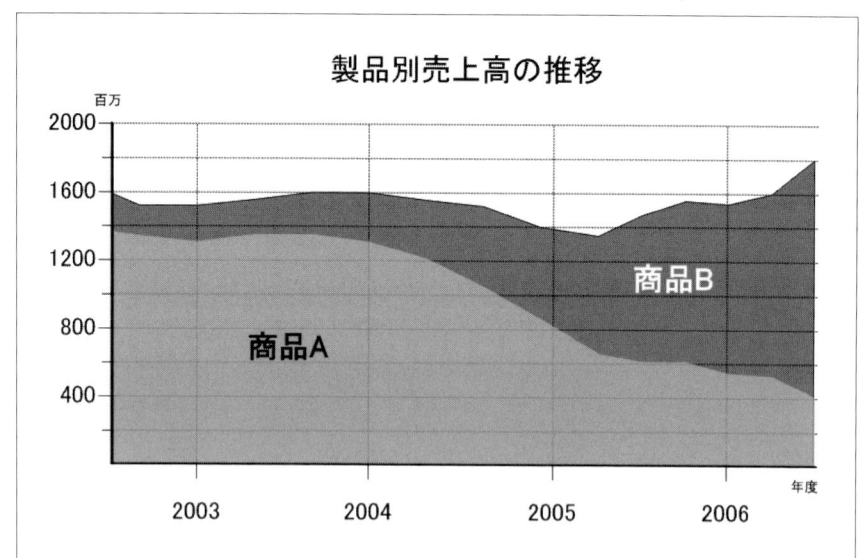

■積層グラフ

積層グラフは、折れ線グラフの応用型。折れ線グラフを重ねることで、時間的な推移と構成比の変化を同時に表現できる。この図解例のように、時間的変化によって製品別の売上げ構成が変わったことがわかる。

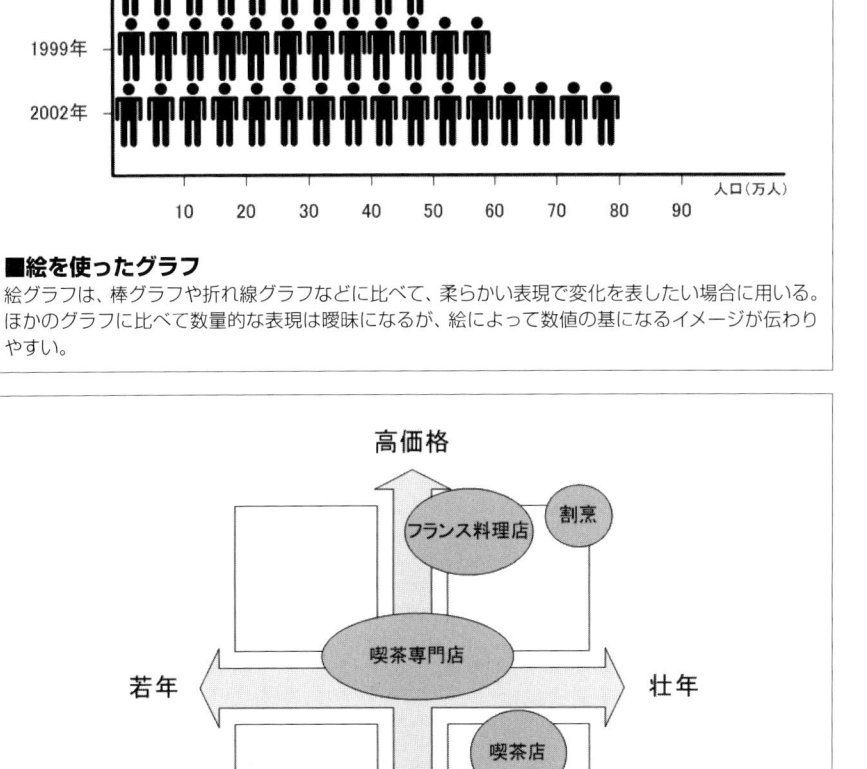

人口の伸び

(絵グラフ：年度別人口を人型アイコンで表示)

- 1990年：約40万人
- 1993年：約50万人
- 1996年：約55万人
- 1999年：約60万人
- 2002年：約80万人

横軸：人口（万人） 10〜90

■絵を使ったグラフ
絵グラフは、棒グラフや折れ線グラフなどに比べて、柔らかい表現で変化を表したい場合に用いる。ほかのグラフに比べて数量的な表現は曖昧になるが、絵によって数値の基になるイメージが伝わりやすい。

（ポジショニングマップ：縦軸＝高価格／低価格、横軸＝若年／壮年）

- 高価格側：フランス料理店、割烹
- 中央：喫茶専門店
- 壮年寄り中段：喫茶店
- 低価格側：コンビニ、ファーストフード、スーパー

■ポジショニングマップ
2本の座標軸とマルを組み合わせることで、事柄の位置関係や範囲を表すことができる。この図解例のように、2種類の基準を組み合わせることで、関連する内容の位置付けをひと目で表すことができる。

Excelで作ったグラフをPowerPointで利用する

グラフを入れたスライドを作るときは、PowerPointのグラフ機能でも作成できますが、Excelでグラフ作成を行い、PowerPointに貼り付けると効率的です。リンク貼り付けをすれば、Excelでの数値の変更に対応してPowerPointに反映できます。

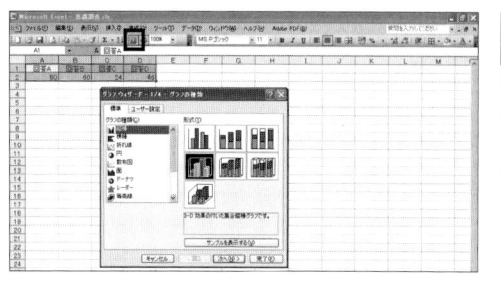

1 Excelでのグラフの作成

グラフにしたい表を選択し、[標準]ツールバーの [グラフウィザード]ボタンをクリックします。[グラフウィザード]のメッセージに従って設定をし、[完了]ボタンをクリックしてグラフを作成します。

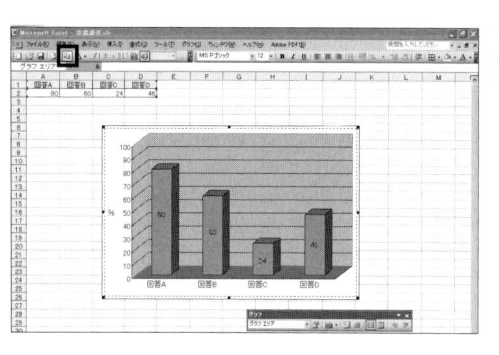

2 グラフのコピー

書式設定などでグラフの詳細な設定などを行い、グラフを完成させます。グラフをクリックして選択し、[標準]ツールバーの [コピー]ボタンをクリックします。

3 グラフの貼り付け

PowerPointのウィンドウに切り替え、[編集]メニューの[形式を選択して貼り付け]を選択します。[Microsoft Office Excelグラフオブジェクト]をクリックし、貼り付け方法を選択して[OK]ボタンをクリックします。

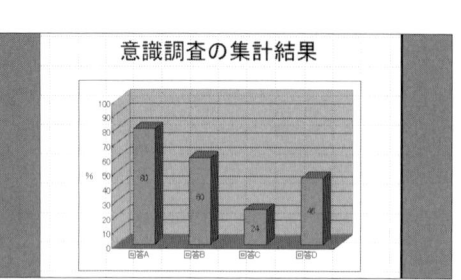

4 グラフの調整

Excelで作成したグラフがPowerPointに貼り付けられます。枠をドラッグして位置やサイズを調整します。

PowerPointでグラフを作る

PowerPointのグラフ機能を使っても、グラフを作成できます。グラフの入ったレイアウトを選択して使います。

1 レイアウトの選択

[書式設定]ツールバーの[新しいスライド]をクリックして、[スライドレイアウト]作業ウィンドウを表示します。レイアウトの一覧で、[タイトルとグラフ]をクリックして選択します。スライドの下の枠をダブルクリックすると、グラフのサンプルが表示されます。

!ワンポイント グラフの挿入
作成途中のスライドに後からグラフを挿入するには、メニューの[挿入]-[グラフ]を選択します。ツールバーの [グラフの挿入]ボタンからも挿入できます。

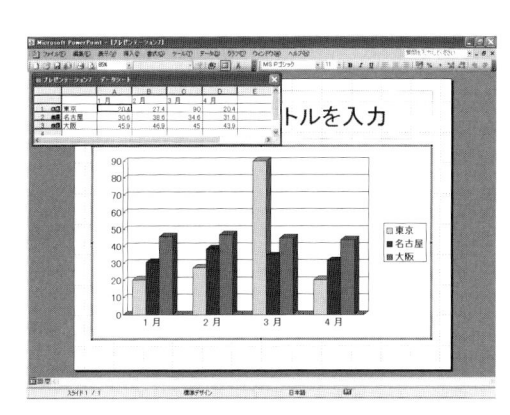

2 グラフの作成

表に数値を入力し、グラフを作成します。グラフの枠以外をクリックすると、グラフの作成を終了します。グラフを修正したいときは、グラフをダブルクリックします。

!ワンポイント
グラフの種類の変更
グラフの種類を変更するときは、グラフ作成中、グラフのプロットエリア上で右クリックします。表示されたメニューで[グラフの種類]をクリックすると、円グラフや折れ線グラフなどに変更できます。

!ワンポイント Wordでグラフを作成する
Wordでグラフを作成するときは、[挿入]メニューの[オブジェクト]を選択し、[新規作成]タブで[Microsoft Graph グラフ]を選択します。数値を入力し、グラフを作成します。

06 | イラストを使うのは最後の仕上げの段階で

図解にイラストを用いると、柔らかい表現になります。
しかし、全体の論理を曖昧にさせる危険性も持っています。
読み手や用途に応じて、最小限に使うことを原則としましょう。

結論が不明瞭になるイラストは使わない

　読み手に合わせて、数字やグラフと同様にイラストやクリップアートを使うのも効果的です。イラストがあったほうが柔らかい表現になるので、一般消費者向けの図解を作るときには、取り入れるといい場合もあります。

　ただし、図解を組み立てるときに、最初からイラストを使ってはいけません。なぜなら、イラストのイメージに引きずられて考えが深まらず、全体の論理がぼやけてしまうからです。骨格の段階ではイラストは使わず、全体像ができてから用途に応じてイラストを入れるようにします。

　イラストは、イメージを伝えられやすくする反面、読み手に先入観を与えてしまい、本来伝えたかったメッセージが伝わらない危険性があるので、仕上げの段階で最小限に使うことを原則としましょう。

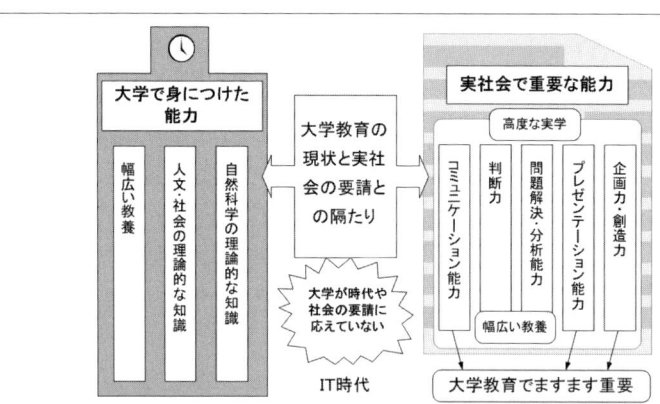

■イラストで対比を明確にする
対比の基本構造がはっきりとしている場合、イラストを用いると関係を強調することができる。この図解例は、大学と実社会の対比を、大学の時計台風のイラストとオフィスビルのイラストを背景にして違いを明確に表現している。

> **❗ワンポイント** クリップアートの活用
> PowerPointやWord、Excelには [シンボル] [コミュニケーション] [ビジネス] など、カテゴライズされたクリップアートというイラストが豊富にそろっている。また、インターネットを通じて「Office Onlineのクリップアート」に接続すると、11万点以上の膨大な数の中から目的のものを検索できる。接続方法は、[挿入] メニューの [図] を選択して [クリップアート] を選び、[Office Onlineのクリップアート] をクリックする。

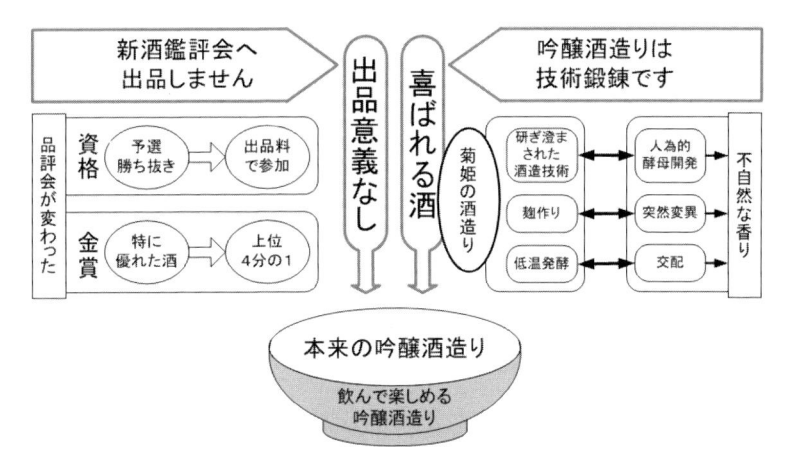

■イラストで味わいを出す

図解は理屈っぽく味気ないものになりがちだが、イラストを入れることで和やかな雰囲気にすることができる。この図解例のように、「お酒」のテーマに合わせた「盃」のイラストを入れると、結論のイメージが強調される。

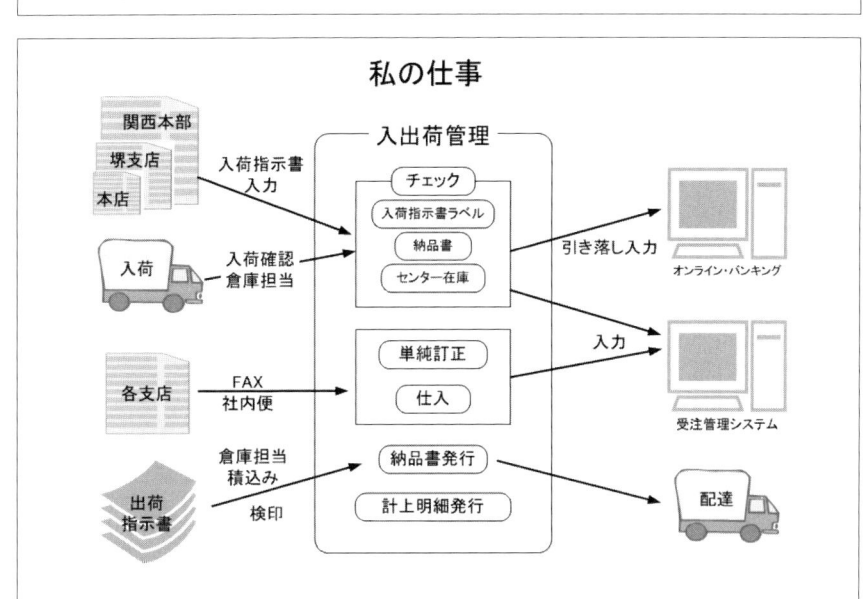

■言葉でイラストを補足する

同じイラストをいくつも使う場合は、言葉を添えるとわかりやすい。説明なしで同じイラストを使うと読み手が混乱する原因になるので、この図解例のように言葉を添えてそれぞれの違いを明確にする。

双方向に矢印のあるボックスを作る PpWE

左右に矢印があるボックスを作りたいときは、オートシェイプから [左右矢印吹き出し] を選択して描画します。

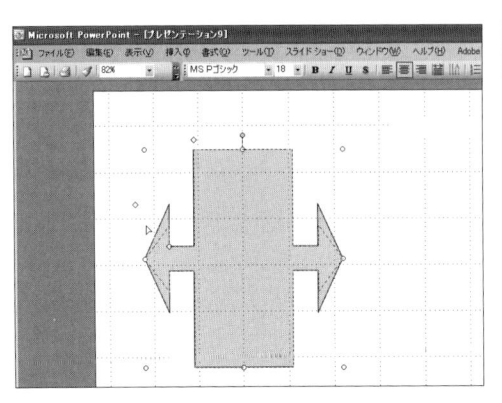

1 図形の描画
[図形描画] ツールバーの [オートシェイプ] ボタンをクリックし、[ブロック矢印] － [左右矢印吹き出し] を選択して描画します。左右の矢印の形状などは、黄色い菱形のハンドルをドラッグして変形します。

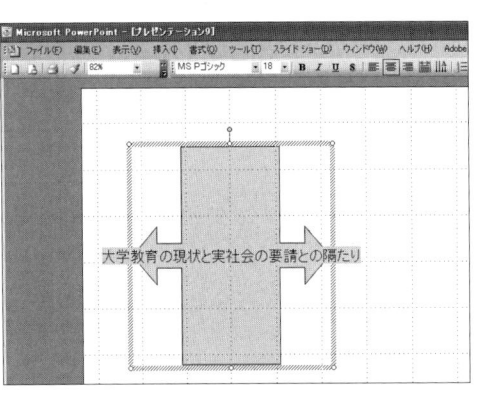

2 文字の入力
文字を入力すると、図形の中央に1列に表示されます。

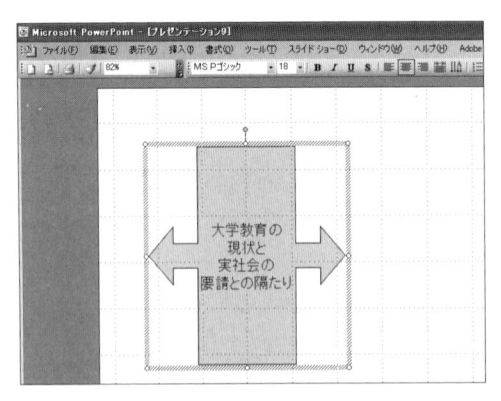

3 改行する
適切な位置で改行すると、文字がボックス内で折り返します。

> **① ワンポイント　文字の折り返し**
> 改行を入れなくても折り返しをするよう設定したい場合は、図をダブルクリックして [オートシェイプの書式設定] ダイアログボックスを表示します。[テキストボックス] タブをクリックし、[描画オブジェクト内でテキストを折り返す] をクリックしてオンにすると、文字がボックスの中で折り返します。

Part6 ● 説得力を増す「伝える図解」の描き方

イラストを貼り付ける

PP W E

スライドにイラストを入れると、内容を一目で理解させたり、注目させたりすることができます。クリップアートを利用すれば、多様なイラストが活用できます。

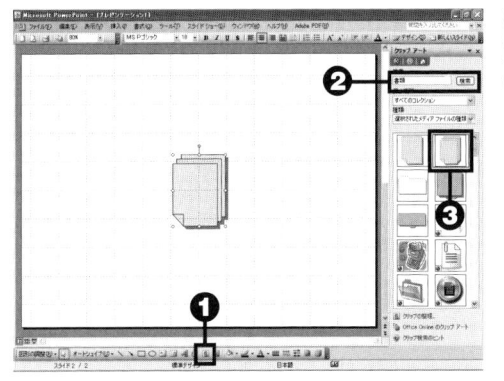

1 クリップアートの検索と挿入

❶[図形描画]ツールバーの [クリップアートの挿入]ボタンをクリックします。❷キーワードを入力し、[検索]をクリックすると、クリップアートが検索されます。❸検索された一覧の中から、使いたいクリップアートをクリックして、スライドに挿入します。

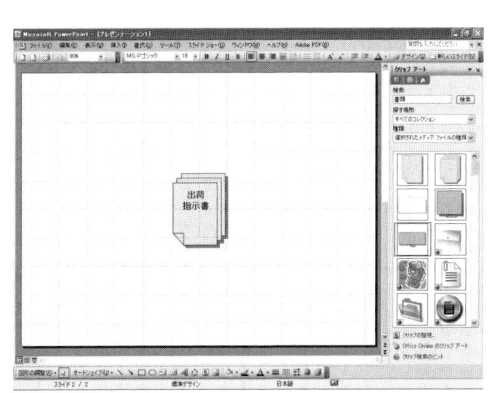

2 文字の入力

文字を入力するなど、編集をしてスライドに利用します。文字が入力できないタイプのクリップアートの場合は、テキストボックスを重ねます。

● ワンポイント

Office Onlineのクリップアート

インターネットに接続している場合は、[Office Onlineのクリップアート]からも、クリップアートを選択できます。右下に地球儀のアイコンが表示されているイラストは、[Office Onlineのクリップアート]から検索されたものです。

コラム 市販の素材集を使う

市販の素材集などのイラストを使用したいときは、❶[図形描画]ツールバーの [図の挿入]ボタンをクリックし、❷素材集が保存されている場所を指定します。

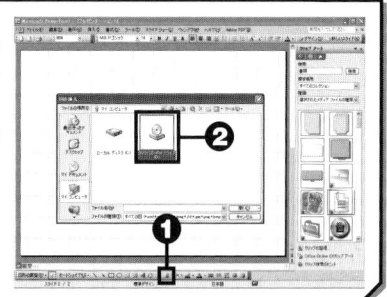

07 バランスのいい図解は読む気にさせる

読みたくなる「美しい図解」は、図全体の安定感が決め手です。
限られたスペースに、大小の部分をバランスよく配置して、
全体を見やすくすれば、読み手に安心感を与えられます。

安定感のポイントは「中心」「重心」「正三角形」

　図解のレイアウトは、部分としての固まりをどのように組み合わせて配置するかがテーマです。限られたスペースに、大小の部分をバランスよく配置して全体としての美しさを追求します。

　図解の各部分の良し悪しというよりも、全体的なレイアウトが安定感を生み出します。その安定感が読み手に安心感を与え、違和感なく図解を見てもらうことができます。

　安定感のある図解は、左右や上下のバランスが取れています。図全体を三角形にレイアウトする場合は、各部分の組み合わせで正三角形や二等辺三角形になるようにします。また、全体から見て上のほうに固まりが集中すると不安定な印象を与えるので、下のほうに固まりをもってくるようにしましょう。

自分の歴史を振り返ろう

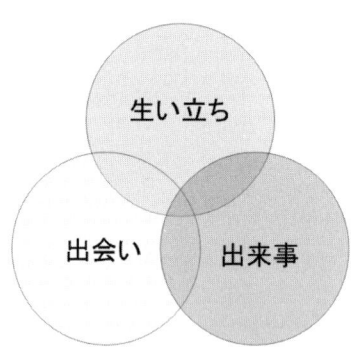

（生い立ち／出会い／出来事　の3つの円）

■マル3つがレイアウトの基本
レイアウトを見直す場合は、同じ大きさの3つのマルを思い出そう。複雑になってしまった図解をシンプルに描き直すことができないかを考えながら修正し、安定感が出てくれば骨格と流れがしっかりしたといえる。

> **ワンポイント　安定感のある図**
> 「秩序」のある図解も安定感があり、安心して見ることができる。秩序のある図解とは、たとえば、中心から矢印が伸びる「広がり感覚の図解」(P.56参照)や、矢印が中心に向かって集中する「縮まり感覚の図解」(P.64参照)、時系列に情報が並んだ図解など。

商品開発のポイント

■三角形をイメージする
部分図解を並べる場合は、三角形をイメージしてレイアウトする。この図解例は、それぞれの項目を部分図解と仮定して省略してあるが、描いた図解の全体がこのような安定した形になっているかどうかを確かめよう。

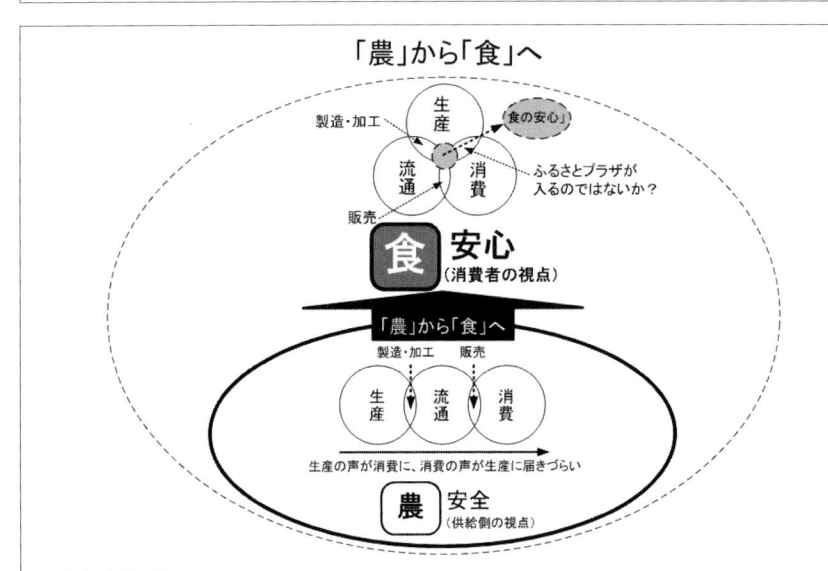

「農」から「食」へ

■中心を作る
図解に安定感を持たせるためには、中心を作ることが有効。この図解例は、結論(「食の安心」)を中心に配置することで安定感を出している。また、現状を表しているマルの囲み線を太くすることで、図の重心を下げて安定感につなげている。

3つの円を塗り分ける

PP W E

ベン図は図表ギャラリーでも描けますが、3つの円を重ねても描くことができます。それぞれの円に透過性を設定すれば、重なった部分の色が濃くなり、共通部分にも色を塗り分けたような効果を付けた図にできます。

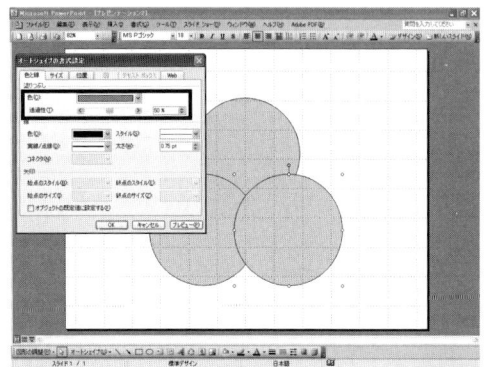

1 図の塗りつぶしの色と透過性の設定

円を描画し、コピーして一部を重ねます。円を1つダブルクリックして、[オートシェイプの書式設定]ダイアログボックスを表示し、色と透過性を設定します。

❶ ワンポイント　色の選択
透過性を設定する色は、原色など濃い色を選ぶと、はっきりと効果がわかります。

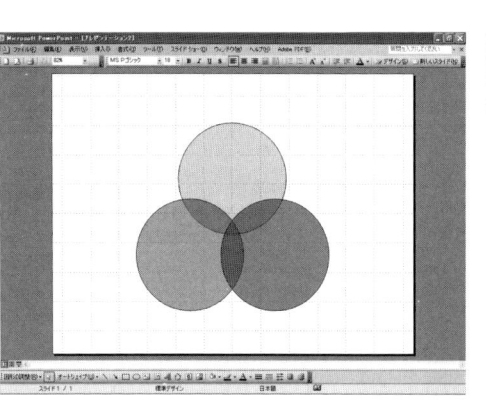

2 他の円の設定

同様に、他の円にも色と透過性を設定します。3つの円に違う色を設定することにより、重なった部分もそれぞれ違う色で塗り分けられたようになります。

コラム　図表ギャラリーを利用する

円を塗り分けるには、[図表ギャラリー]を利用する方法もあります。ベン図型図形を作成後、[図表]ツールバーの[図表スタイルギャラリー]ボタンをクリックするとスタイルが選ぶことができ、色などを一度に変更できます。

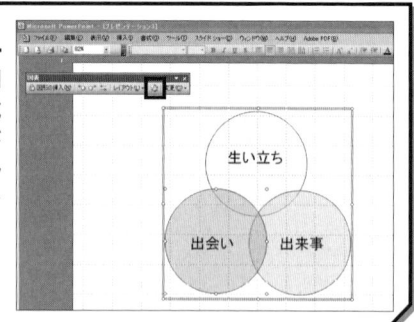

図形を左右対称に配置する PPWE

中央の図形を中心にして、両サイドの図形を対照に並べたいときは、図形の整列を行います。3つの図形をスライドの幅に対して整列させると、スライドの左右中央にバランス良く配置できます。

1 図形のコピー

コピー元の図形を1つ作成し、[Ctrl]＋[Shift]キーを押しながら横方向へドラッグして水平にコピーします。これを繰り返して、図形を3つ作成します。

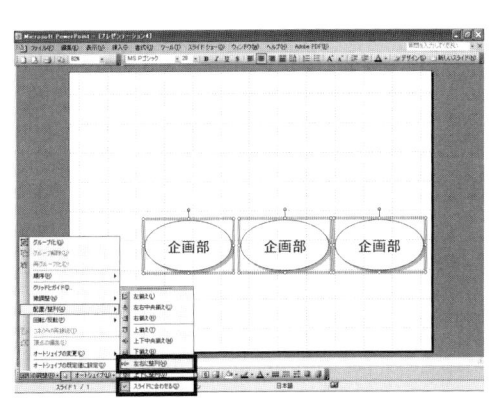

2 図形の配置

［図形描画］ツールバーの［図形の調整］ボタンをクリックし、［配置/整列］－［スライドに合わせる］をクリックしてオンにします。一度メニューが閉じます。3つの図形を選択して、［図形の調整］ボタンをクリックし、［配置/整列］－［左右に整列］を選択します。

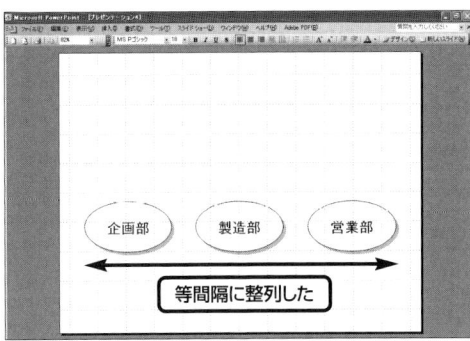

3 等間隔に整列

中央の図形を中心に、両サイドの図形が等間隔に整列します。

08 | 結論はコメントや文章になってもいい

図解と文章は補完関係にあります。コメントを活用すると、図だけでは表現しきれなかった部分を補うことができます。読み手を助けるコメントは、図解全体に活力をプラスします。

コメントは一文がベスト

　図解にのめり込んでしまうと、文章を軽視しがちになってしまうことがあります。しかし、図解と文章は補完関係にあるのです。図解中のコメントが必要ない図解を目指すことはいいことですが、コメントや結論の文章を入れておくと、図解が活き活きと躍動してきます。

　読み手の視点に立ってコメントを付けようと考えると、いままで完璧だと思っていた図解を一歩引いて冷静に見ることができます。そうすることで、不親切な部分や、過剰な部分が見えてきます。また、コメントを入れると文章至上主義に慣れた人たちにも図解を受け入れられやすくなります。

　コメントは結論を簡潔に表すように、最後に1、2行、一文にするのが望ましいでしょう。

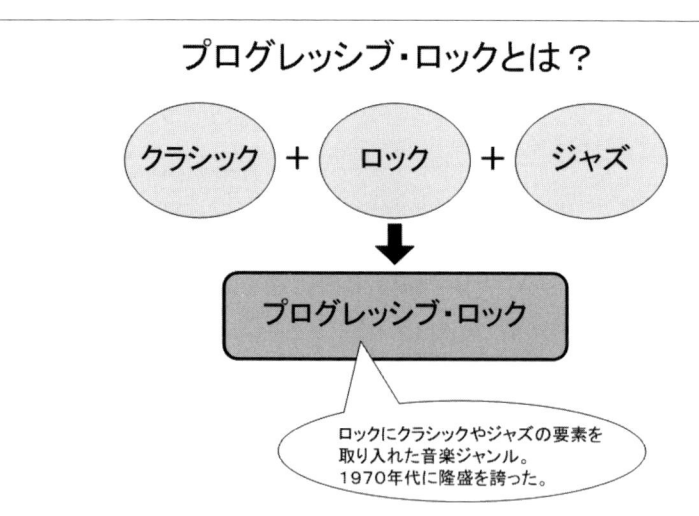

プログレッシブ・ロックとは？

クラシック ＋ ロック ＋ ジャズ
↓
プログレッシブ・ロック

> ロックにクラシックやジャズの要素を取り入れた音楽ジャンル。1970年代に隆盛を誇った。

■吹き出しで抵抗感を少なくする
この図解例は、コメントを吹き出しにして表現している。吹き出しは擬人的な表現のため、読み手にとって抵抗感が少なく、図解に柔らかさや親しみやすさを演出することができる。

> **！ ワンポイント** コメントは一文で
> 和歌は「5・7・5・7・7」の31文字で、物事の全体像や人間の心情を表すことができる。このすぐれた文化に影響を受けた我々にとって、30字前後の言葉は自分達の感性にとても合った表現形態といえる。

問われる国の役割

国は生活圏としての地域には大きすぎ、グローバルな問題を解決するには小さすぎる

■**コメントから図解を読み解く**
すぐれたコメントは、図解を読み解くカギになる。この図解例のように、すべてを図解に盛り込むことをしないで、コメントに問題点を忍ばせると、読み手はコメントを基に、図解を自分なりに解釈して考えを膨らませることができる。

知識社会におけるキャリアの捉え方

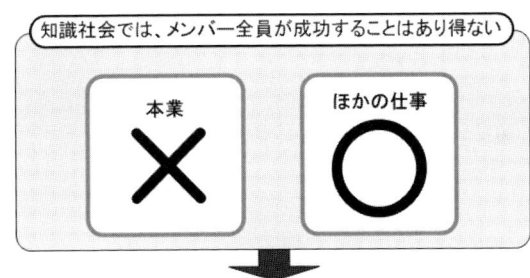

知識社会では、メンバー全員が成功することはあり得ない

本業 ✕　ほかの仕事 ◯

複線的なキャリアが **精神安定** につながる

将来、絶望しないために
複線的なキャリアを身に付けよう！

■**結論のほかに、コメントを付ける**
文章をそのまま図解すると、導いた結論に行動を促すだけの迫力がないことがある。そこで、結論から導かれる行動をスローガン化したコメントにして説得力を高める。この図解例では、結論が「精神安定」で、最下行がコメントになる。

コメントの文字を揃え読みやすくする　Pp W E

スライドのコメントは、行末を揃えると見栄えが良くなります。文字列の左端が不揃いになっているときは、フォントの種類を変更するとよいでしょう。

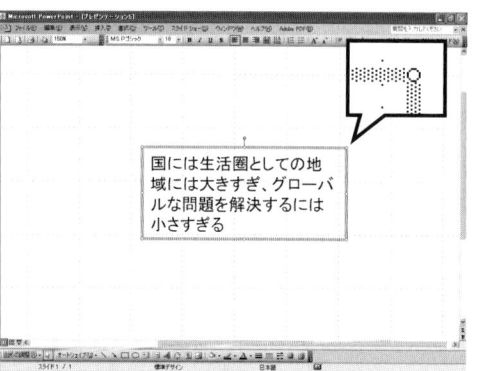

1 テキストボックスの選択

テキストボックスの文字列に、「MS P ゴシック」が設定されていると、文字列の左端が揃いません。フォントを変更するため、テキストボックスの枠をクリックし、「点」で囲まれた選択状態にします。

> **⚠ ワンポイント　文字の選択**
> 文字のみを変更する場合は、文字列をドラッグして、文字を選択する方法もあります。

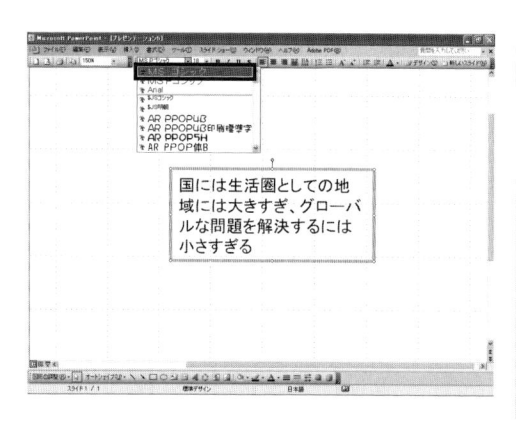

2 フォントの選択

［書式設定］ツールバーの［フォント］をクリックし、「MSゴシック」を選択します。

> **⚠ ワンポイント**
> **プロポーショナルフォント**
> 「MS Pゴシック」など、フォント名に「P（プロポーショナル）」のついたものは、文字の幅がそれぞれ異なっています。「MSゴシック」など、「P」のつかないフォントで、かつ日本語用のフォントに変更すれば、両端が揃います。

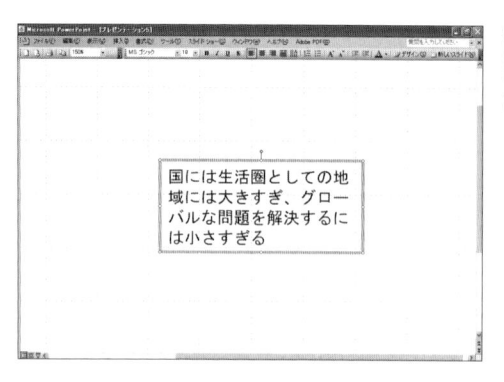

3 フォントが変更される

フォントが変更され、文字列の左端が揃います。

コメントに背景色を付ける Pp W E

テキストボックスで作成したコメントの背景は、色を付けると強調できます。

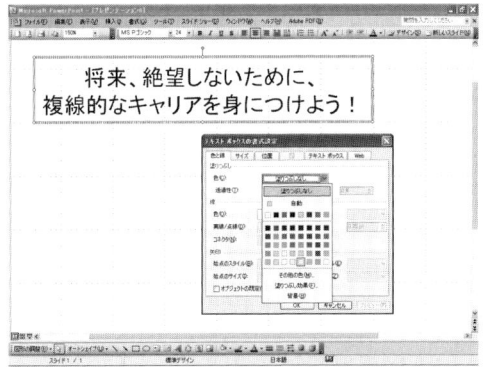

1 テキストボックスの書式設定

テキストボックスをダブルクリックし、[テキストボックスの書式設定]ダイアログボックスを表示します。[塗りつぶし]から色を選択します。

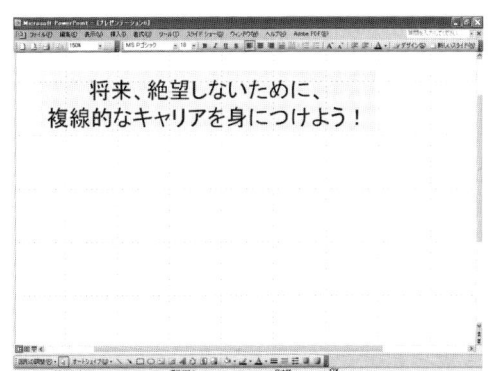

2 背景に色が付く

コメントの背景に、選択した色が付きます。

> **ワンポイント　線で囲む**
> テキストボックスを線で囲むときは、[線]から色や太さなどを設定します。

コラム　テクスチャで塗りつぶす

[テキストボックスの書式設定]ダイアログボックスの、色を選択する一覧から[塗りつぶし効果]を選択して[テクスチャ]タブをクリックすると、石や繊維、紙などの質感をもった背景にすることができます。

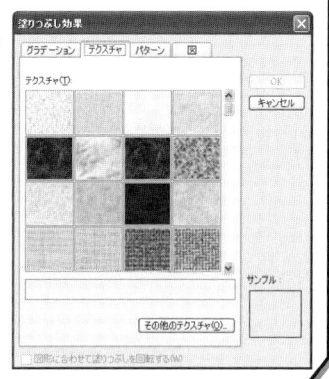

09 相手の興味を引き出すタイトルを付ける

読み手にとって、インパクトのある「タイトル」、
そして、バランスの取れた「図解」とキレのある「コメント」、
この3点セットで補完し合えば、「伝える」ための図解は完成です。

タイトルは図解の概説ではない

　内容をひと言で表すタイトルを付けて図解は完成です。読み手はタイトルを読むことで、その図解をスムーズに読み進めることができます。

　しかし、内容を表しているとはいえ、「男性化粧品について」とか「○○地域合併の概要」のような、おとなしいタイトルでは図解の効果が半減してしまいます。読み手に、より一層の興味を持ってもらうためには、インパクトのある言葉に変える必要があります。たとえば、「需要激増の男性化粧品」「問題山積の○○地域の合併」のように変えて、図解の本質を表現しましょう。

　タイトルは、伝えたいことを見失わないためにも図解の描き始めに仮に付けます。そして、最後に描き上げた図解をじっくり見直して、読み手にインパクトのあるタイトルに付け替えます。

塩にはさまざまな使い道がある　　塩ひとつまみでおいしさ倍増！

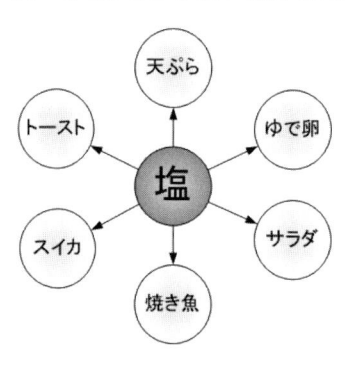

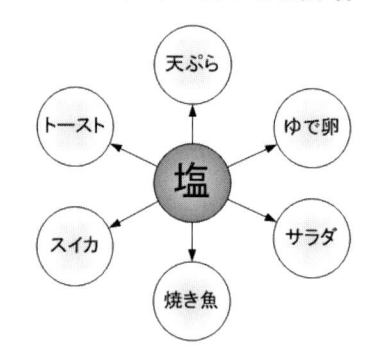

■タイトルが変われば印象も変わる
この図解例のようにまったく同じ図でも、タイトルが違うと印象ががらりと変わる。右側のようなタイトルであれば、心情的に塩を積極的に使いたくなる。このように、読み手を意識してタイトルを付けるように心掛ける。

> **❶ ワンポイント**　**タイトルは図解の顔**
> タイトルは図解の顔であり、入り口でもある。「これは何だろう？」「これはどのように展開するのだろう？」と、読み手の関心を引かせることが重要である。また相手が上司か取引先か、年齢は若いか高齢かなどを考慮して付け替えることも必要である。

「伝達」とは相手に「伝え」「達する」ことである

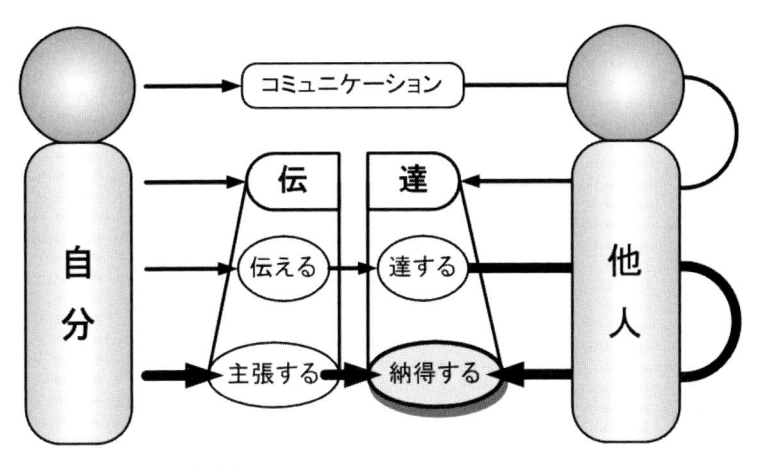

■タイトルで内容を言い切る
図解の作り手は手間と時間をかけて図を完成させるので、示す内容を十分理解しているが、読み手にそれが伝わるとは限らない。この図解例のようにタイトルで内容を言い切ることで、図解を初めて見る読み手にも内容が伝わる。

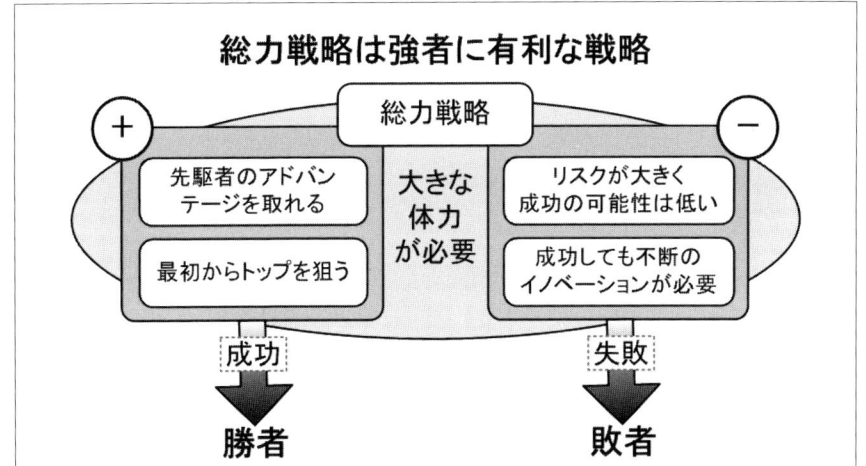

総力戦略は強者に有利な戦略

体力のない新興企業は、強者の戦略をとってはいけない！

■「タイトル」「図解」「コメント」の3点セット
理想の図解は「タイトル」「図解」「コメント」の3点が、伝えたい内容をお互いに補い、引き出し合うようにできていること。伝えたい内容すべてを盛り込むことが良い図解とは限らない。仕上げはこの3点のバランスで考えよう。

放射型図形を描く

中心の円から周囲へ円を放射したような図形は、図形ギャラリーの放射型図表を使うと簡単に描けます。放射する円は、図解に合わせて増減できます。

1 放射型図形の選択

[図形描画] ツールバーの [図表または組織図を挿入します] ボタンをクリックします。[図表ギャラリー] ダイアログボックスが表示されたら、「放射型図形」を選択して [OK] をクリックします。

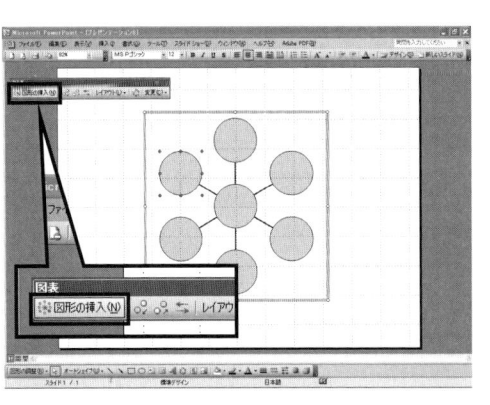

2 図形の追加

[図表] ツールバーの [図形の挿入] ボタンをクリックします。放射型図形に、円が追加されます。

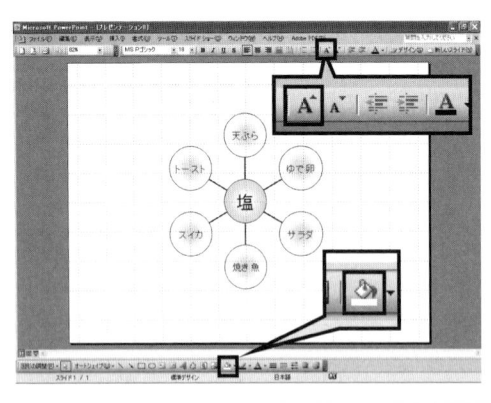

3 図形の編集

図形をクリックして文字を入力し、[書式設定] ツールバーの [フォントサイズの拡大] ボタンで文字のサイズを調整したり、[図形描画] ツールバーの [塗りつぶしの色] ボタンで、色を変更したりします。

> **⚠ ワンポイント　スタイルの変更**
> [図表] ツールバーの [図表スタイルギャラリー] ボタンで、スタイルを設定することもできます。

> **⚠ ワンポイント　図形の色の変更**
> 図形の線や塗りつぶしの色を変更するには、図表組織図の上で右クリックし、[オートフォーマットの使用] をクリックしてオフにします。[図形描画] ツールバーを利用して、図形の色などを変更できるようになります。

Part6●説得力を増す「伝える図解」の描き方

図形を立体的に見せる

PP W E

球体のような図形を作るには、図形にグラデーションを設定して、立体感を表現します。

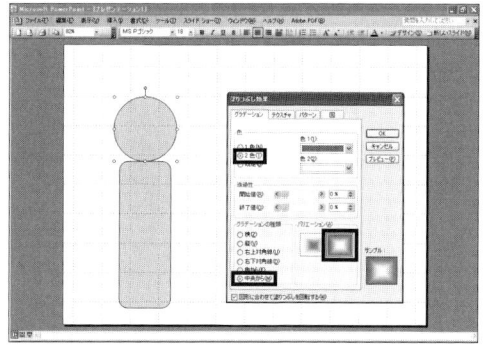

1 グラデーションの設定
描画した円をクリックし、[図形描画]ツールバーの [塗りつぶしの色]ボタンの▼をクリックして[塗りつぶし効果]を選択します。[色]で[2色]を選択し、任意の色を設定します。[グラデーションの種類]で[中央から]を選択し、[バリエーション]で中央が薄い色になるパターンを選択して[OK]をクリックします。

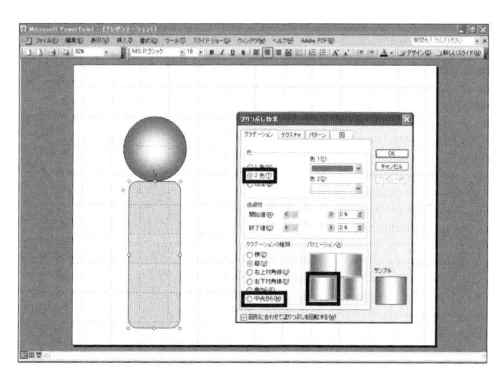

2 効果が設定
円に、正面から光が当たったような効果が付けられます。同様に角丸四角形をクリックして、[塗りつぶし効果]の[色]で[2色]を選択し、任意の色を設定します。[グラデーションの種類]で[縦]を選択し、[バリエーション]で中央が薄い色になるパターンを選択して[OK]をクリックします。

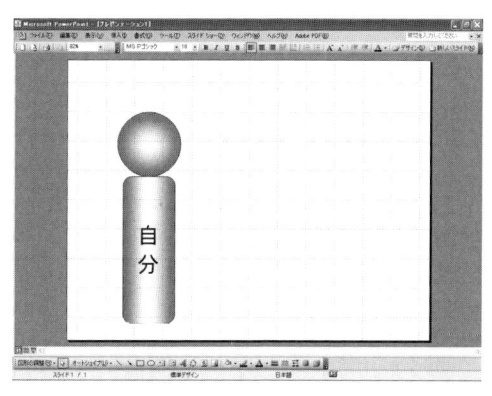

3 文字の入力
角丸四角形をクリックして文字を入力し、[書式設定]ツールバーの A [フォントサイズの拡大]ボタンで文字のサイズを調整します。完成した図は、[図形の調整]ボタンをクリックし、[グループ化]を選択してグループ化しておくと、移動などが楽に行えます。

> **ワンポイント** 縦書きの文字
> 横書きの文字を選択し、 [文字方向の変更]ボタンをクリックすると、縦書きになります。

191

矢印の方向性を強調する

PP W E

オートシェイプのブロック矢印には、上下左右の方向を示す図形が揃っています。グラデーションを設定すると、方向性がより明確に表現できます。

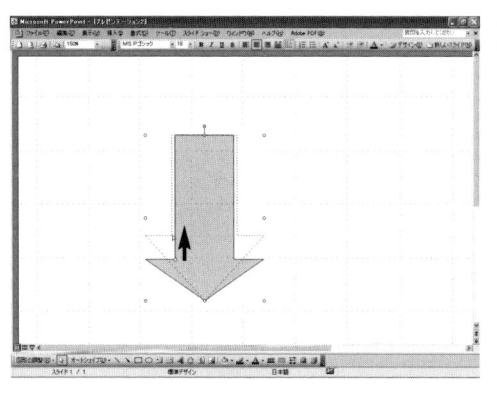

1 図形の描画

[図形描画] ツールバーの [オートシェイプ] ボタンをクリックし、[ブロック矢印] － [下矢印] を選択して描画します。変形する場合は、黄色い菱形のハンドルをドラッグします。

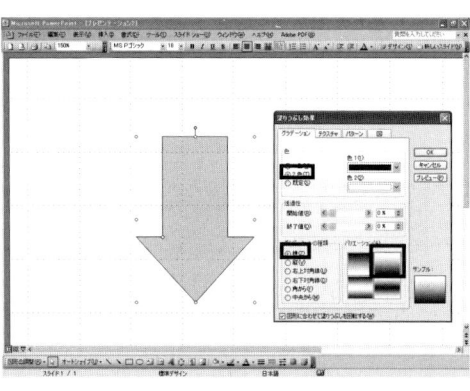

2 図形の塗りつぶし

描画した矢印をクリックし、[図形描画] ツールバーの [塗りつぶしの色] ボタンの▼をクリックして [塗りつぶし効果] を選択します。[色] で [2色] を選択し、任意の色を設定します。[グラデーションの種類] で [横] を選択し、[バリエーション] で上から下へ濃くなるパターンを選択して [OK] をクリックします。

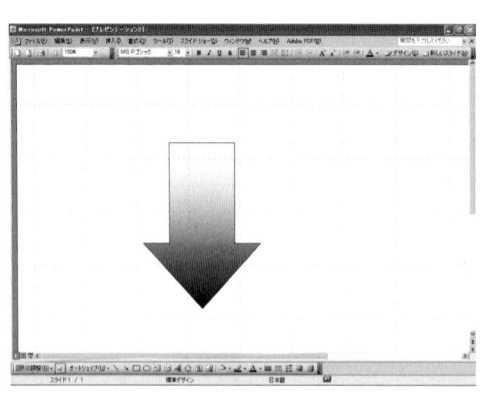

2 下向き矢印の完成

グラデーションで塗りつぶされた、下向き矢印が完成します。

# 活用編 Part 7

ビジネスシーン別 図解実践のポイント

01 ビジネス全般① 議事録図解で論点が明確に

議事録を図解すると、参加者の同意が得やすくなります。
議事の流れや発言内容など、長文の議事録を読まなくても、
図解した議事録を見ることで、会議の進行や議事内容が表せます。

これは、自動車メーカーの社内横断的な会議の議事録です。各部門の実務担当者が、それぞれの立場を表明しながら、次回行われる会議の論点を定めたことがわかります。図解議事録の作り方は、以下のようになります。
❶中央にテーブルの形を描く
❷その中に会議のテーマを書く
❸テーブルの周囲に部署名と名前を記す
❹発言内容を記す

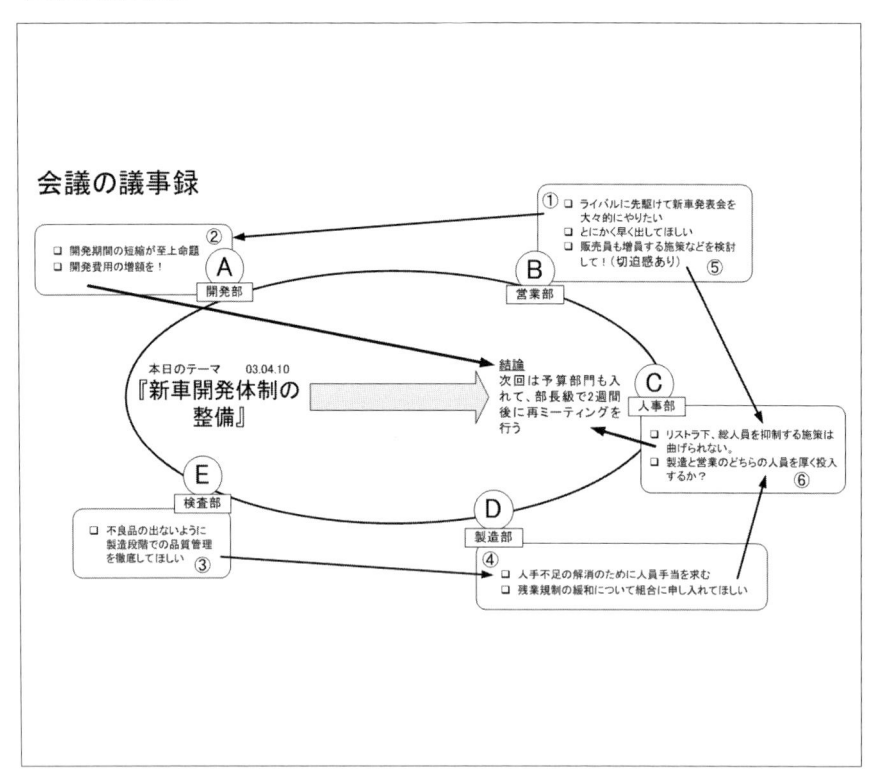

会議の議事録

A 開発部
- 開発期間の短縮が至上命題
- 開発費用の増額を！ ②

B 営業部
① ライバルに先駆けて新車発表会を大々的にやりたい
- とにかく早く出してほしい
- 販売員も増員する施策などを検討して！（切迫感あり） ⑤

本日のテーマ 03.04.10
『新車開発体制の整備』

結論
次回は予算部門も入れて、部長級で2週間後に再ミーティングを行う

C 人事部
- リストラ下、総人員を抑制する施策は曲げられない。
- 製造と営業のどちらの人員を厚く投入するか？ ⑥

E 検査部
- 不良品の出ないように製造段階での品質管理を徹底してほしい ③

D 製造部
④
- 人手不足の解消のために人員手当を求む
- 残業規制の緩和について組合に申し入れてほしい

> **ワンポイント　発言者ごとに討議内容をまとめる**
> 図解議事録の討議内容は、発言者が発言するたびに、その人の場所に発言した内容を書き込んでいく。最終的には発言者ごとに発言した内容がひとまとまりになるので、その人の言いたい主旨を把握することができる。

02 | ビジネス全般② プロジェクトの図解でアイデア創出

仕事やプロジェクトの骨格を図解しておきましょう。
目的を具体的に図解化すると、参加者の共通認識が生まれ、
目的に向かって、会議をスムーズに進行することができます。

これは、公共セクターとの共同研究を円滑に進めるために描いた図解です。関係者全員で2度ブレインストーミングを行い、プロジェクトの前提となっている現状やビジョン、目標を出し合い、それをまとめたアイデア図解です。会議を行う際は、この図を見ながら進捗の確認を行い、新しいアイデアはこの図に加えていきます。

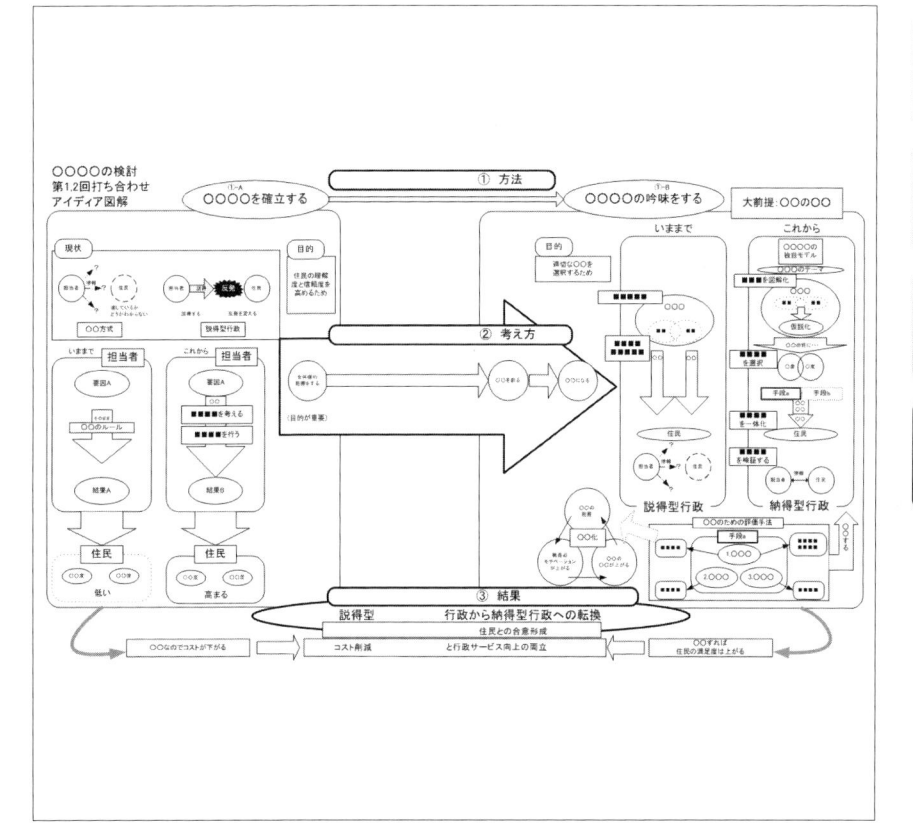

> **❗ ワンポイント** **プロジェクトの骨格をまず描く**
> 大きなプロジェクトを推進していく場合、多くの人が参加して目的を達成していくので、参加者全員が共通認識を持つためにも、プロジェクトの骨格をまず描いて、プロジェクトの目的を具体的に図解しておくことが重要となる。

03 ビジネス全般③ スケジュールの図解で進捗状況確認

新しい仕事や企画を行う際のスケジュールは、
目的をまとめた図解に、日程などの時間の要素を加えると、
プロジェクトの目的とともに、進行状況も明らかになります。

これは、前節の「アイデア図解」を基に、計画をどのような順番で進めていくかを考え、重ねたものです。新しい企画など初めて行う仕事については、それぞれがどういう関係なのかが見えていると順番が決まりやすくなります。また、図解でスケジュールを管理すると、プロジェクトの進行状況をひと目で把握することができます。

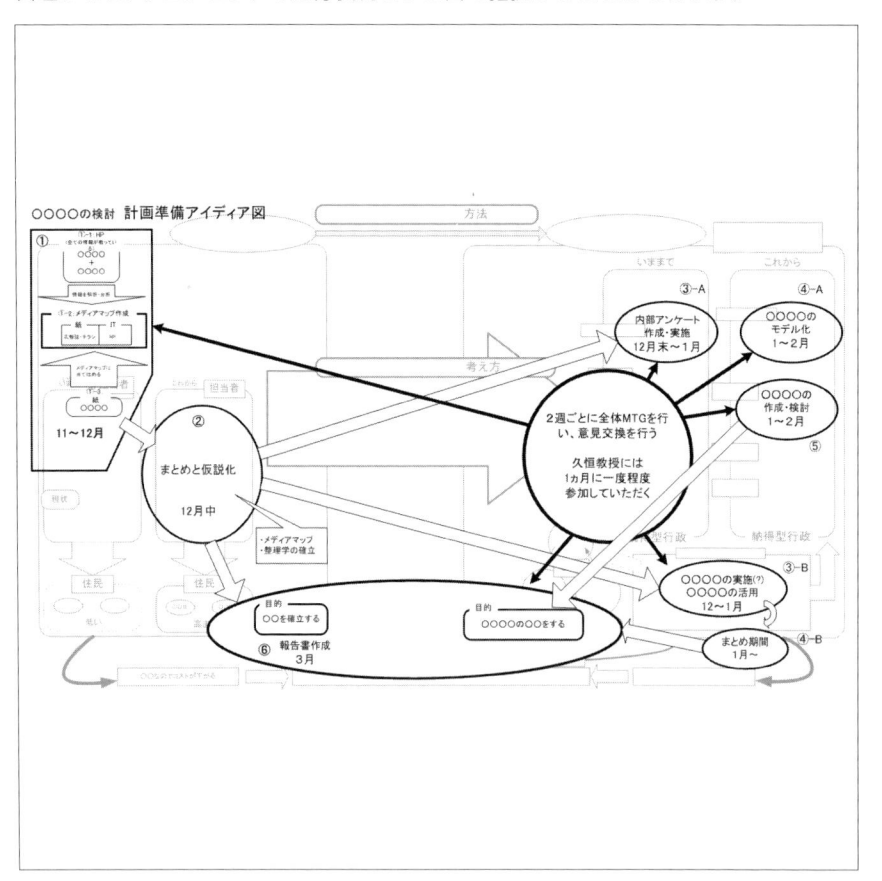

> **ワンポイント　スケジュールを示す**
> ここでのスケジュールは、大きなフレームとして示している。プロジェクトのステップに日程を重ね合わせて示すことで、プロジェクトの進捗状況を知ることができる。

04 | 経営部門① 「**ビジョン**」の図解で**会社**の**意思統一**

会社が目指す将来のビジョンを図解することで、
標語で示したり、文章などで言い表したりする以上に、
具体的で心に響くイメージを、社員と共有することができます。

これは、ある企業の10年後のビジョンを図解したものです。現時点では利益がマイナスですが、今後、新商品の開発スピードを上げていくと、10年後には売上が2000%上がるという目標を掲げています。大きな矢印とそれを支える新商品の数で今後の成長を表し、現在の問題点に対するアクションもひと目で理解することができます。

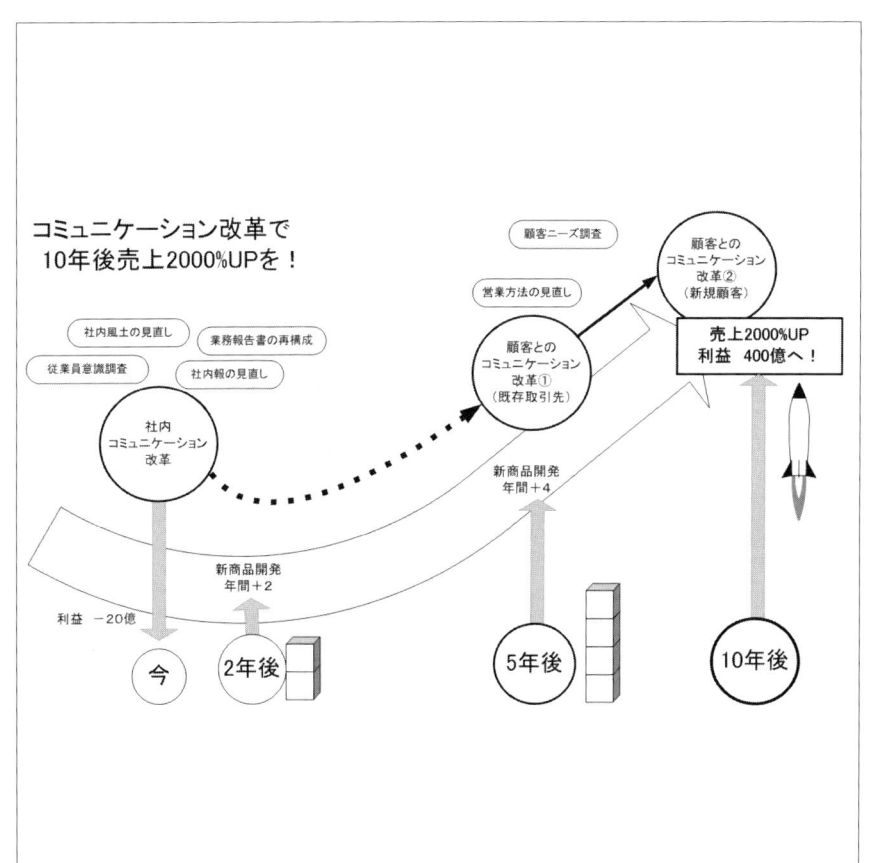

❗ワンポイント　やるべきことを簡潔に示す

将来のビジョンを図解する際のポイントは、実行する時期に応じて、やるべきことを簡潔に示し、計画を明確に表すことが必要である。

05 | 経営部門② 「戦略」の図解で社内改革推進

多くの人が参画するプロジェクトでは、意見もまちまちです。
全員の理解を容易にするため、情報を図解にまとめてみましょう。
共通の目的意識がはっきりし、高い納得感を得ることができます。

これは、私がビジネスマン時代に社内改革を推進した際に描いた図解です。お客様へのサービスを向上させるために、社内でサービス委員会が立ち上がったのですが、その事務局の役割を示す図として作成しました。サービス改革の3本柱を図解で表現することで、社内の理解度や納得度が高く、強力に推し進めていくことが可能になりました。

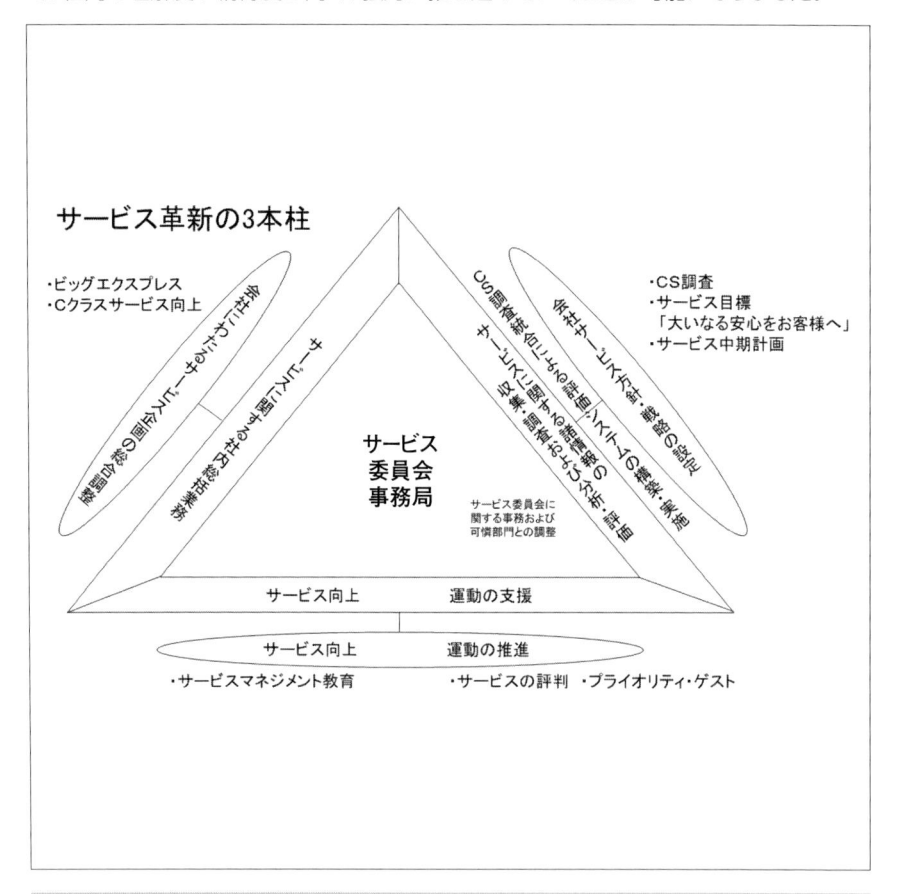

サービス革新の3本柱

- ビッグエクスプレス
- Cクラスサービス向上

- CS調査
- サービス目標 「大いなる安心をお客様へ」
- サービス中期計画

中央: サービス委員会事務局
（サービス委員会に関する事務および関係部門との調整）

三角形の底辺:
- サービス向上 / 運動の支援
- サービス向上 / 運動の推進

- サービスマネジメント教育
- サービスの評判・プライオリティ・ゲスト

---

❶ ワンポイント　基本構想を図解する

社内改革のような大きなプロジェクトでは、さまざまな現場でヒヤリングを行い、それらの声をまとめて図解にする。その図解を踏まえて基本的な戦略として活動すると、問題解決の突破口を見出すことができる。

06 営業部門①「企画」の図解でプレゼン成功

複雑でわかりにくい内容の企画書も、図解してまとめると、
文章だけでは表現できない、企画の趣旨や目的が明確になります。
相手の納得感が高まり、プレゼンテーションの成功につながります。

これは、経営コンサルティング会社がある企業に対して、現状を解決するために提出した企画書です。すでに企業の経営側から聞いていた営業現場での問題点と、調査の目的との関係性がわかりやすく示されています。このように、一度相手と話した内容を図にまとめ、さらに調査企画を盛り込むことで、納得度の高い企画書になります。

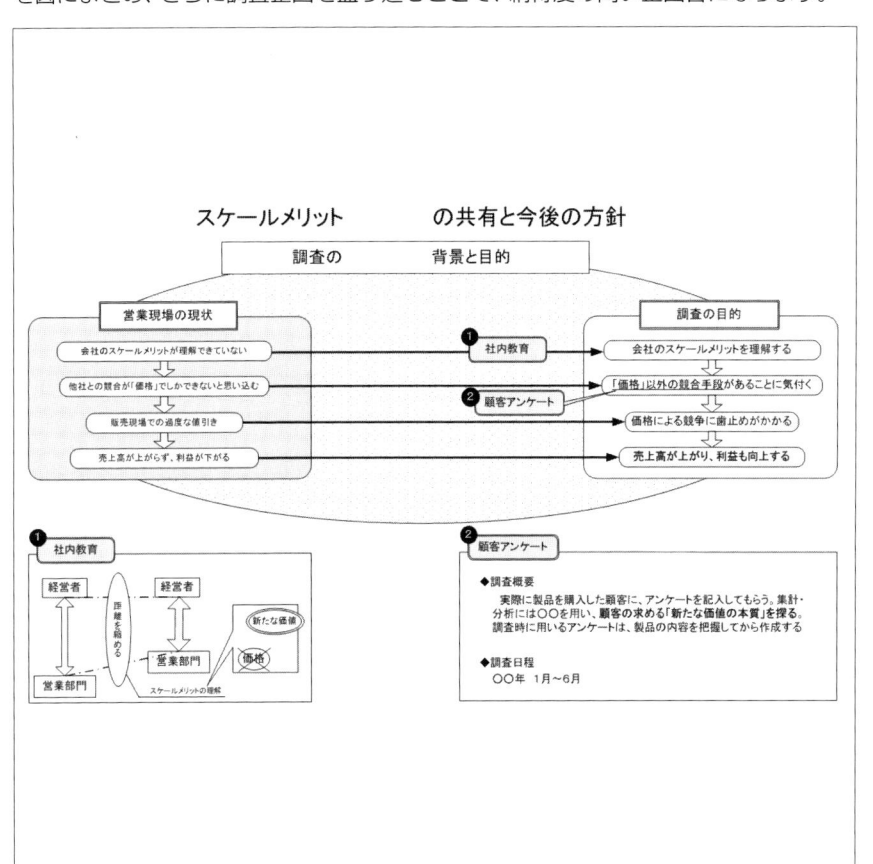

スケールメリットの共有と今後の方針

調査の背景と目的

営業現場の現状
- 会社のスケールメリットが理解できていない
- 他社との競合が「価格」でしかできないと思い込む
- 販売現場での過度な値引き
- 売上高が上がらず、利益が下がる

❶ 社内教育
❷ 顧客アンケート

調査の目的
- 会社のスケールメリットを理解する
- 「価格」以外の競合手段があることに気付く
- 価格による競争に歯止めがかかる
- 売上高が上がり、利益も向上する

❶ 社内教育
経営者 ⇔ 経営者
営業部門 ⇔ 営業部門
（距離を縮める）
新たな価値／価格
スケールメリットの理解

❷ 顧客アンケート
◆調査概要
　実際に製品を購入した顧客に、アンケートを記入してもらう。集計・分析には○○を用い、顧客の求める「新たな価値の本質」を探る。調査時に用いるアンケートは、製品の内容を把握してから作成する

◆調査日程
　○○年　1月〜6月

!ワンポイント　企画書を図解する

大きな企画を立てるときこそ、図解の力が発揮される。企画書を図解することで、提案する項目数が多いものでも1枚で表すことができる。また、その企画が相手にとってどれだけ有効であるかをひと目で伝えることができる。

07 | 営業部門② 「提案」の図解で交渉を有利に

相手先のニーズを知ることは、ビジネスの第一歩です。
相手の現状を把握し、提案内容を図解して交渉の場に用いると、
企画の全体像も伝えやすく、利益率の高いビジネスに結び付きます。

これは、自動車整備会社が、整備の下請けを自動車リース会社に提案する企画書です。整備会社が整備を請け負うことでリース料を安くでき、最終的にはリース会社の大口顧客である生命保険会社にも満足してもらえる、といった内容です。自社の問題点や相手の会社の問題を明らかにすることで、提案内容がよりクリアに伝わります。

ビジネスモデルのご説明

自動車リース会社
- 内的要因：技術力が追いつかない
- 外的要因：ユーザーの自動車保持率上昇
- 課題：売上・粗利確保が困難
- リストラの遅れ

生命保険会社
- コストダウン提案
- 要因：国内における競争激化
- 課題：更なる効率化
- 方針：徹底的なコスト削減策実施
- 業務効率化・高度化により、高い付加価値のサービスを提供可能
- 協力／コストダウン

自動車整備会社
- 業務効率
- コストダウン
- 事業構造変革
- 目的：具体的業務ソリューションを提供する
- 具体策：測定可能な改善活動の実施
- 業務改善提案／コストダウン提案
- 提案／要求

❶ ワンポイント 営業先の「利益」を視野に

営業先と交渉する際、一方的な商品の提案ばかりを行っていても仕事には結び付かない。その際、営業先の現状を把握して問題解決を行い、それを企画内容に盛り込んで図解すれば、明快な提案を打ち出すことができる。

08 「現状」の図解で問題改善

漠然としていた頭の中を、一度図解に整理してみましょう。
意外なものが関連していたり、今後の課題が見えてくるなど、
これまでに経験しなかった新しい視点を発見することができます。

これは、消費者プロモーションを扱ってきた人の図解です。何年も仕事を続けていると、多くの知識や経験が蓄積されていきます。それらを図解してみると、それぞれの関係性を構造的に理解できるだけでなく、弱い部分はどこかなど、議論の材料にもなります。図解は、仕事の棚卸しを行うのに非常に役に立つツールなのです。

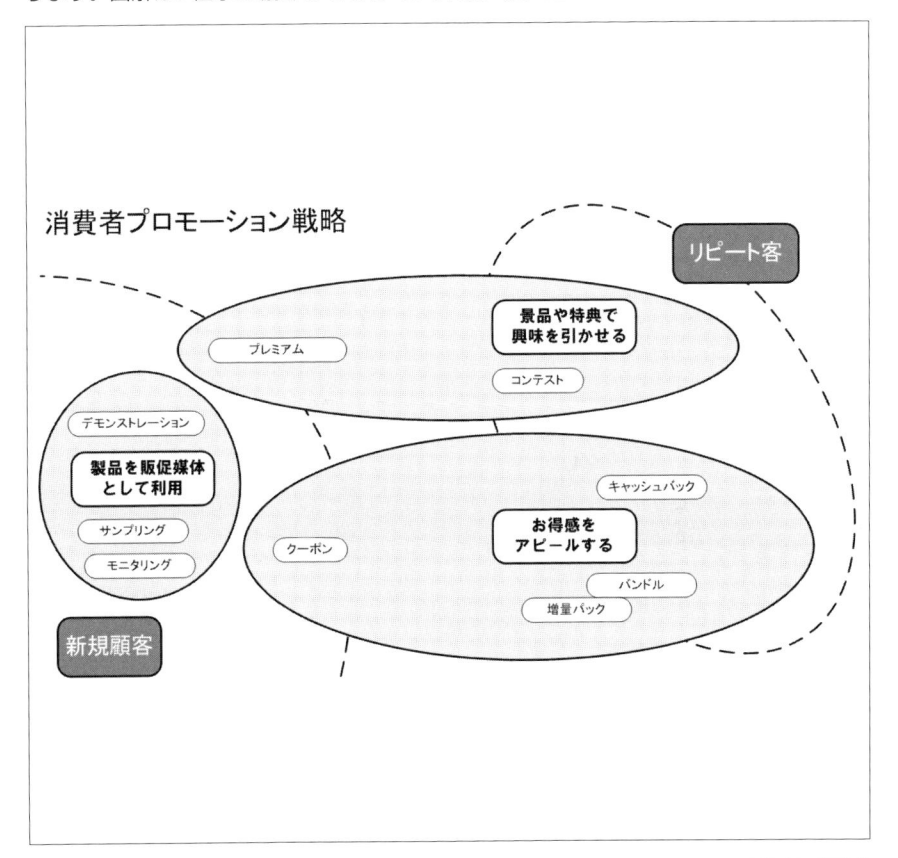

消費者プロモーション戦略

- プレミアム
- デモンストレーション
- 製品を販促媒体として利用
  - サンプリング
  - モニタリング
- 景品や特典で興味を引かせる
  - コンテスト
- お得感をアピールする
  - キャッシュバック
  - クーポン
  - バンドル
  - 増量パック

リピート客 / 新規顧客

⚠ ワンポイント 現状を整理する
いままで経験してきた知識や行動を図解して整理することは、現状を理解することになり、問題点や新たな発見を生む。それらを問題解決していくと、魅力ある販売促進策や、「消費者の心」を動かすアイデアなどを見つけ出すことができる。

09 「商品力」の図解で訴求力アップ

商品やサービスを説明する図解を描いてみましょう。
お客様が知りたい情報を端的に表した図解を作成しておくと、
お客様の質問にも、瞬時に答えることができるようになります。

これは、ビデオカメラのパンフレットを基に、販売員が自分なりに図解してみたものです。イラストを用いることで目を引くような工夫をしています。お客様からよく聞かれるポイントを抜き出して図解化しておくと、瞬時に答えることができるようになります。たとえば、店内のPOPもこのような図解になるとわかりやすいです。

ビデオカメラは

小型化
従来機に比べ、大きさは **3分の2** になった

小型化
- 高さ -3cm
- 幅 -2cm
- 奥行き -3cm

装着する充電池も性能を向上させさらに小さくした

軽量化
本体重量も従来機に比べ **約20%** 軽くなった　本体約 **570グラム**
撮影時（充電池装着）でも **790グラム**

これで決まり！

連続撮影時間 **10時間**
（もちろん従来機より3時間長い）
静止画の画質は300万画素クラスのデジタルカメラより **上**。

使い勝手向上

電子メールや ホームページに
取り込んだり、印刷したりできる。
画像の **整理** や **検索**、**加工** も容易にできる。

---

❶ ワンポイント　お客様の要望に答える

販売員にとって、商品の機能や商品知識を正しく理解しておくことは重要である。図解を用いることで商品のポイントを把握しておけば、お客様の信頼感や安心感も高まり、売上増にもつながる。

10 「マネジメント力」の図解で管理者教育

あなたはその場の気分で部下に接していませんか？
部下を育てるプロセスを図解で明らかにしてみましょう。
それに従ってマネジメントすると、部下の信頼も厚くなります。

これは、上司が行うべきマネジメントについての図解です。まず部下とのコミュニケーションがあり、その内容に応じて、部下が必要としている予算や人員などを裏からサポートする。これによって部下の仕事がうまく回り、その成果を周りにアピールすると、いい仕事が部署に回る。というプロセスが、上司が行うべきマネジメントです。

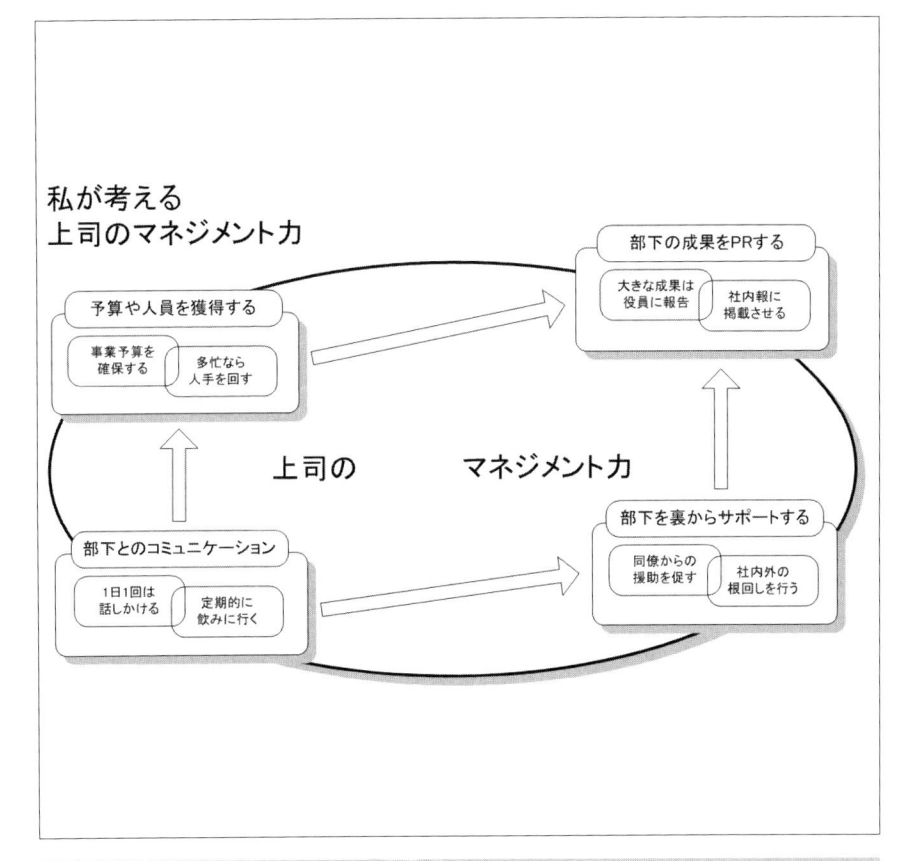

私が考える
上司のマネジメント力

- 予算や人員を獲得する
  - 事業予算を確保する
  - 多忙なら人手を回す
- 部下の成果をPRする
  - 大きな成果は役員に報告
  - 社内報に掲載させる
- 部下を裏からサポートする
  - 同僚からの援助を促す
  - 社内外の根回しを行う
- 部下とのコミュニケーション
  - 1日1回は話しかける
  - 定期的に飲みに行く

上司のマネジメント力

❶ ワンポイント　図解で意識改革する
会社組織では、管理者のマネジメント力とリーダーシップのもと、一人ひとりの社員が能力以上の業績を上げていくことが大切である。図解することは、管理者がリーダーとしてすべき行動を考え、意識改革を進めるためにも活用できる。

索引

数字・アルファベット

2色に分かれた円を描く	83
3つの円を塗り分ける	182
Office Onlineのクリップアート	176

ア行

安定感のある図	180
位置を微調整する	75
イラスト	176、179
同じ図形を等間隔に配置する	161

カ行

ガイド	13、69、138
影を付ける	74、88
箇条書き	97、130
角を丸くする	131
画面を拡大表示する	24
画面をスクロールする	25
仮図解	124〜139
「考える」図解	20、116〜152
キーワード	
〜の関係性を考える	98
〜の見直し	132
〜を抜き出す	94
帰納法	52、65
強調のポイント	166
強調のテクニック	15、76
グラデーション	93、127
グラフ	174、175
グリッド	13、75、138
クリップアートの活用	179
グループ化	86
黒地に白抜き文字の作り方	54
交差円の描き方	50
骨格を取り出す	37、38
コネクタ	63、147
コメント	49、184〜189

サ行

作図機能を使う	12
左右対称に配置する	183
仕事における3つのプロセス	90
視点を変える	144
斜線のパターン	142

順序や流れを明らかにする	162	他人の視点	48、110
書式を別の図形に設定する	70	「縮まり」感覚	52、64～67
図解		中心から等間隔に揃える	138
おしゃべりな図解	80	「伝える」図解	22、23、154
基本形	52	点線	28、78、105
～作りの基本ステップ	36	鳥の視点	48、102
～を発展させるテクニック	14、52		

ナ行

流れを時系列で描く	67
二重枠を作る	168

図解コミュニケーション	8
すぐれた骨格	140

ハ行

背景	152、187
バクハツマークを作る	134
半透明の図形を描く	47
引き出し元をわかりやすくする	143
ビジネスコミュニケーション	16
ピラミッド型図形を作る	151
「広がり」感覚	14、52、56～59
吹き出し	114、122
部分図解	84、128
フローチャート	32
放射型図形を描く	190
ぼかした表現を作る	71

図形	
ツリー状図形を作る	126
同心円図形を描く	60
ピラミッド型の図形を作る	151
横長の六角形を作る	169
～の上下を入れ替える	43
～を整列する	100
～を楕円状に配置する	68
図読	94
線の太さを設定する	19
双方向に矢印のあるボックス	178
組織図	32、34

タ行

タイトルを付ける	49、188

星型を描く	79	動きのある矢印を作る	55、147
		エンピツ型矢印を描く	87
マ行		折れ線になった引き出し矢印を作る	123
マジックセブン	80	きれいな逆方向の2本の矢印を描く	146
マル（囲み）	10	曲線矢印を描く	61
基本配置パターン	41	十字矢印を描く	62
〜で構造と位置関係を表現する	40	〜で関係と流れを表現する	44
〜と矢印で関係を表す	39	〜のバリエーション	11
〜の使い分け	72	〜を描く	18
〜のバリエーション	11	〜を大きくする	92
なぜ「マル」を使うのか？	40	〜を斜めに配置する	157
丸付き数字を作る	164	吹き出し矢印を描く	101
見やすい図の基本的な流れ方	67	「良い図解」	32、36、48
文字			
字間を調整する	112	**ラ行**	
〜の位置を揃える	96	理解力を深める	16
〜の角度を調整する	104		
〜を矢印の中に形よく収める	156	**ワ行**	
問題解決のための図解	26	「わかる」図解	16、90

ヤ行

矢印	10、45
45度の矢印を描く	69
L字型の矢印を作る	150

久恒　啓一（ひさつね　けいいち）

多摩大学経営情報学部教授
1950年大分県中津市生まれ　九州大学法学部卒業。日本航空株式会社入社、ロンドン空港支店、客室本部労務担当等を経て、本社広報課長、サービス委員会事務局次長を歴任。ビジネスマン時代から「知的生産の技術」研究会（現在はNPO法人）に所属し著作活動も展開。日本航空を早期退職し、1997年4月新設の宮城大学教授に就任。ベストセラーとなった「図で考える人は仕事ができる」（日本経済新聞社）など著書多数。2008年4月より多摩大学経営情報学部教授。2009年度より多摩大学総合研究所所長。NPO法人知的生産の技術研究会理事長。宮城大学名誉教授。中国・吉林大学客員教授。

■久恒啓一図解Web
http://www.hisatune.net/

■久恒啓一の主な著作
　本書に掲載している図解例のうち、数字で示したページの図解は、以下の書籍を参考に作成しています。

『頭のいい子は図で育つ』（全日出版）……121下
『描ける！ビジネス図解。』（同文舘出版）……9、17、31下、36、37、38、57上、58、67、73上、77下、84、85上、90、117上、170、171上
『コミュニケーションのための図解の技術』（日本実業出版社）……117下、132、155
『仕事と人生で成功する人の図で考える習慣』（幻冬舎）……180
『仕事力を高める「図解思考術」』監修（永岡書店）……8、52、65、94、95、99、107、154、184、188
『仕事力を高める方法は「図」がすべて教えてくれる！』（PHP研究所）……27
『実戦！仕事力を高める図解の技術』（ダイヤモンド社）……30、48、49、57下、59、72下、80、81上、102、185上
『自分を高めるインターネット勉強法』（KKロングセラーズ）……199
『図解で実践　タイムマネジメント』（アスキー）……196、197
『[図解]人生がうまくいく人は図で考える』（三笠書房）……120、137上
『図で考える人の図解表現の技術』（日本経済新聞社）……40、41、42、45、46、64、77上、128、129、133、137下、144、149、166、167上、176下、177上
『図で考える人は仕事ができる』（日本経済新聞社）……158
『図で考える人は仕事ができる 実践編』（日本経済新聞社）……26、140、181下、195、202、203
『図で読み解く！ドラッカー理論』（かんき出版）……163上、189下
『久恒式図解思考 成功を呼ぶ人生ノート』（宝島社）……116、121上、125下、141上、148
『凡才・久恒流 誰でもできる「仕事革命」』（すばる舎）……136
『見晴らしを良くすれば仕事は絶対にうまくいく！』（実業之日本社）……106

●本書の読者アンケート、各種ご案内、お問い合わせ方法は下記よりご覧ください。
小社ホームページ　http://asciimw.jp/
※ただし、本書の記述を超えるご質問（ソフトウェアの使い方など）にはお答えできません。

スッキリ考え、1秒で説得　図解の極意
PowerPoint/Word/Excelで自由自在
2009年 4月30日 初版 発行

著　者　　久恒啓一
発行者　　髙野　潔
発行所　　株式会社アスキー・メディアワークス
　　　　　〒160-8326　東京都新宿区西新宿4-34-7
　　　　　編集 0570-003030
発売元　　株式会社角川グループパブリッシング
　　　　　〒102-8177　東京都千代田区富士見2-13-3
　　　　　営業 03-3238-8605（ダイヤルイン）
印刷・製本　大日本印刷株式会社

©2009 Keiichi Hisatsune　　　　Printed in Japan

本書は、法令に定めのある場合を除き、複製・複写することはできません。
落丁・乱丁本はお取り替えいたします。
購入された書店名を明記して、株式会社アスキー・メディアワークス生産管理部あてにお送りください。
送料小社負担にてお取り替えいたします。
但し、古書店で本書を購入されている場合はお取り替えできません。
定価はカバーに表示してあります。

ISBN978-4-04-867681-6 C2030

カバーデザイン　　　ヒラノコウキ＋上野レイコ（有限会社ワンズマーク）
本文デザイン／DTP　神田 美智子
編集　　　　　　　　ジャムハウス（池田利夫＋岡本奈知子）
編集協力　　　　　　ハーティネス（高橋滋子＋中野久美子）

ビジネスアスキー書籍編集部　　編集長　　木下 修
　　　　　　　　　　　　　　　編　集　　市嶋 佑宇